GASTON COUGNY

Professeur d'Histoire de l'Art dans les Écoles municipales de Paris.

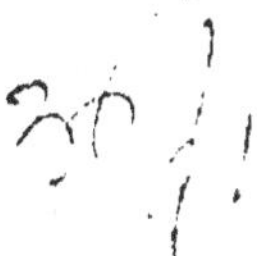

L'ART ANTIQUE

ÉGYPTE — CHALDÉE
ASSYRIE — PERSE — ASIE MINEURE — PHÉNICIE

CHOIX DE LECTURES

SUR L'HISTOIRE DE L'ART, L'ESTHÉTIQUE ET L'ARCHÉOLOGIE

ACCOMPAGNÉ DE

NOTES EXPLICATIVES, HISTORIQUES ET BIBLIOGRAPHIQUES

*Conforme aux derniers programmes de l'enseignement secondaire classique
et de l'enseignement secondaire moderne.*

OUVRAGE ILLUSTRÉ DE 48 GRAVURES

PARIS

LIBRAIRIE DE FIRMIN-DIDOT ET Cᴵᴱ

IMPRIMEURS DE L'INSTITUT

56, RUE JACOB, 56

1892

L'ART ANTIQUE

EN PRÉPARATION :

L'ART ANTIQUE

LA GRÈCE. — ROME

TYPOGRAPHIE FIRMIN-DIDOT ET Cie. — MESNIL (EURE).

GASTON COUGNY

Professeur d'Histoire de l'Art dans les Écoles municipales de Paris.

L'ART ANTIQUE

ÉGYPTE — CHALDÉE
ASSYRIE — PERSE — ASIE MINEURE — PHÉNICIE

CHOIX DE LECTURES

SUR L'HISTOIRE DE L'ART, L'ESTHÉTIQUE ET L'ARCHÉOLOGIE

ACCOMPAGNÉ DE

NOTES EXPLICATIVES, HISTORIQUES ET BIBLIOGRAPHIQUES

*Conforme aux derniers programmes de l'enseignement secondaire classique
et de l'enseignement secondaire moderne.*

OUVRAGE ILLUSTRÉ DE 48 GRAVURES

PARIS

LIBRAIRIE DE FIRMIN-DIDOT ET Cᴵᴱ

IMPRIMEURS DE L'INSTITUT

56, RUE JACOB, 56

1892

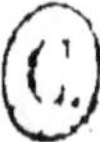

A

M. GEORGES PERROT

Membre de l'Institut
Directeur de l'École normale supérieure
Professeur d'archéologie à la Faculté des Lettres de Paris

HOMMAGE DE RESPECT

DE RECONNAISSANCE ET DE DÉVOUEMENT

AVERTISSEMENT.

En composant le présent recueil, l'auteur s'est
plu à croire qu'il viendrait à propos. Jamais encore,
en effet, notre enseignement public n'avait fait à
l'histoire de l'art une place aussi honorable et aussi
large. Déjà les cours d'archéologie des Facultés,
ceux du Collège de France, de l'École des Beaux-
arts, de l'École du Louvre distribuaient à une élite
la culture esthétique supérieure qu'il leur appartient
d'entretenir et de développer. Dans une sphère plus
modeste, les notions historiques sur les chefs-d'œuvre de l'art n'étaient pas absentes de l'enseignement
primaire, et la ville de Paris, dans les cours d'a-
dultes où elle enseigne le dessin, dans les institutions spéciales qu'elle consacre à la théorie et à la
pratique de l'art et de ses applications industrielles,
y avait largement pourvu. Enfin, voici que nos ly-

cées et collèges, — dont le jeune public, sollicité par mille travaux divers, était demeuré longtemps en dehors de ce courant d'idées et d'occupations, — s'ouvrent à leur tour à une étude sérieuse et suivie de l'art, de ses principes et de son histoire.

« L'éducation de la jeunesse en matière d'art, écrivait Charles Blanc en 1860, est complètement nulle. Tel lauréat brillant et superbe achève ses études classiques sans avoir la moindre teinture des arts. Il connaît les affaires des Grecs, leurs capitaines, leurs orateurs et leurs philosophes, leurs querelles intestines et leurs grandes guerres médiques ; mais il ne connaît ni leurs idées sublimes sur la peinture et la statuaire, ni leurs adorables dieux de marbre, ni leurs temples divins. » (*Grammaire des arts du dessin*. Préface.)

Ce reproche, il faut bien le reconnaître, n'était pas sans fondement : l'Université ne le méritera plus. Quel est donc, aujourd'hui, le maître de l'enseignement secondaire classique qui croirait pouvoir expliquer à ses élèves la civilisation égyptienne sans décrire les Pyramides ; la Grèce de Périclès, sans faire revivre à leurs yeux les merveilles de l'Acropole ; la France du moyen-âge, sans dire un mot de l'art gothique et de l'architecture ogivale ? Il y a mieux : le plan d'études et les programmes du nouvel *enseignement secondaire moderne*, prescrits par arrêté ministériel du 15 juin 1891, inscrivent officiellement l'histoire de l'art au nombre des matières traitées dans la classe de Première (Lettres), et lui réservent trois heures par semaine.

Une aussi heureuse innovation nous a suggéré la pensée de ce *Choix de Lectures sur l'Histoire de l'Art, l'Esthétique et l'Archéologie.* Nous n'avons pas séparé trois sciences dont l'étroite et nécessaire relation est assez évidente, et nous leur appliquons pour la première fois la forme d'une anthologie, qui n'avait été donnée avant nous qu'à des ouvrages de philosophie, de géographie, d'histoire générale, etc. Il s'ensuit que notre compilation se recommandera, à tout le moins, par sa nouveauté. Si le lecteur y trouve d'autres mérites, que l'honneur en revienne tout entier aux écrivains dont nous avons recueilli et ordonné les textes. Quant aux notes qui relient, complètent et commentent ces fragments, nous n'avons pas craint de les multiplier : sans prétendre se substituer à la leçon du professeur, notre livre ne dissimule pas son intention dogmatique. Servir, en somme, à l'occasion, de guide et de répertoire aux maîtres; faciliter le travail personnel des étudiants en leur épargnant des recherches longues, pénibles, délicates à travers les bibliothèques, et en leur offrant, puisés aux meilleures sources, des documents originaux; éclairer les artistes et leur donner l'impression nette et vivante du passé; fortifier chez tous l'esprit de comparaison et d'examen; et provoquer, tenir en éveil, non l'enthousiasme irréfléchi, mais le goût et le sens de la beauté : telle est la tâche à laquelle nous avons eu l'ambition de contribuer, — et nous nous sommes souvenus de ce mot d'un éminent penseur contemporain : (1) « Le but le plus élevé de l'éducation libérale est d'exciter l'admiration. »

G. C.

Saint-Honoré-les-Bains, septembre 1891.

(1) M. Alfred Fouillée.

L'ART ANTIQUE

INTRODUCTION

NOTIONS GÉNÉRALES

I. — UTILITÉ DE L'HISTOIRE DE L'ART.

Que faire pour affranchir le goût, pour le rendre à la fois plus libre et plus tolérant, plus large et plus élevé (1)? Le vrai moyen, le seul peut-être, est d'éclair-

(1) Cette tolérance du goût sera d'autant plus développée par la pratique de l'Histoire de l'Art que celle-ci est tenue d'être impartiale et de s'interdire toute préférence exclusive. « La science ne vous dit pas : Méprisez l'art hollandais; il est trop grossier, et ne goûtez que l'art italien. » Elle ne vous dit pas non plus : « Méprisez l'art gothique; il est maladif, et ne goûtez que l'art grec. » Elle laisse à chacun la liberté de suivre ses prédilections particulières, de préférer ce qui est conforme à son tempérament et d'étudier avec un soin plus attentif, ce qui correspond le mieux au développement de son propre esprit. Quant à elle, elle a des sympathies pour toutes les formes de l'art et pour toutes les écoles, même pour celles qui semblent le plus opposées; elle les accepte comme autant de manifestations de l'esprit humain; elle juge que plus elles sont

cir, de répandre, de populariser l'Histoire de l'Art, d'en exposer toutes les phases, d'en révéler tous les secrets, sans descendre à trop de détails, sans se perdre en vaines minuties, mais sans rien négliger non plus, sans omettre et sans laisser dans l'ombre aucun des anneaux d'or de cette longue chaîne?

On ne sait pas assez quel enseignement peut en sortir, combien ces séries d'exemples, ces leçons à la fois théoriques et pratiques (1) sont plus claires et plus éloquentes que tous les principes abstraits. Dissertez tant qu'il vous plaira sur l'essence de la beauté, creusez l'éternel mystère des émotions qu'elle fait naître et tirez-en les lois de l'art, vous trouverez à peine quelques esprits

nombreuses et contraires, plus elles montrent l'esprit humain par des faces nouvelles et nombreuses. » (H. Taine, *Philosophie de l'art*). Mais ce n'est pas à dire que l'Histoire de l'Art doive se garder de toute espèce d'appréciation ; son devoir et son droit sont d'avoir un avis et de l'exprimer. La tolérance n'est pas nécessairement impassible.

(1) L'histoire de l'art, qui a pour objet essentiel d'étudier les transformations de l'art à travers le temps et de rattacher ces transformations à leurs causes, comprend : 1° l'examen des principaux ouvrages de l'art considérés en eux-mêmes; 2° la biographie des artistes et particulièrement leur biographie morale et pittoresque; 3° la connaissance des circonstances diverses qui ont influé sur les variations du beau. On peut considérer l'histoire de l'art de plusieurs manières, et la manière la plus simple consiste à passer la revue des chefs-d'œuvre, « qui sont des chefs-d'œuvre, a dit un ingénieux critique (M. Brunetière), avant que d'être des documents ». Mais la biographie des artistes sera évidemment d'un grand secours à l'historien de l'art, s'il a soin d'y chercher plutôt la trace d'un caractère que la satisfaction d'une curiosité frivole : l'art n'est pas complètement impersonnel, et chaque talent a son histoire. Enfin, s'il est nécessaire de connaître la vie d'un artiste, il ne l'es pas moins d'étudier son siècle. On verra, au cours de ces *Lectures*, qu'une œuvre d'art n'est point un phénomène isolé, sans rapports avec les faits de toute nature dont la succession compose une époque historique. Il importe de discerner et de renouer la filiation des écoles, de déterminer par quelles voies les qualités ou les défauts se sont transmis; pourquoi les Hollandais, par exemple, sont des Hollandais et les Italiens des Italiens; d'expliquer, en un mot, sous l'action de quelles influences la conception de l'art a changé.

pour vous comprendre et la conscience des artistes n'en
sera pas même effleurée ; tandis que si vous chargez
l'histoire d'étaler à leurs yeux toutes les créations humaines qui d'âge en âge ont excité l'amour, l'admiration,
l'enthousiasme des hommes ; s'ils voient qu'en tout
temps, en tout lieu, les mêmes conditions ont produit
des chefs-d'œuvre, les mêmes causes des œuvres dé-
générées ; que les grandes époques ont même raison
d'être et procèdent, non de hasards heureux, mais de
constantes lois ; que toujours et partout c'est la simplicité, le naturel, l'observation fidèle de la forme, la franche expression de la vie et de la pensée (1) qui ont assuré
à quelques œuvres une jeunesse éternelle et une impérissable estime, tandis que les dons acquis, les qualités
savantes, les effets recherchés, le fini précieux, et même
aussi la fougue, le désordre, le hasardé, le téméraire,
s'ils ont parfois surpris la renommée, ne l'ont jamais
gardée longtemps, ou ne conservent en vieillissant que
l'éclat affaibli d'une célébrité secondaire ; si tel est le
spectacle que vos récits déroulent devant eux, vous leur
inculquez le respect des saines traditions, l'amour des
grands principes, mieux qu'en les accablant de règles,
de formules et de doctes prédications. L'Histoire de
l'art ainsi comprise n'est donc pas seulement un délas-
sement, un jeu d'oisifs et de raffinés, une satisfaction
d'esprit, une science sans application, elle est l'enseignement le plus sûr et le plus pratique, la plus efficace
des leçons.

Mais pourquoi, dira-t-on, se donner tant de peine ?
Qu'ont besoin nos artistes de connaître si bien ce qui
s'est fait avant eux ? Ne le savent-ils pas déjà trop ?
N'en sont-ils pas gênés plutôt que secourus ! Et ne vaut-

(1) Cf. Gabriel Séailles, *le Génie dans l'art*, passim.

il pas mieux leur donner simplement quelques notions pratiques, puis les abandonner à leur inspiration (1)? — Assurément, l'inspiration naïve, l'inspiration des premiers âges, si vous pouviez la faire renaître, le mieux serait de n'y rien ajouter. Mais en sommes-nous-là, et avons-nous le choix? Le monde est bien trop vieux! Vous ne pouvez pas faire que le passé, que les exemples de nos pères nous soient totalement inconnus; nous en savons tous quelque chose, et c'est ce demi-savoir, plein de périls s'il demeure incomplet, qu'il s'agit d'élargir et d'étendre. Le remède n'est que là. Au lieu de l'art à jamais perdu, de l'art naïf et virginal, il faut nous élever à l'art éclairé, réfléchi, à l'art intelligent, comprenant tout, libre de préjugés, affranchi des formules, planant sur les routines, et s'ouvrant des régions nouvelles à force de comprendre les leçons de l'histoire et l'esprit de son propre temps. S'il est un art de l'avenir, ce ne sera qu'à de telles conditions.

L. VITET.

(Études sur l'histoire de l'art, tome I. *Introduction,* p. XXIII à XXV. Michel Lévy, 1861.)

(1) Non; car en apprenant ce qu'on a fait avant lui, l'artiste apprend ce qu'on peut faire encore. Il possède le dictionnaire et la grammaire de ses prédécesseurs. Il ose penser, sentir librement, et il peut dire tout ce qu'il pense, tout ce qu'il sent, enrichissant à son tour le langage de l'art d'un style qui seul lui donne la résonnance de son âme. Il n'est nullement prouvé, d'ailleurs, que les aptitudes instinctives suffisent, et que la faculté de sentir fortement dispense celui qui la possède de l'obligation de savoir. Même à ne considérer que le génie et ses œuvres, M. Henri Delaborde a justement observé que « depuis Léo-Battista Alberti jusqu'à Michel-Ange, depuis Léonard jusqu'à Poussin, les maîtres les plus illustres, architectes, sculpteurs ou peintres, furent en réalité parmi les hommes les plus instruits de leur temps (*Revue des Deux-Mondes,* 15 mars 1873). Mais il ne s'agit ici que du talent et des moyens de le développer. Or, peut-on regarder comme une précaution superflue de l'approvisionner d'informations historiques et morales?

2. — ORIGINE ET DÉVELOPPEMENT DE L'HISTOIRE DE L'ART (1).

L'*Histoire de l'art chez les anciens*, de Winckelmann, publiée en 1764, est un de ces livres rares qui marquent une date dans les annales de l'esprit humain. On y voit paraître, pour la première fois, cette idée, aujourd'hui familière à toutes les intelligences cultivées, que l'art naît, grandit et s'abaisse avec la société où il fleurit, pour tout dire, en un mot, qu'il y a une histoire de l'Art. Le grand érudit, dont l'Allemagne fête tous les ans la mémoire comme celle du père de l'archéologie classique (2), ne se contenta pas de poser un principe, il

---

(1) L'Histoire de l'Art est une science moderne. Bien que les anciens aient écrit sur les Beaux-Arts, et sans nier l'intérêt des documents, trop rares, qu'ils nous ont laissés, on peut dire qu'il était réservé à d'autres temps de réaliser, de concevoir même, l'idée d'une histoire générale de l'Art. A plus forte raison serait-on mal fondé à en rechercher la trace chez les auteurs du moyen âge. Plus tard, la Renaissance développe le sentiment artistique; mais de critique ou d'histoire, il n'est pas encore question. Il faut avancer jusqu'au XVIIe siècle pour en découvrir en quelque sorte le germe dans Félibien, dans Charles Perrault, dans les conférences de l'Académie royale de peinture, dans Roger de Piles; encore l'art lui-même resta-t-il comme isolé, dans les écrits du temps, au milieu des faits contemporains. Ottfried Müller a très justement distingué dans l'histoire de l'art, chez les modernes, trois périodes : la *période artistique* (de 1450 à 1610), signalée par la découverte des antiques et les imitations plus ou moins heureuses, mais enthousiastes qui en ont été la conséquence; la *période des antiquaires* (de 1610 à 1750; enfin la *période savante* ou *critique*, qui commence avec Winckelmann.

(2) WINCKELMANN, né à Stendal, dans la vieille marche de Brandebourg, en 1717, fils d'un pauvre cordonnier, triompha, grâce à une vocation énergiquement accusée, de tous les obstacles que lui créaient l'ignorance d'un milieu peu cultivé et le manque de ressources. Devenu secrétaire du comte de Bunau à Nöthenitz, il se convertit au catholicisme, et grâce au secours que lui prêta le roi de Saxe, put entreprendre un voyage dans le pays qui devint sa patrie d'adoption, en Italie. Présenté (1756) au pape Benoît XIV, il fut nommé bibliothécaire de la chancellerie, devint l'hôte et l'ami du cardinal Albani, et en 1764 exerça une véritable direction scientifique sous le titre d'*Antiquario della*

en tira lui-même les conséquences; il traça les cadres de la science qu'il fondait; il travailla à les remplir. Cependant, après un siècle révolu, cet ouvrage capital, que l'on n'ouvrira pas, maintenant même, sans une sorte d'émotion respectueuse, marque plutôt une date qu'il n'est capable de satisfaire la curiosité de nos contem-

camera apostolica et de préfet des antiquités de Rome. Il visita Florence, Naples, où il fit plusieurs séjours et où l'attiraient les découvertes d'Herculanum, poussées avec activité, après 1750. Il revenait d'un voyage en Allemagne lorsqu'il fut assassiné par un aventurier dans une auberge de Trieste, en 1768. L'œuvre de Winckelmann montre bien le développement de la méthode qui devait aboutir à la conception de l'*Histoire de l'art chez les anciens*. Étant encore à Dresde, il avait publié ses *Réflexions sur l'imitation des œuvres grecques dans la peinture et dans l'architecture* (1775), qui avaient fondé sa réputation. C'était une polémique contre le style des sculpteurs, des peintres et des architectes contemporains, et l'auteur y préconisait le retour aux traditions de l'art grec. A Rome, il conçoit l'idée d'un travail sur la restauration des statues antiques, et il protesta contre l'usage, alors en vigueur, de défigurer les œuvres antiques par des restaurations souvent maladroites qui en faussent le sens. Dès 1757, il écrit de belles pages sur l'Apollon du Belvédère et le Laocoon. Pendant un premier séjour à Florence, il classe et décrit la collection de pierres gravées du feu baron de Storch (1760), et applique dans ce travail la véritable méthode historique. En outre, Winckelmann rompait avec l'habitude trop répandue d'interpréter les sujets comme des représentations historiques, et posait ce principe que l'art antique a surtout cherché dans la mythologie ses sources d'inspiration. Plus encore que ses études à Rome ou à Florence, son voyage à Naples devait lui fournir d'abondants éléments d'informations. Les *Lettres sur les découvertes d'Herculanum* sont grosses d'observations précieuses. Enfin paraît son œuvre capitale, l'*Histoire de l'art*, bientôt suivie de ses *Monumenti inediti* (1767), où il perfectionne la méthode d'interprétation appliquée aux monuments et la résume ainsi : ne pas admettre que les monuments antiques soient vides de sens, trouver le mythe représenté et expliquer le monument antique par ce mythe, sans en forcer le sens. — L'*Histoire de l'art chez les Anciens* (Geschichte der Kunst des Alterthums) a été traduite trois fois en français. La troisième traduction et la meilleure est celle de Jansen (Paris, 1802, 3 vol. in-4"). Sur la vie et l'œuvre de Winckelmann, un Allemand, Carl Justi, a publié un livre intéressant, plein de renseignements curieux et bien présentés : *Winckelmann, sein Leben, seine Werke und seine Zeitgenossen* (Winckelmann, sa vie, ses ouvrages et ses contemporains).

porains. Winckelmann n'a connu l'art égyptien que par les pastiches de l'époque romaine, par les figures qui, de la villa d'Hadrien, avaient passé dans le musée du cardinal Albani; la Chaldée et l'Assyrie, la Perse et la Phénicie n'existaient pas pour lui. La Grèce même, il ne la connaissait pas tout entière. Les vases peints dormaient encore dans l'ombre des nécropoles étrusques et campaniennes; le peu d'entre eux qui s'en étaient échappés n'attiraient pas encore une attention sollicitée par des monuments qui tenaient plus de place et flattaient davantage le regard.

C'est surtout aux ouvrages de la statuaire que Winckelmann s'intéresse; ce sont eux qui lui suggèrent ses jugements; or, même sur ce terrain, il est mal renseigné. C'est qu'il n'a jamais sous les yeux que les figures, presque toutes de provenance inconnue, qui remplissent les collections italiennes, figures dont la plupart étaient de ces copies qui, pendant trois ou quatre siècles, sont sorties en foule des ateliers grecs pour aller embellir et peupler les temples, les basiliques et les thermes, les palais et les villas des maîtres du monde. Si, parmi toutes ces statues, quelques-unes, en bien petit nombre, étaient des originaux ou des répliques assez soignées pour pouvoir presque remplacer l'original, celui-ci lui-même ne remontait pas au delà du quatrième siècle, des écoles de Praxitèle, de Scopas et de Lysippe. Quant au style des maîtres du cinquième siècle, les Phidias et les Alcamène, les Pœonios et les Polyclète, l'historien ne pouvait le définir que d'après les descriptions ou les allusions des écrivains anciens. Si l'on manquait alors de documents authentiques sur le siècle de la vraie perfection classique, à plus forte raison n'était-on pas en mesure de reconnaître à des signes certains le véritable archaïsme. Le grand service rendu par Winckelmann, c'est d'avoir fondé la méthode; elle fut bien vite appliquée, grâce surtout à cette rapide succession de découvertes, dues les unes à des hardis voyages d'exploration et à des fouilles heureuses, les autres aux recherches des érudits, à une pénétration qui parfois alla jusqu'au génie. On commença d'apercevoir l'Orient. Le grand ouvrage publié par les savants qui accompagnèrent Bonaparte en Égypte ouvrit les voies à Champollion; un peu plus tard, ce fut Botta, ce fut Layard qui exhumèrent Ninive, enterrée sous les décombres de ses propres édifices. Voyageurs, artistes et savants, travaillèrent de concert. Au terme de ces recherches et de ces découvertes, on distingua deux foyers primitifs, l'un qui s'est allumé à la première aube des siècles historiques, dans la vallée du Nil; l'autre, dont la flamme naissante a commencé, selon toute apparence, par briller en Chaldée. Ces deux foyers avaient de bonne heure, par l'intermédiaire des Phéniciens, croisé, pour ainsi dire, leurs feux; à travers la Syrie, il s'était fait entre ces deux régions, entre leurs centres religieux et industriels, un actif et fécond échange d'idées et de produits, échange dont se retrouvait partout la trace, en Assyrie comme en Égypte. Ce qui restait plus obscur, ce qui n'a été déterminé que dans ces dernières années, par des voyages et des travaux tout récents, c'étaient la direction qu'avaient suivie et les milieux qu'avaient traversés les rayons de ces deux grands foyers pour arriver jusqu'aux rivages orientaux et septentrionaux de la Méditerranée, jusqu'aux tribus encore barbares, aïeules des Grecs et des Romains, pour faire naître chez elles les besoins et pour les initier aux arts de la vie policée. On sait maintenant, par la mission de M. Renan en Phénicie, par celles de MM. Hamilton, Fellows, Texier, et d'autres en Asie Mineure, par les fouilles de M. de Cesnola à Chypre, la part qu'il convient d'attribuer à chacune de ces deux influences dans le lent éveil du génie grec (1).

Cependant l'antiquité classique ne livrait pas à la curiosité des secrets moins intéressants. C'étaient d'abord les marbres du Parthénon, bas-reliefs de la frise et statues des frontons, que lord Elgin cédait au Musée Britannique en 1816 ; pour la première fois les artistes contemplaient face à face la vraie beauté grecque. Une fois l'attention tournée de ce côté, les découvertes et les conquêtes se succédaient rapidement. Les figures des frontons d'Égine, si bien restaurés par Thorwaldsen, venaient former le premier noyau du musée de Munich. Les fouilles qui dotèrent le Musée Britannique des frises du temple d'Apollon, près de Phigalie, étaient presque aussitôt suivies de celles que l'expédition française de Morée avait entreprises sur les bords de l'Alphée ; les frontons et les métopes du temple de Jupiter à Olympie, et bien d'autres fragments encore achevaient de nous éclairer, non seulement sur la statuaire grecque, mais sur l'architecture dans ce qu'elle avait produit de plus pur et de plus élevé. C'était avec un soin, avec un scrupule de plus en plus religieux, que l'on mesurait, que l'on dessinait les moindres restes des édifices antiques ; on en interprétait les dispositions, on en groupait les éléments, on en restituait l'ensemble avec une intelligence des conditions de l'art qui ne cessait de gagner en sûreté et en pénétration. Les intéressantes restaurations d'Olympie et de Phigalie, publiées par Abel Blouet dans l'ouvrage de la mission française de Morée, excitèrent l'émulation des jeunes architectes et leur ouvrirent une carrière nouvelle. Le rôle qu'avait joué la polychromie dans la décoration des édifices grecs fut compris et expli-

(1) On trouvera, aux divers chapitres de ce volume, des indications plus complètes sur les principales découvertes de l'archéologie classique contemporaine.

qué. La peinture antique, indépendamment des fresques pompéiennes dont les plus soignées n'appartiennent qu'à une époque de décadence, se révéla à nous par des milliers de vases d'argile ornés de figures et que les érudits ont classés et décrits, de manière à ne laisser sans solution presque aucun des problèmes qui s'y rattachent. Les archéologues du siècle dernier n'avaient aucune idée de pareilles recherches et des résultats qu'elles peuvent donner; la plupart d'entre eux ne soupçonnaient même pas l'intérêt que présentent, pour l'histoire de l'art et de la vie des anciens, tous ces menus ouvrages, vases, bijoux, verres, miroirs, appliques et figurines de bronze, statuettes et bas-reliefs de terre cuite qui sont aujourd'hui si avidement recherchés...

. . . Vers 1830, au moment où se fondait à Rome, grâce à l'initiative de Bunsen, de Gerhard et du duc de Luynes, l'*Institut de Correspondance archéologique*, qui fit tant pour les progrès de l'archéologie et de l'histoire de l'art, le temps semblait venu de dresser l'inventaire des faits acquis et de les répartir en groupes, de fixer les frontières de la science et d'en délimiter les provinces; mais en raison de l'étendue et de la diversité des recherches qu'il s'agissait de résumer, l'entreprise était déjà bien plus difficile qu'au temps de Winckelmann. Pour conduire à bien cette synthèse, il fallait un esprit de haute portée, servi par une vaste lecture et par une mémoire puissante, que la philosophie eût rendu capable de s'élever aux idées générales et à qui la philologie eût donné la passion du détail exact; il fallait un savant chez qui le pénible labeur du cabinet n'eût pas étouffé le goût, un érudit doublé d'un artiste. Cet homme fut Ottfried Müller (1), érudit de génie, qui embrassait dans ses

____

(1) Karl-Ottfried MULLER naquit à Brieg en Silésie le 28 avril 1797. (Son père était pasteur protestant.) Une étonnante capacité de travail le sou-

vastes recherches l'antiquité tout entière et avait fait d'é-
tonnants efforts pour la représenter et la faire revivre
sous les aspects les plus variés. De tous ses ouvrages, celui
qui a rendu le plus de services à la science et à l'histoire,
c'est le *Manuel de l'archéologie de l'art,* qui parut à
Breslau en 1830. Traduit en français, en anglais et en
italien, il devint pour les maîtres comme pour les élèves
un guide indispensable. L'ordonnance de ce manuel est
des plus simples. Il s'ouvre par une introduction où
l'auteur définit l'art et particulièrement les arts plastiques, en établit la division et indique les principaux ou-

tint dès le collège dans ses premiers travaux, et ses précoces aptitudes
philologiques fixèrent l'attention du célèbre Bredow. Le monde ancien
l'attirait irrésistiblement. Bientôt la compréhension des textes ne lui suffit
plus; il connut toutes les curiosités : la botanique et les mathématiques.
la théologie et surtout la philosophie qu'enseignait alors avec éclat Stef-
fens, le romantique; l'étude de l'hébreu même et du syriaque, le captivè-
rent tour à tour. Il ne négligea pas l'histoire ni la littérature : élève de
J.G. Schneider, le savant éditeur de Xenophon et de Théophraste, et de
L.F. Hendorf, le commentateur estimé de Platon et d'Horace, il fit dans la
connaissance des langues anciennes des progrès rapides, mais avec une tendance de plus en plus marquée à voir dans ces langues le moyen et non le
but de ses études. Déjà sa passion de l'antiquité lui avait inspiré l'ardent
désir d'aller à Dresde et de s'y faire initier par Böttiger à la connaissance de
l'art antique. En attendant, ce fut à Berlin qu'animé par l'illustre Böckh
encouragé par Niebuhr, il travailla avec le plus d'ardeur. Reçu docteur
au bout d'un an avec une thèse latine sur l'art et l'histoire des Éginètes
(*Æginetica*), monographie qui fit sensation, il entra bientôt après, comme
professeur, au Magdalenum de Breslau et sut mener de front la pédago-
gie la plus consciencieuse et le travail scientifique le plus élevé. *Orcho-
menos* et les *Minyens* datent de cette époque. En 1819, une lettre de Heeren
vint chercher dans sa modeste situation ce savant de vingt-deux ans pour
lui offrir la succession de Welcker à Göttingue. Müller accepta avec em-
pressement, se prépara à son cours d'archéologie par deux mois passés à
Dresde, et jeta définitivement les bases de son éducation plastique que de
nombreux voyages à Munich, à Vienne, à Paris, à Londres, devaient
plus tard compléter. Avec Ottfried Müller une nouvelle ère commença
pour la vénérable Université de Göttingue : bien qu'il traitât des sujets parfois arides en apparence, il sut enchaîner son public par la variété de son
débit, le charmer par l'élégance de sa parole. Ce cours d'archéologie lui offrit l'occasion de développer sa thèse favorite, celle à laquelle il attacha

vrages à consulter, ceux auxquels il aura sans cesse à renvoyer dans le cours de son travail. Vient ensuite, coupée par périodes, l'histoire de l'art grec et romain, depuis les origines jusqu'au moyen âge ; certains paragraphes, ceux qui sont consacrés aux Étrusques, par exemple, et aux peuples de l'Orient, portent le titre d'épisodes ou d'appendices. A cette histoire sommaire succède ce que Müller appelle la partie systématique ; il ne s'y place plus au point de vue du développement organique ; mais il prend l'art antique dans son ensemble et

son nom, savoir : l'originalité de la civilisation hellénique. Il l'avait déjà soutenue dans le premier volume de son *Histoire des tribus et des cités grecques*, composée pendant son séjour à Breslau. Il devait bientôt lui donner de plus grands développements dans les deux volumes qui parurent en 1824 sous le titre : les *Doriens*. Les *Doriens* partagèrent en deux camps le monde des érudits : les uns admirèrent sans réserve, les autres, comme Lange, reprochèrent à l'argumentation de Müller de n'avoir d'autre point de départ que la prévention de l'auteur pour Sparte, — prévention incontestable, en effet. De nouveaux travaux : les *Prolégomènes à une Mythologie scientifique* (1825) les *Macédoniens* (1826), etc., étendirent encore la réputation et l'influence d'O. Müller, à qui son enseignement dans les cours universitaires inspira le célèbre *Manuel de l'archéologie de l'art* (1830). On peut joindre à ce Manuel les *Monuments de l'art antique* (Goettingue, 1832-1837). Les événements politiques qui entraînèrent la démission et l'exil volontaire de sept professeurs de l'Université ne le laissèrent pas indifférent : il s'associa à la protestation de ses collègues contre la violation de la constitution par le gouvernement. Depuis fort longtemps il comptait entreprendre un voyage en Grèce. Il put réaliser son rêve avant de mourir. Mais, ayant passé à Delphes plusieurs jours à copier des inscriptions tête nue, exposé aux ardeurs du soleil, il fut pris subitement d'une fièvre violente et rapporté sans connaissance à Athènes, où il mourut (1er août 1840) laissant inachevée sa belle *Histoire de la littérature grecque*. Sa mort provoqua dans le monde savant des regrets universels et profonds. Plus tard l'Université d'Athènes éleva sur sa tombe, à Colone, un monument commémoratif. Récemment (août 1890), à l'occasion du cinquantenaire de la mort d'Ottfried Müller, le gouvernement hellénique a organisé une touchante cérémonie et les archéologues allemands ont suspendu au monument de Colone « des couronnes et des bandelettes semblables, écrivit M. S. Reinach, à celles que l'on voit sur les lécythes funéraires. » — V. sur Ottfried Müller l'intéressante Notice que lui a consacrée M. K. Hillebrand en tête de sa traduction de l'*Histoire de la littérature grecque*.

il l'étudie en lui-même, dans les matériaux qu'il emploie, dans les procédés qu'il applique, dans les caractères qu'il prête aux formes, dans les sujets qu'il traite, dans la répartition de ces monuments sur toute la surface du terrain occupé par la civilisation ancienne. Le *Manuel* comprend en outre toute une histoire des dieux et des héros par les monuments, toute une mythologie de l'art, qui tient la plus grande place dans la seconde partie de l'ouvrage. — Ce plan a été l'objet de plusieurs critiques, mais, en réalité, le vrai, le seul défaut du livre, c'est d'avoir été écrit trente ou quarante ans trop tôt. Depuis la date de son apparition, bien des monuments grecs, étrusques, romains, dont beaucoup de premier ordre, sont sortis de terre et entrés dans les musées. Enfin l'Orient n'a été découvert qu'après la mort d'Ottfried Müller et par là s'explique la part si restreinte faite par lui, dans la naissance et le développement de la civilisation hellénique, aux éléments étrangers, aux suggestions et aux exemples de ceux qui avaient précédé de si loin la Grèce dans les voies de la vie policée. Les éléments faisaient défaut à l'auteur pour apprécier l'intensité et la durée de cette influence plusieurs fois séculaire qu'ont exercée sur les Grecs de l'âge héroïque d'une part les Phéniciens, intermédiaires privilégiés (1) entre l'Égypte et l'Occident; d'autre part, les peuples de l'Asie Mineure, Cappadociens, Lyciens, Phrygiens, Lydiens, élèves des Assyriens, avec lesquels ils communiquaient par des routes de caravane et dont ils furent, par moments, les sujets ou les vassaux.

Pour raconter la vie d'un grand homme, pour rendre raison de ses actions et de ses œuvres, il importe de sa-

(1) Les Phéniciens avaient, grâce à un *privilège* acquis régulièrement, le monopole du commerce de l'Égypte avec l'étranger.

voir où il est né et de quels parents, dans quel milieu il a grandi, comment il a été élevé; le biographe qui n'aurait point de renseignements à ce sujet ou qui n'en aurait que de faux, s'exposerait à de graves méprises. Qu'il aurait souvent de peine à s'expliquer, ou comme il s'expliquerait parfois à contre-sens les opinions dé son héros, les préjugés qui le dominent, les sentiments qui l'entraînent! Dans quel embarras le mettraient certaines particularités de caractère, certaines singularités de style ou d'idées! Au contraire, comme il en pénétrerait plus aisément le secret s'il n'ignorait pas ces préludes de la vie et ces commencements de l'être, les prédispositions héréditaires et ces impressions d'enfance qui demeurent si profondément gravées, les lectures et les amitiés de l'adolescence, les études de la jeunesse! Il en est de même quand il s'agit d'un peuple et des plus hautes manifestations de son génie, telles que la religion, l'art et la littérature; là aussi, pour comprendre le développement de l'adulte, il faut remonter à ce qui a précédé la naissance et surtout à ce qui l'a suivie de près, aux premiers contacts, aux premiers exemples qui ont éveillé l'âme et les sens, aux premières leçons qu'a reçues l'intelligence simple et docile encore.

Ce n'est pas par sa faute, c'est par celle du temps où il vivait qu'Ottfried Müller s'est trompé sur la question des origines de l'art grec, et qu'il a méconnu, dans l'Histoire de l'art, cette marche ininterrompue et régulière, ce mouvement constant qui, malgré de brusques oscillations, et des temps d'arrêt apparents, propage la civilisation d'Orient en Occident et lui donne pour capitales et pour foyers principaux, après Memphis et Thèbes, après Babylone et Ninive, après Sidon et Carthage, Milet et les villes ioniennes, Corinthe et Athènes, ensuite Alexandrie, Antioche et Pergame, enfin la grande cité italienne, Rome, l'élève et l'héritière de la Grèce.

Depuis cinquante ans, de nombreuses découvertes sont venues combler les lacunes de notre science du passé; elles ont révélé des relations, des échanges, des transmissions que l'on ne soupçonnait pas autrefois; elles ont, si l'on peut ainsi parler, fait retrouver, l'un après l'autre, les anneaux séparés et dispersés de cette longue chaîne d'efforts et de pensées, dont un bout se perd dans les ténèbres d'un passé sans histoire, tandis que l'autre rattache l'antiquité aux temps modernes où la civilisation, se développant et s'élargissant de proche en proche, est devenue, depuis la découverte de l'Amérique et de la route des Indes, non plus nationale, mais humaine, et travaille partout à transformer la surface de la planète, à la mettre tout entière en valeur. Grâce à ces découvertes et aux comparaisons qu'elles ont suggérées, grâce aux théories dont elles ont fourni les matériaux, l'histoire a pu rendre justice à des peuples dont jusqu'alors l'activité et le rôle n'avaient point été placés dans leur vrai jour; dans l'inventaire qu'elle a dressé des résultats obtenus, elle a pu, sans craindre de se tromper beaucoup, établir la part de chacun des intéressés; mais la Grèce, cette Grèce qu'Ottfried Müller adorait et à laquelle il a trop aisément sacrifié ces devanciers et ces maîtres pour qui elle-même avait été plus juste dans ses vieilles légendes, n'a rien perdu de sa gloire à ces scrupules d'équité et à cette exacte revision des comptes (1). Grâce à sa situation privilégiée aux confins de l'Europe, de l'Asie et de l'Afrique; grâce à la supériorité de son génie et aux merveilleuses qualités de sa langue, la Grèce a co-

____

(1) « Pour bien comprendre et pour bien connaître la Grèce, a dit le même auteur, il faut remonter jusqu'à Memphis; il faut visiter Babylone et Ninive, Tyr et Sidon; mais la Grèce reste le but du voyage. »

ordonné, classé et perfectionné les découvertes antérieures ; elle a pour toujours mis à l'abri de la destruction et de l'oubli ces instruments du progrès, ces procédés de l'art, ces méthodes scientifiques naissantes, enfin
tout ce fragile et complexe appareil de la civilisation
dont l'avenir avait été souvent compromis et l'intégrité
plus d'une fois entamée dans les grands chocs de peuples et dans les décadences sociales...

D'après Georges PERROT et Ch. CHIPIEZ.

(*Histoire de l'art dans l'antiquité*, tome 1er, *Introduction*, pages VI-XXYVI;
Paris, Hachette, 1882.)

3. — L'ARCHÉOLOGIE AU XIXᶜ SIÈCLE.

Parmi les sciences qui dans ce siècle ont aidé à agrandir
le domaine de la connaissance historique, l'archéologie,
en France tout au moins, est une des plus jeunes et
des dernières venues. Longtemps les études auxquelles
elle s'applique se sont poursuivies au milieu d'une indifférence à peu près générale : les lettrés de profession
affectaient de les dédaigner comme d'inutiles curiosités,
et le monde trouvait plus commode de s'en moquer
que de s'en instruire. Il y a vingt ou trente ans à
peine, pour le gros public et dans la littérature, l'archéologue était assez volontiers mis au rang des personnages comiques, destinés à amuser le parterre de
leurs folles et ridicules billevesées. Dans ce temps-là,
cet impitoyable railleur qui fut Edmond About, et qui
avait quelques raisons de se moquer de l'archéologie, y
ayant touché lui-même, mettait en scène, dans le *Roi des
montagnes*, le doux M. Mérinay, archéologue français,
membre de plusieurs sociétés savantes, en arrêt devant

un « petit monument de calcaire coquillier, haut de 35 centimètres sur 22, et planté par hasard au bord du chemin », l'esprit à la torture pour éclaircir l'inscription, absolument inédite, qui s'y trouyait gravée en caractères de la bonne époque, et sculptés dans la perfection. « Si je parviens à l'expliquer, disait ce docte jeune homme, ma fortune est faite. Je serai membre de l'Académie des inscriptions et belles-lettres de Pont-Audemer! Mais la tâche est longue et difficile. L'antiquité garde ses secrets avec un soin jaloux. Je crains bien d'être tombé sur un monument relatif aux mystères d'Éleusis. En ce cas, il y aurait peut-être deux interprétations à trouver : l'une vulgaire ou démotique, l'autre sacrée ou hiératique. Il faudra que vous me donniez votre avis. — Mon avis, lui répondis-je, est celui d'un ignorant. Je pense que vous avez découvert une borne comme on en voit beaucoup le long des chemins, et que l'inscription, qui vous a donné tant de peine, pourrait, sans nul inconvénient, se traduire ainsi : Stade 22, 1851. » Le théâtre n'était pas plus clément à l'archéologie que le roman. Dans une des plus aimables comédies de Labiche, l'archéologie se présentait sous les espèces, peu flatteuses, d'un académicien d'Étampes, flairant le romain à cent pas de distance, et capable de trouver, sous un honnête poirier d'Arpajon, le bouclier long, *scutum*, l'épée du centurion, *gladium*, pièce extrêmement rare, les saladiers dorés signés F. C., Fabius Cunctator, et jusqu'au lacrymatoire de la décadence, trop connu pour qu'il soit utile d'y insister. On pourrait citer bien d'autres exemples du cas que le monde faisait alors de l'archéologie : pour bien des gens comme pour un personnage de la *Grammaire,* l'archéologie était surtout un mot très difficile à écrire.

Depuis ce temps, les choses ont bien changé. Nous

avons perdu le goût des grands développements ora-
toires, des aperçus brillants et superficiels. Nous avons
pris peu à peu, dans ce siècle des grandes découvertes
scientifiques, l'amour des recherches exactes et des méthodes précises, et nous avons compris alors que ces
études dont on se moquait apportaient à la connaissance
historique des éléments nouveaux d'information. Nous
avons compris que ce n'étaient point là des sciences
mortes et vaines, mais qu'elles nous faisaient pénétrer
dans ce qu'il y a peut-être de plus vivant au monde, dans
les sentiments intimes, dans les formes de penser ordi-
naires des peuples disparus. Nous avons compris que
l'archéologie n'est pas seulement la science des petits
pots cassés, mais que cette science des objets et des monuments antiques, — c'est le sens exact du mot archéologie, — nous fait connaître une des expressions du caractère d'un peuple et la plus intéressante peut-être,
celle qui touche à ses idées et à ses mœurs. Nous avons
compris tout cela, et de l'ombre des écoles et des acadé-
mies, où elle s'était longtemps obscurément cachée, l'archéologie s'est tout à coup imposée à l'attention publique. De grandes découvertes, en révélant des aspects
nouveaux de la vie antique, ont piqué la curiosité; en
mettant au jour des chefs-d'œuvre d'art inconnus, elles
ont passionné l'intérêt; et aujourd'hui les études archéologiques ont trouvé leur place dans le monde.

CH. DIEHL.

(Excursions archéologiques en Grèce, Introduction, pages 1 à 4; Paris,
Armand Colin, 1890.)

4. — MÊME SUJET.

On sait quels progrès ont été accomplis de nos jours dans l'étude raisonnée, dans l'intelligence intime des œuvres de l'art ancien, et avec quel profit pour tout le monde ce qu'on pourrait appeler l'archéologie esthétique a remplacé la science sans portée philosophique, comme sans application immédiate, dont quelques initiés se contentaient autrefois d'échanger entre eux les témoignages. Le temps est loin déjà où les érudits n'interrogeaient guère les monuments antiques qu'afin d'en établir la date, d'en constater les caractères matériels, ou tout au plus d'en expliquer la destination primitive par des éclaircissements historiques fort indépendants des questions de doctrine et d'art proprement dit (1).

Le temps est bien passé aussi où le public se désintéressait de ces problèmes si maigrement posés, si sèchement résolus, où son indifférence s'étendait même aux objets mis en cause et punissait en quelque sorte l'antiquité tout entière des torts que s'étaient donnés ceux qui s'occupaient d'en inventorier les ruines au lieu d'en ressusciter l'esprit. Aujourd'hui l'opinion, à la fois mieux conseillée et plus active, n'a garde de se détourner d'études qui n'ont plus, Dieu merci, pour objet l'ordre pu-

(1) Dans la première partie de ce siècle, sauf Emeric David, Millin, et peut-être deux ou trois autres, les antiquaires croyaient encore devoir s'interdire, comme un commentaire au moins inutile, tout essai de démonstration en dehors de la description ou de l'appréciation strictement technique des types des monuments donnés. Ils se montraient d'ailleurs, en cela, infidèles à la tradition française du siècle précédent, où Caylus, Pierre Mariette, l'abbé Barthélemy, Falconet lui-même avaient eu tant à cœur de faire profiter l'art moderne des souvenirs et des leçons de l'art antique. C'est cette tâche interrompue que les archéologues de notre temps ont reprise, avec un talent supérieur et des éléments d'information bien plus considérables.

rement chronologique ou la simple nomenclature des choses. Grâce à cette nouvelle école archéologique, dont les travaux tendent à nous révéler les grandeurs morales aussi bien que les coutumes extérieures de l'antiquité, celle-ci a cessé d'être pour nous une lettre morte et pour les savants eux-mêmes une énigme dont ils se croyaient seuls en droit de posséder la clé. Les défiances ou les préjugés ont été écartés de part et d'autre. Ceux qu'effarouchaient les habitudes un peu pédantesques où la science affectait de se cantonner, se sont facilement laissé prendre aux avances qu'elle leur a faites de bonne grâce. De leur côté les antiquaires de profession ont renoncé à leur rôle de docteurs à huis-clos pour celui d'instituteurs publics, d'initiateurs à la façon des artistes, et l'on serait maintenant aussi mal venu à se passer du beau dans l'exposé ou l'interprétation des faits archéologiques qu'à négliger l'examen de ces faits mêmes, sous le prétexte qu'ils n'ont qu'une utilité indirecte, ou qu'ils n'intéressent qu'une étroite curiosité.

Henri Delaborde.

(L'Archéologie et l'Art. — Revue des Deux Mondes, 15 mars 1873.)

5. — L'ART ET LE BEAU.

L'Art n'est qu'une face du développement de l'homme, de ses puissances actives. Il naît d'un ordre de besoins nouveaux que produit en lui l'évolution de ses facultés supérieures, il marque une phase de sa croissance. Absorbé d'abord dans la vie purement physiologique, son action première, déterminée par d'aveugles appétits relatifs au corps, a pour unique but de les satis-

faire. Il tend à l'utile exclusivement, en cela semblable
à l'animal privé d'intelligence, de la vision du Vrai, et
par là-même du sentiment du Beau. Dès que ce sentiment apparaît dans l'homme, il se manifeste dans ses
œuvres où commence à briller la lumière nouvelle qui
l'illumine intérieurement. Comme les rayons réfractés
par l'atmosphère dissipent peu à peu les ténèbres de la
nuit et annoncent le lever de l'astre caché encore sous
l'horizon, l'Art annonce le lever de la science dont il est
l'éclatante aurore. Car tout se tient, tout s'enchaîne :
aucun progrès ne s'opère brusquement, ne s'accomplit
dans une sphère isolée. Ce qui a précédé l'Art, ce qui le
suit, en est inséparable. Le Beau qui implique le Vrai,
implique aussi l'Utile; il s'unit, s'incorpore à lui. Leurs
lois, quoique diverses, se lient en vertu d'une harmonie
fondamentale qui les ramène à l'unité. Les proportions
les plus parfaites dans leur rapport avec le Beau
sont également les plus parfaites dans leur rapport
avec l'utile. Dans un organisme vivant, les formes les
plus belles sont en même temps les mieux appropriées à leurs fonctions. Nul art ne dérive de soi, ne
subsiste par soi-même, pour ainsi dire solitairement.
L'art pour l'art est donc une absurdité (1). *Le per-*

(1) Cette théorie a eu pourtant ses défenseurs, au fort de la bataille
romantique. Théophile Gautier, « l'impassible », s'en montra toujours le
partisan décidé, lui qui écrivait dans une notice sur Ingres (*L'Artiste*, 1857) :
« L'art est le but, et non le moyen et jamais il n'en exista de plus élevé.
Tout poète, statuaire ou peintre qui met sa plume, son ciseau ou sa brosse
au service d'un système quelconque, peut être un homme d'État, un mo-
raliste, un philosophe, mais nous nous défierons beaucoup de ses vers,
de ses statues et de ses tableaux ; il n'a pas compris que le beau est *supérieur* à tout autre concept. » — Pour Lamennais, au contraire, le Beau
s'incorpore au Vrai et à l'Utile ; le « concept » supérieur, c'est le progrès
humain ; à l'art pour l'art il faut opposer l'art pour l'homme. On a dit
assez finement que la beauté recherchée dans l'art était « une utilité passée ».
Mais M. G. Tarde, dans une ingénieuse étude : l'*Art et la Logique,* donnée

fectionnement de l'être dont il manifeste les progrès en est le but. Il est comme le point de concours de ses besoins physiques et de ses besoins intellectuels et moraux, et les arts, en effet, peuvent être classés selon leur relation à ces besoins divers. Du besoin de se créer des abris, des demeures de plus en plus commodes et du désir de les orner; du besoin de s'assembler pour accomplir des actes soit religieux, soit civils, est née l'architecture avec ses annexes, la sculpture, la peinture, qui se développent sous l'influence de plusieurs autres besoins inhérents à la nature supérieure de l'homme. Sœur de la poésie, la musique opère la liaison des arts qui s'adressent directement aux sens avec les arts propres de l'esprit, et leur objet commun est de satisfaire des besoins de l'ordre moral, de seconder les efforts de l'humanité pour atteindre sa fin, de la soulever de la terre et de lui imprimer un mouvement perpétuel d'ascension. Se figure-t-on un art qui ne soit bon à rien? Un art de bâtir sans un but d'utilité pratique? Un art de la parole indépendant de l'effet que la parole doit produire, et un effet de ce genre qui, bon ou mauvais, n'ait pas en soi, et dans celui qui l'a cherché, voulu, un caractère moral? Non seulement donc l'Art a sa racine dans les puissances natives, radicales, essentielles de l'homme, il en est l'exercice, la manifestation sous un

---

à la *Revue philosophique* (février 1891) va plus loin; il observe que le Beau n'est pas seulement « le fantôme de l'Utile », mais son apparition anticipée : « il en est l'alpha, et l'oméga. » Et il en conclut, avec raison, croyons-nous, que l'art doit être considéré comme un moyen d'atteindre un but social. Si l'art n'avait d'autre fin que lui-même, les appréciations des connaisseurs et du public sur le plus ou moins de beauté d'une œuvre artistique seraient purement arbitraires , « car il n'est pas possible de leur trouver un autre fondement que le degré d'intensité ou de généralité du besoin auquel cette œuvre a répondu et le degré de force ou de justesse de cette réponse. »

certain mode ; mais encore, en unissant les lois de l'organisme aux lois de l'intelligence et de l'amour, il les dirige
vers le même terme, la perfection de l'être dans ce que sa
nature contient de plus élevé ; merveilleux enchaînement
qui nous fait comprendre par ce qui se passe en nous,
l'harmonie de tous les ordres d'êtres, leurs relations mutuelles, leur commune tendance et l'unité de la création,
image et reflet de l'unité de Dieu même.

De ces considérations, il s'ensuit que l'Art n'est point
arbitraire, qu'il ne dépend point des fantaisies capri-
cieuses d'une pensée sans règle, qu'ayant comme les
êtres eux-mêmes, des conditions essentielles, nécessaires
d'existence et de développement, on ne peut, sans le détruire, ni en changer les bases à jamais invariables, ni en
altérer les lois. Ces lois résultant de l'union des lois de
l'ordre physique et des lois de l'ordre intellectuel, l'Art,
sous ce rapport, correspond à la faculté qu'on a nommée
imagination, ou au pouvoir que l'homme possède de
revêtir l'idée d'une forme sensible qui la manifeste extérieurement, d'incarner dans la nature les types éternels, et l'Art est pour l'homme ce qu'est en Dieu la
puissance créatrice : d'où le mot de *poésie*, dans la plénitude de sa primitive acception.

LAMENNAIS.

(*De l'Art et du Beau*, pages 9-12. Tiré du troisième volume de *l'Esquisse
d'une philosophie*, Garnier frères, éditeurs, 1865.)

6. — DÉFINITION DE L'ART.

La juste définition de l'Art se trouvera entre la traduction littérale et la paraphrase éloquente, et nous dirons :
l'Art est l'interprétation de la nature (1).

(1) Ce n'est, en effet, que lorsque nous ajoutons à l'imitation du monde
extérieur le cachet de notre personnalité que l'art commence à paraître.

Nicolas Poussin, se promenant un jour sur les bords du Tibre, rencontre une femme qui, après avoir baigné son enfant dans le fleuve, le ramène au rivage, l'enveloppe de linges et le caresse. Aussitôt sa pensée se reporte aux temps antiques ; il s'imagine voir Moïse sauvé des eaux du Nil. L'enfant du Transtévère devient pour lui le futur législateur des Hébreux ; la sauvage campagne de Rome lui apparaît comme le désert égyptien, et s'il aperçoit au loin un obélisque en ruine ou la pyramide de Cestius, il lui suffit d'ajouter un palmier au paysage pour achever la géographie du tableau... Voilà comment une scène de la vie commune s'élève tout à coup à la dignité d'une peinture historique. L'artiste a emprunté de la nature ses grâces naïves, et, du paysage, son caractère solennel ; mais, avant de mettre en œuvre les éléments qu'il a sous les yeux, sa pensée a tout élevé, tout agrandi, et le cachet de l'art a été imprimé sur la réalité la plus simple. Ainsi se vérifie cette autre définition de l'Art, donnée par le grand Bacon, et si semblable à celle que nous avons formulée : *Homo additus naturæ,* l'homme ajoutant son âme à la nature.

Il en est de même de tous les arts : l'humanité les a tous créés en s'appuyant sur la nature, mais en s'élevant au-dessus d'elle. La parole est un don naturel de l'homme, et il reste dans la nature tant qu'il ne fait que parler ; mais sitôt qu'il chante ses douleurs ou ses amours sur un rythme marqué par les battements de son cœur, il soumet aux lois de son imagination les bruits de la nature : il invente un art ; il crée la musique.

Placé entre la nature et l'idéal, entre ce qui est et ce qui doit être, l'artiste a une vaste carrière à parcourir pour aller, de la réalité qu'il avait, à la beauté qu'il désire. Si nous le suivons dans cette carrière, nous verrons son modèle se transformer successivement à ses yeux.

Du moment qu'un être est vivant, il se distingue du reste de l'univers : il porte, avec le sceau de sa personnalité, l'empreinte du Dieu inconnu qui a présidé à son destin. Si c'est un homme, que de choses en lui sont accidentelles, soit qu'il ait vu le jour sous la tente de l'Arabe ou sur les montagnes du Caucase, soit que le sort lui ait ordonné de vivre dans tel siècle ou dans tel autre, soit que les aventures qui ont précédé son existence aient fait couler dans ses veines un sang généreux ou appauvri! De là naissent les divers degrés de curiosité ou de sympathie que nous inspire l'individu, selon qu'il diffère de nous-même ou qu'il nous ressemble.

C'est donc la vie qui distingue les êtres en leur ébauchant une physionomie originale; c'est la vie qui leur prête ce premier genre d'intérêt, *l'individualité*.

Mais, parmi les événements que traverse notre existence, il en est de bons et de mauvais. Il y a l'heureuse influence qui développe un tempérament et l'accident funeste qui le contrarie. Si la fortune a secondé l'individu dans le sens de son naturel, si rien n'a étouffé ou faussé les germes qui étaient en lui, il aura une originalité harmonieuse; il aura ce premier élément de beauté qu'on appelle le *caractère*.

Maintenant, si ce caractère, au lieu d'être purement individuel, est un des grands types de l'humanité, c'est-à-dire si l'individu nous apparaît comme résumant le genre humain tout entier ou l'un des grands aspects du genre humain, par exemple la gracieuse adolescence, la majesté virile, la fierté, la prudence, la douceur, alors il achèvera d'être beau; il appartiendra aux régions de l'idéal, il aura, dans toute la force du mot, la *beauté*.

A ces trois termes, l'individualité, le caractère, la

beauté, répondent les trois aspects que présente l'art, considéré dans son rôle d'imitateur.

L'artiste qui se borne à imiter la nature n'en saisit que *l'individualité;* il est esclave. Celui qui interprète la nature en voit les qualités heureuses : il en démêle le caractère; il est maître. L'artiste qui idéalise y découvre ou y imprime l'image de la beauté : celui-là est un grand maître.

On le voit, à mesure que l'artiste s'éloigne de l'idéal pour s'approcher de la nature, il entre dans l'intimité de la vie particulière, il trouve la saveur de l'originalité; mais il diminue son importance, il rétrécit son horizon, il se rapetisse. A mesure que l'artiste s'éloigne de la nature pour marcher vers l'idéal, son originalité s'efface, mais il gagne en dignité ce qu'il a perdu en physionomie : il s'ennoblit, il s'élève, il entre dans les grandeurs de la vie universelle.

C'est ici que va éclater la supériorité de l'art. La nature, en effet, ne produit que des individus : l'art s'élève à la conception de l'espèce. On voit, sur la terre, des arbres, des chevaux... mais on n'y voit ni le cheval ni l'arbre. Nous vivons avec des hommes qui s'appellent Pierre ou Jean : nulle part nous n'avons rencontré ce personnage sans nom propre, qu'on appelle l'homme. Le désert est habité par des lions, mais cette image de la force majestueuse, ce Jupiter des animaux, qu'on nomme le lion, n'existe que dans le granit ou dans le marbre. L'espèce est donc une création de l'art. En comparant mille individus différents, il a distingué en eux des formes générales et des formes accidentelles; puis, en réunissant tous les traits essentiels, il en a fixé le caractère invariable; il a composé un type (1).

(1) C'est la doctrine idéaliste, presque la théorie platonicienne. On

Mais hélas! ce type, de pure invention, n'est animé d'aucun souffle : cet arbre créé par notre esprit ne prêtera son ombre à aucun voyageur; ce cheval imaginaire ne portera personne, et l'homme que nous aurons conçu ne sera qu'une froide abstraction, un être sans haine et sans amour, dont le cœur n'a jamais battu et ne battra jamais. La nature, qui, seule a le don et le secret de la vie, rachète par là son infériorité et reprend son empire. Il faudra donc que l'artiste donne aux créations de son âme les empreintes de la vie, et il ne pourra les trouver, ces empreintes, que dans les individus créés par la nature. Les voilà donc à jamais inséparables, ces deux êtres; le type, qui est un produit de la pensée, et l'individu qui est un enfant de la vie. Que l'artiste épouse donc la nature, qu'il l'épouse sans mésalliance, mais qu'il s'unisse avec elle d'une indissoluble union. C'est là le problème.

CHARLES BLANC.

(*Grammaire des arts du dessin*, pages 10 à 12. Paris, Librairie Renouard.)

trouvera dans l'extrait de M. Taine, que nous donnons plus loin (*L'Influence du « milieu » sur les arts*), l'application et la conséquence d'un système différent, d'après lequel l'objet propre de l'art serait, non pas l'imitation exacte des objets; — car alors les trompe-l'œil seraient des chefs-d'œuvre, — mais l'imitation, dans les objets, « des rapports et des dépendances mutuelles des parties; » par exemple, pour les arts du dessin : des proportions, ou rapports de grandeur, et des formes, ou rapports de position. « La logique, intérieure ou extérieure, voilà ce qui nous intéresse. » Mais M. Taine ajoute que l'œuvre d'art ne se borne pas à reproduire les rapports des parties, les plus grands artistes les ont altérés au contraire, de manière à rendre un caractère essentiel et à le faire prédominer. En résumé, « l'œuvre d'art, d'après lui, a pour but de manifester quelque caractère essentiel ou saillant, partant quelque idée importante, plus clairement et plus complètement que ne le font les objets réels. Elle y arrive en employant un ensemble de parties liées, dont elle modifie systématiquement les rapports. »

7. — GRANDEUR ET MISSION DE L'ART.

Pour se faire une idée de l'importance des arts, il suffit de se représenter ce que seraient les grandes nations de la terre, si l'on supprimait de l'histoire les monuments qu'elles ont élevés à leurs croyances, les ouvrages où elles ont laissé la marque de leur génie. Il en est des peuples comme des hommes ; il ne reste d'eux après leur mort que les choses émanées de l'esprit, c'est-à-dire la littérature et l'art, des poèmes écrits et des poèmes de pierre, de marbre ou de couleur.

Si l'Égypte était inconnue, si le souvenir de ce pays était complétement effacé de la mémoire humaine, quelque jour un philosophe, voyant se dresser dans les solitudes de Memphis trois pyramides gardées par un sphinx, devinerait l'existence d'un peuple religieux, esclave, dominé par le mystère, immobile dans ses idées, plein de foi dans l'immortalité de la vie. Par la signification de ces monuments symboliques, il serait amené peut-être à reconstruire toute l'antique Égypte ; il en retrouverait les mœurs, il en connaîtrait les pensées... Si la Grèce était un pays ignoré ou disparu dans l'oubli, quelque jour un artiste, y retrouvant une colonne des Propylées, un fragment des sculptures de Phidias, un bronze de Lysippe, une monnaie d'Alexandre ou un vase grec, serait averti qu'un grand peuple habita ces contrées, que ce peuple eut un bon sens délicat, un goût pur, un sentiment exquis de la grâce, et qu'il poussa le culte de la beauté jusqu'à diviniser l'homme et humaniser les dieux. Oui, un portique en ruine, une tête de marbre, nous suffisent pour remonter en idée à ces temps héroïques où le ciel vivait et respirait sur la terre, comme dit le poète :

Où Vénus Astarté, fille de l'onde amère,
Ruisselait, vierge encor, des larmes de sa mère,
Et fécondait le monde en tordant ses cheveux.
(Alfred DE MUSSET.)

Il semble que les nations aient pressenti que leur gloire serait mesurée aux œuvres du poète et de l'architecte, du sculpteur et du peintre, car il n'est pas de peuple qui n'ait honoré les artistes, comme s'il eût vu en eux les témoins futurs de sa grandeur. Dans le primitif Orient et dans la vallée du Nil, l'art, confondu avec le plus haut sacerdoce, était aussi vénéré que le grand prêtre. En Grèce, la fable de Prométhée ravissant le feu du ciel pour animer l'argile symbolisait assez clairement l'auguste origine des arts. Aussi n'est-on pas étonné d'apprendre que le plus sage des philosophes, le maître de Platon, était sculpteur, et qu'il avait modelé les trois grâces. Chez les Éléens, un sentiment de respect s'attachait au souvenir de Phidias, et les descendants de ce grand homme avaient, de père en fils, la charge de montrer aux étrangers, comme un lieu vénérable, l'atelier où il avait sculpté son Jupiter Olympien.

L'effigie du statuaire Alcamène était placée au faîte du temple d'Éleusis. La ville de Pergame, en Mysie, acheta, des deniers publics, un palais ruiné, pour sauver quelques murailles où il restait encore des peintures d'Apelles, et les habitants suspendirent la dépouille de ce peintre illustre dans un réseau de fils d'or. Plus rudes que les Grecs, les Romains avaient hérité cependant de leur souveraine estime pour les artistes. Cicéron rapporte que Lélius Fabius, qui comptait parmi les siens tant de consuls, et dont la famille avait tant de fois triomphé, voulut mettre son nom sur les peintures qu'il avait exécutées de sa main dans le temple du Salut, et se fit appeler Fabius *pictor* (1)

Enfin dans les temps modernes, ce fut le plus fier des empereurs d'Allemagne, celui qui réunissait en lui l'orgueil germanique à la hauteur castillane, ce fut Charles-Quint qui prononça cette parole fameuse : « Titien mérite d'être servi par César. »

CHARLES BLANC.

(*Grammaire des arts du dessin*, pages 13-14.)

8. — L'INFLUENCE DU MILIEU SUR LES ARTS.

... Nous arrivons donc à poser cette règle que, pour comprendre une œuvre d'art, un artiste, un groupe d'artistes, il faut se représenter avec exactitude l'état général de l'esprit et des mœurs du temps auquel ils appartenaient. Là se trouve l'explication dernière; là réside la cause primitive qui détermine le reste (2).

(1) En dépit des illustres exemples ingénieusement groupés et éloquemment rapportés par Charles Blanc, il ne semble pas que les Grecs et les Romains aient fait à leurs artistes une condition absolument digne de la « grandeur de l'art et de sa mission. » Même à Athènes, le τεχνίτης, artiste ou artisan, était loin d'occuper dans la société le rang que l'on pourrait croire. » Pas un jeune homme bien né, dit Plutarque, après avoir vu la statue de Jupiter à Pise et celle de Junon à Argos, ne souhaiterait d'être Phidias ou Polyclète; l'œuvre nous charme par sa grâce, mais nous ne sommes pas tenus d'estimer son auteur. » Lucien s'exprime en termes presque identiques : « Quand tu serais un Phidias ou un Polyclète, quand tu ferais mille chefs-d'œuvre, les éloges ne s'adresseraient qu'à ton art, et parmi ceux qui applaudiront il n'en est pas un seul, s'il a le sens commun, qui désire te ressembler. » (V. le *Dictionnaire des antiquités grecques et romaines*, par Daremberg et Saglio, article : *Artifices.*) Quant aux Romains, on sait qu'ils n'avaient de considération véritable que pour le service militaire ou le travail agricole : toute autre industrie était réputée servile ou indigne d'un citoyen ingénu.

(2) Le point de départ de la méthode de M. Taine, comme il l'indique lui-même au début de l'ouvrage dont ces lignes sont extraites, consiste à reconnaître qu'une œuvre d'art n'est pas isolée, par conséquent à chercher l'ensemble dont elle dépend et qui l'explique. Une œuvre d'art ap-

Cette vérité est confirmée par l'expérience ; en effet, si l'on parcourt les principales époques de l'histoire de l'art, on trouve que les arts apparaissent, puis disparaissent en même temps que certains états de l'esprit et des mœurs auxquels ils sont attachés. Par exemple, la tragédie grecque, celle d'Eschyle, de Sophocle et d'Euripide, apparaît au temps de la victoire des Grecs sur les Perses, à l'époque héroïque des petites cités républicaines, au moment du grand effort par lequel elles conquièrent leur indépendance et établissent leur ascendant dans l'univers civilisé ; et nous la voyons disparaître avec cette indépendance et cette énergie, quand l'abaissement des caractères et la conquête macédonienne livrent la Grèce aux étrangers. — De même l'architecture gothique se développe avec l'établissement définitif du régime féodal dans la demi-renaissance du onzième siècle, au moment où la société, délivrée des Normands et des brigands, commence à s'asseoir ; et on la voit disparaître au moment où ce régime militaire de petits barons indépendants, avec l'ensemble de mœurs qui en dérivait, se dissout vers la fin du quinzième siècle, par l'avènement des monarchies modernes. — Pareillement la peinture hollandaise s'épanouit au moment glorieux où, à force d'opiniâtreté et de courage, la Hollande achève de s'affranchir de la domination espagnole, combat l'Angleterre à armes égales, devient le plus riche, le plus libre, le plus industrieux, le plus prospère des États européens ; et nous la

partient d'abord à l'œuvre totale de l'artiste qui en est l'auteur (premier ensemble). Elle appartient ensuite (deuxième ensemble) à une *école* ou famille d'artistes du même pays et du même temps. Cette famille elle-même est comprise dans un ensemble plus vaste qui est le monde qui l'entoure, et dont le goût est conforme au sien : une harmonie intime s'établit entre l'artiste et ses contemporains.

voyons déchoir au commencement du dix-huit siècle, quand la Hollande tombée au second rôle, laisse le premier à l'Angleterre, se réduit à n'être qu'une maison de banque et de commerce bien réglée, bien administrée, paisible, où l'homme peut vivre à son aise, en bourgeois sage, exempt des grandes ambitions et des grandes émotions. — Pareillement enfin la tragédie française apparaît au moment où la monarchie régulière et noble établit, sous Louis XIV, l'empire des bienséances, la vie de cour, la belle représentation, l'élégante domesticité aristocratique, et disparaît au moment où la société nobiliaire et les mœurs d'antichambre sont abolies par la Révolution.

Je voudrais rendre sensible par une comparaison cet effet de l'état des mœurs et des esprits sur les Beaux-Arts. Lorsque partant d'un pays méridional vous remontez vers le nord, vous vous apercevez qu'en entrant dans une certaine zone on voit commencer une espèce particulière de culture et une espèce particulière de plantes : d'abord l'aloès et l'oranger, un peu plus tard l'olivier ou la vigne, ensuite le sapin, à la fin les mousses et les lichens. Chaque zone a sa culture et sa végétation propres; toutes deux commencent au commencement de la zone et finissent à la fin de la zone; toutes deux lui sont attachées. C'est elle qui est leur condition d'existence; c'est elle qui, par sa présence ou son absence, les détermine à paraître ou à disparaître. Or, qu'est-ce que la zone, sinon une certaine température, c'est-à-dire un certain état de la chaleur et de l'humidité; en un mot un certain nombre de circonstances régnantes, analogue dans son genre à ce que nous appelions tout à l'heure l'état général de l'esprit et des mœurs? De même qu'il y a une température physique qui, par ses variations, détermine

l'apparition de telle ou telle espèce de plantes;
de même il y a une température morale qui, par ses
variations, détermine l'apparition de telle ou telle espèce d'art. Et de même qu'on étudie la température
physique pour comprendre l'apparition de telle ou
telle espèce de plantes, le maïs ou l'avoine, l'aloès ou le
sapin, de même il faut étudier la température morale,
pour comprendre l'apparition de telle espèce d'art, la
sculpture païenne ou la peinture réaliste, l'architecture
mystique ou la littérature classique, la musique volup-
tueuse ou la poésie idéaliste. Les productions de l'esprit
humain, comme celles de la nature vivante, ne s'expliquent que par leur milieu (1).

Après avoir examiné la nature de l'œuvre d'art, l'auteur étudie la loi de sa production. Il s'attache avec plus de rigueur encore à établir la règle qu'il a déjà énoncée, à savoir que « *l'œuvre d'art est déterminée par un ensemble qui est l'état général
de l'esprit et des mœurs environnantes.* »

Pour rendre cette harmonie sensible, reprenons une
comparaison dont nous nous sommes déjà servi, celle

(1) Outre le *milieu* proprement dit, M. Taine, dans ses différents ouvrages sur les beaux-arts, admet encore deux grands facteurs qui concourent à déterminer les œuvres d'art : la *race* et le *moment*. La *race*, c'est
l'ensemble des dispositions innées et héréditaires que l'homme apporte avec
lui à la lumière et qui ordinairement sont jointes à des différences marquées
dans le tempérament et dans la structure des corps : par exemple, des caractères fondamentaux, des qualités indélébiles séparent nettement les races germaniques et les races latines : ces forces, on les retrouvera toujours
égales et efficaces à tous les moments de l'évolution artistique d'un peuple, de sorte que, certaines circonstances étant données, l'art germanique
doit aboutir nécessairement à Dürer et à Rembrandt, l'art latin à Raphaël
et au Corrège. Le milieu, dans lequel la race a vécu (climat et sol, circonstances politiques, conditions sociales), produit à son tour sur cette race
une « puissante pression » et contribue à lui donner le tour d'esprit d'a-
près lequel elle pense et agit. Enfin, selon le *moment* où on les observe)
les deux causes précédentes n'agissent pas de la même façon.

d'une œuvre d'art et d'une plante (1), et regardons dans quelles circonstances une plante ou une espèce de plantes, l'oranger, par exemple, pourrait se développer et se propager sur un terrain. Nous supposons toutes sortes de graines et de semences apportées par le vent, jetées par le hasard; à quelles conditions celles de l'oranger pourront-elles germer, devenir des arbres, fleurir, produire des fruits, des rejetons, tout une peuplade d'arbres, et couvrir le sol?

Il faudra pour cela bien des circonstances favorables; et d'abord que le sol ne soit ni trop friable ni trop maigre; autrement, les racines manquant de profondeur et d'attaches, l'arbre tomberait au premier coup de vent. Il faudra ensuite que le sol ne soit pas trop sec; sinon, faute du rafraîchissement des eaux courantes, l'arbre séchera au pied. Il faut aussi que le climat soit chaud; sinon l'arbre, qui est délicat, gèlera, ou tout au moins languira, et ne pourra pas épanouir ses pousses. Il faut aussi que l'été soit long, pour que le fruit qui est tardif ait le temps de mûrir. Il faut que l'hiver soit doux, pour que les frimas de janvier ne viennent pas flétrir et brûler les oranges attardées sur les branches. Il faut enfin que le terrain ne soit pas trop favorable à d'autres plantes; sinon l'arbre, livré à lui-même, serait étouffé par la concurrence et l'envahissement d'une végétation plus forte. Si toutes ces conditions se rencontrent, le petit oranger croîtra, deviendra adulte, en produira d'autres qui se repro-

---

(1) L'esthétique ainsi comprise présente en effet de grandes analogies avec la botanique : « elle est elle-même, a dit notre auteur, une sorte de botanique appliquée, non aux plantes, mais aux œuvres humaines. » Ailleurs, M. Taine s'applaudit du mouvement qui « rapproche les sciences morales des sciences naturelles, et donne aux premières les principes. les précautions, les directions des secondes. »

duiront eux-mêmes. Sans doute, il pourra survenir des orages; des chutes de pierres, des morsures de chèvres détruiront certains plants. Mais en somme, à travers les accidents qui tuent les individus, l'espèce se propagera, couvrira le sol, et après un nombre suffisant d'années, on verra s'élever un bois florissant d'orangers. C'est ce qui arrive dans les gorges si bien abritées de l'Italie méridionale, aux environs de Sorrente ou d'Amalfi, au bord des golfes, dans les petites vallées tièdes, rafraîchies par les eaux qui descendent des montagnes et caressées par la brise bienfaisante de la mer. Il a fallu tout ce concours de circonstances pour assembler ces belles têtes rondes, ces dômes luisants d'un vert intense et splendide, ces pommes d'or innombrables, cette végétation parfumée et précieuse qui au milieu de l'hiver fait de cette côte le jardin le plus riche et le plus éclatant.

Réfléchissons maintenant à la façon dont les choses se sont passées dans cet exemple. Vous venez de voir l'effet des circonstances et de la température physique. A parler précisément, ce ne sont point elles qui ont produit l'oranger. Les graines étaient données, et toute la puissance vitale était dans les graines seules. Mais les circonstances décrites étaient nécessaires pour que la plante pût croître et se propager, et, si elles avaient manqué, la plante eût manqué comme elles.

La conséquence est que la température devenant autre, l'espèce des plantes deviendra autre. En effet, supposons des conditions toutes contraires à celles que je viens de décrire, un sommet de montagne battu par des vents violents, une croûte mince et rare de terre végétale, un climat froid, un été court, la neige pendant tout l'hiver; non seulement l'oranger n'y pourra naître, mais la plupart des autres arbres y périront. De toutes les semen ces apportées par le hasard, une seule réussira, et vous ne verrez durer et se propager qu'une espèce, la seule qui s'accommode à ces dures circonstances, le sapin ou le pin qui couvrira les pics déserts, les longues croupes rocheuses, les pentes abruptes de ses colonnades rigides et de ses grands manteaux d'un vert funèbre; et là, comme dans les Vosges, l'Écosse et la Norwège, vous voyagerez pendant des lieues entières sous des dômes muets, sur un tapis d'aiguilles désséchées, parmi des racines accrochées obstinément aux roches, dans le domaine de la plante énergique et patiente qui seule subsiste sous l'assaut incessant des rafales et le givre des longs hivers.

On peut donc se représenter la température et les circonstances physiques comme *faisant un choix* entre les différentes espèces d'arbres, et ne laissant subsister et se propager qu'une certaine espèce à l'exclusion plus ou moins complète de toutes les autres. La température physique agit par éliminations, par suppressions, par *élection* naturelle. Telle est la grande loi par laquelle on explique aujourd'hui l'origine et la structure des diverses formes vivantes, et elle s'applique au moral comme au physique, dans l'histoire comme dans la botanique et la zoologie, aux talents et aux caractères comme aux plantes et aux animaux.

En effet, il y a une température *morale* qui est l'état général des mœurs et des esprits, et qui agit de la même façon que l'autre. A proprement parler, elle ne produit pas les artistes; les génies et les talents sont donnés comme les graines; je veux dire que, dans le même pays, à deux époques différentes, il y a très probablement le même nombre d'hommes de talent et d'hommes médiocres. En effet, on sait par la statistique que dans deux générations successives il se trouve à peu près le même nombre d'hommes ayant la taille requise pour la conscription et d'hommes trop petits pour être soldats. Selon toutes les vraisemblances, il en est pour les esprits comme pour les corps, et la nature est une semeuse d'hommes, qui, puisant toujours de la même main dans la même besace, répand à peu près la même quantité, la même qualité, la même proportion de graines dans les terrains qu'elle ensemence régulièrement et tour à tour. Mais dans ces poignées de semence qu'elle jette autour d'elle en arpentant le temps et l'espace, toutes les graines ne germent pas. Une certaine température morale est nécessaire pour que certains talents se développent; si elle manque, ils avortent. Par suite, la température changeant, l'espèce des talents changera; si elle devient contraire, l'espèce des talents deviendra contraire, et, en général, on pourra concevoir la température morale comme faisant un choix entre les différentes espèces de talents, ne laissant se développer que telle ou telle espèce, excluant plus ou moins complètement les autres. C'est par un mécanisme de cette sorte (1) que vous voyez en certains temps et en cer-

(1) Tout en rendant hommage à la grande part de vérité contenue dans les doctrines esthétiques de M. Taine, qu'il nous soit permis de n'y souscrire qu'avec quelques réserves. Le danger est de vouloir résumer par des formules, toujours trop étroites, l'idéal d'une époque, et par suite l'idéal de tout un art. Sans doute il faut tenir le plus grand compte du milieu où l'œuvre d'art est comme éclose; mais ce serait tirer des enseignements de l'histoire une conséquence fâcheuse que d'exagérer l'importance du rapport qui unit l'artiste à ses contemporains, et aux idées régnantes, au point d'y voir la loi d'un « mécanisme » inflexible. « Si l'homme de cour fut l'idéal du seizième siècle, a écrit M. Bougot (*Essai sur la critique d'art*), nous ne concevons guère comment Lesueur se rapproche de cet idéal dans ses peintures, soit profanes, soit religieuses; il nous semble au contraire voir, d'un côté, c'est-à-dire dans la société de l'époque, ce qu'il y a de plus raffiné, et même de plus factice; de l'autre dans les tableaux du peintre, ce qu'il y a de plus simple et de plus naïf... De même l'inspiration si manifestement personnelle du Poussin, son

tains pays se développer dans les écoles tantôt le sentiment de l'idéal, tantôt celui du réel, tantôt celui du dessin, tantôt celui de la couleur. Il y a une direction régnante qui est celle du siècle; les talents qui voudraient pousser dans un autre sens trouvent l'issue fermée, et la pression de l'esprit public et des mœurs environnantes les comprime ou les dévie en leur imposant une floraison déterminée.

H. Taine.

(Philosophie de l'art, pages 8 à 11 et 57 à 62. — Paris, Hachette, 1881.)

style austère, son respect de l'art, son dédain des procédés vulgaires, son aversion pour le genre pompeux et théâtral, nous paraissent autant de qualités que les courtisans de Louis XIII ou de Louis XIV n'ont pu comprendre qu'en oubliant les préoccupations frivoles de l'homme du monde; l'artiste, par son caractère, n'était point de son temps; de même ses œuvres, si différentes de toutes celles que l'Italie et la France avaient admirées avant les siennes, ressemblent souvent à une protestation contre l'idéal du jour. » L'empreinte contemporaine et locale n'est point tout l'art; elle n'en est, pour ainsi dire, que l'accident et la surface. Le fond, l'élément permanent, ce sont les sentiments et les idées, c'est le cœur et la raison de l'artiste, c'est l'activité de l'homme et son inspiration personnelle.

CHAPITRE PREMIER.

ART ÉGYPTIEN.

1. — *Les découvertes de l'égyptologie française.*

Ce qui fait la grandeur écrasante de Champollion (1), c'est la puissance et la clarté de lumière que coup sur coup ses découvertes, sous sa main, jettent dans toutes les avenues de cette Égypte naguère si mystérieuse. Une nuée d'erreurs traditionnelles sont dissipées en un instant. Il montre que les hiéroglyphes, que l'on croyait exclusivement idéographiques, sont avant tout alphabétiques et que les mots sont représentés en règle générale par des signes ayant valeur de son, et non par l'image de l'objet ou de l'idée qu'ils expriment. Il montre que les trois systèmes d'écriture de l'Égypte : hiéroglyphique, hiératique et démotique, ne sont qu'un seul et même système, manié avec une liberté de main de plus en plus grande, mais sans solution de continuité, de sorte que l'on peut suivre la forme de tel signe depuis sa dernière dégradation dans la cursive la plus muette jusqu'à l'i-

(1) Sur la vie de Champollion, V. sa *Biographie*, par Silvestre de Sacy.

mage picturale des hiéroglyphes les plus expressifs. Il montre par quel procédé l'alphabet naît de l'idéogramme qui finit par représenter le son initial du mot qui désignait l'objet peint (1), et par là il prépare les découvertes récentes sur l'origine de l'alphabet, il pressent l'origine égyptienne de tous nos alphabets occidentaux. De vieilles polémiques historiques sont tranchées par la simple application de son alphabet : les fameux zodiaques de Dendérah et d'Esneh, dont les astronomes reportaient l'exécution à trois mille ans avant le Christ, livrent dans leurs hiéroglyphes les noms de leurs auteurs, Néron et Adrien, et les rêveries de Bailly et de Dupuis s'évanouissent (2). L'on croyait que la conquête de Cambyse avait mis fin à la civilisation égyptienne, tué l'art indigène, et que, par suite, tous les monuments de style dit égyptien devaient remonter au-delà de l'invasion persane. Champollion déchiffre sur les frontons des plus beaux temples les noms de leurs constructeurs : ce sont les Ptolémées, Tibère, Néron, Antonin, Trajan, Adrien. Après avoir ainsi prolongé de plus de six siècles en aval la vie de l'Égypte, il remonte de vingt siècles dans son passé le plus lointain. Il lit sur les cartouches (3) le nom de

(1) Les caractères figuratifs, comme les appelle Champollion, ne pouvaient pas suffire longtemps à l'homme. De là une deuxième manière, l'écriture idéographique ou symbolique, qui offre un amalgame de dessins et de signes emblématiques. Enfin la grande métamorphose, le progrès décisif consiste à passer de la représentation des idées à celle des sons : l'écriture *phonétique*, qui ne répond d'abord qu'aux syllabes, se décompose en lettres, en voyelles et en consonnes, et l'alphabet est trouvé.

(2) Ces zodiaques, composés à l'imitation des zodiaques grecs, se trouvaient placés parfois à côté de tableaux astronomiques d'origine purement égyptienne.

(3) On appelle cartouche l'encadrement elliptique dans lequel sont enfermés les noms de roi ou de reine, ou, en certains cas, de princes ou de princesses. Les rois ont deux cartouches : le cartouche-nom et le cartouche-prénom.

Psammétichus; il retrouve les noms des grands rois de la dix-huitième et de la dix-neuvième dynastie, la belle époque de l'Égypte ancienne; Touthmosis, qui la délivra du joug des Hicsos, vers les temps de Moïse; Ramsès-le-Grand, le Sésostris d'Hérodote; Aménophis, le Memnon des Grecs, dont la statue, après avoir gardé le silence pendant vingt siècles, recommença à parler, mais en paroles plus merveilleuses de clarté qu'aux jours d'Adrien et de Sévère (1).

Il serait long de suivre Champollion dans sa carrière d'inventeur, si courte et si pleine : il s'était emparé de l'Égypte entière, dans ses quarante siècles d'histoire, d'art, de religion, de littérature, et il parcourait cet immense domaine dans tous les sens, au hasard des documents nouveaux qui lui tombaient sous la main dans cette exhumation générale des monuments de l'Égypte......

La science créée par Champollion sembla un instant destinée à périr dans le pays qui l'avait vu naître. Pendant une quinzaine d'années, les vrais disciples de Champollion furent à l'étranger (2)... Mais bientôt la France allait reprendre définitivement la direction du mouvement égyptologique, avec deux hommes dont le nom est devenu inséparable de celui de Champollion; l'un a ramené dans les méthodes saines la science qui s'égarait, c'est le comte Emmanuel de Rougé (3); l'autre

(1) Le véritable nom (*Aménophis*) de l'auteur des fameuses statues colossales élevées probablement à peu de distance de l'endroit où devait plus tard se bâtir le Ramesséum pouvaient presque se confondre pour l'oreille avec celui de ce personnage du mythe grec (*Memnon* ou le soleil), que l'imagination des Hellènes se plaisait à retrouver partout en Égypte.

(2) L'Italien Rosellini, l'Anglais Birch, le Hollandais Leemans, et surtout l'Allemand Lepsius.

(3) Dans l'espace de quinze années qui s'écoula entre la mort de Champollion et les débuts de M. E. de Rougé, les études égyptiennes, en se dé-

a doublé le domaine de l'égyptologie, en découvrant l'Égypte souterraine, c'est Auguste Mariette, dit Mariette-Pacha.

Après tant de découvertes, il était réservé à Auguste Mariette d'ouvrir dans l'égyptologie un monde nouveau dont l'exploration occupera longtemps encore des nuées de savants. On avait, avant lui, reconnu et décrit la surface : il découvrit une Égypte sous l'Égypte. Les merveilles de l'Égypte visible ne sont qu'une ombre en face de celles de l'Égypte souterraine, de toutes ces villes, de tous ces mondes que la main des hommes, du temps et du désert a lentement recouvert, et sauvés en les ensevelissant. Mariette souleva le sable et fit rendre gorge au désert : il commença cette longue exhumation qui l'absorba depuis 1850 jusqu'à la dernière seconde de son existence, et qui continue sous des mains françaises.

Les débuts de Mariette furent humbles : il était régent de septième dans le collège communal de Boulogne et satisfaisait ses vagues instincts d'archéologue par des recherches sur l'histoire ancienne de Boulogne, qu'il consignait, en 1847, dans une lettre adressée à M. Bouillet et destinée à rectifier les erreurs contenues dans son Dictionnaire historique à l'article *Boulogne*. La vue

veloppant extérieurement, avaient heurté contre un écueil dangereux : la « divination, » l'*à-peu-près*, tendaient à remplacer la science. Il en résulta que certains disciples du maître acceptaient de bonne foi les théories les moins justifiées : M. de Rougé (1811-1872) arrêta l'égyptologie sur cette pente fatale; il en fut comme le second créateur. Après avoir étudié l'hébreu et l'arabe, il s'était consacré exclusivement à l'Égypte, et pendant plus de huit années il avait poursuivi sans bruit ses travaux sur les hiéroglyphes. En 1850, il donna la règle et l'exemple de la saine méthode dans un commentaire devenu célèbre, le commentaire de l'inscription du tombeau d'Ahmès. Sur toutes les époques et sur toutes les branches de la civilisation égyptienne, M. de Rougé jeta des lumières nouvelles. Devenu membre de l'Institut, conservateur du musée égyptien du Louvre, il eut un bonheur qui avait été refusé à Champollion : il vit une vigoureuse école française se former sous ses auspices.

d'une momie au Musée de Boulogne et la lecture de
l'*Égypte ancienne* de Champollion Figeac lui révélèrent
sa vocation. Il vint à Paris en 1848, fut attaché à M. de
Longpérier pour l'aider dans le classement des antiquités égyptiennes du Louvre, et en 1850 partit en
Égypte avec une mission du gouvernement français :
il était chargé de visiter les couvents coptes, dont
des trouvailles récentes,
celles des voyageurs an-
glais Tattam et Pacho,
avaient révélé les richesses peu soupçonnées, et
il devait faire l'inventaire
des manuscrits orien-
taux qui pouvaient s'y
trouver. A peine arrivé
à Alexandrie; il rencon-
tra dans le jardin d'un
particulier chez qui il
était en visite, M. Zizi-
nia, une demi-douzaine
de sphinx dont l'attitude
le frappa. Au Caire, vi-
sitant Clot-Bey, le célè-

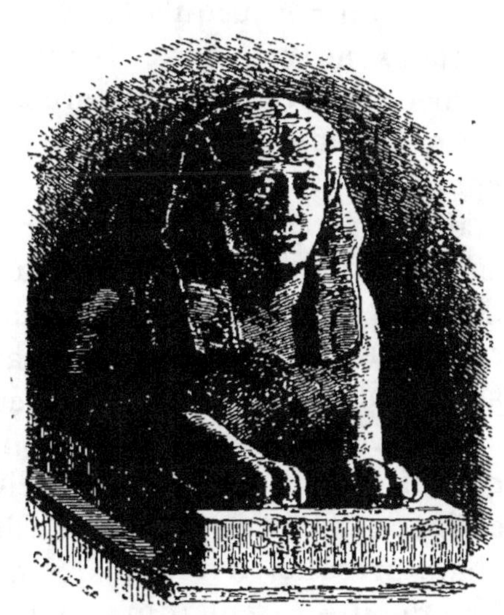

SPHINX DU SÉRAPEUM.

bre médecin français, il vit dans son jardin des sphinx
du même modèle. Même rencontre à Gizeh dans le
jardin d'un M. Fernandez. Il devenait clair qu'il y
avait quelque part une allée de sphinx en exploitation
réglée. Quelque temps après, parcourant la plaine de
Sakkarah, au sud du Caire, près des maigres ruines de
l'ancienne Memphis, il aperçoit un de ces mêmes sphinx
dont la tête émergeait du sable. Celui-là évidemment
n'avait pas été apporté là et disait d'où venaient les
autres. Tout auprès gisait une table à libation portant

une inscription hiéroglyphique : Mariette la lit, c'était
une invocation à Osiris-Apis. Celui que les Grecs appelaient Sérapis. Aussitôt un passage de Strabon lui
revint à la mémoire : le géographe grec, décrivant Memphis, a ces deux lignes : « On trouve à Memphis un
temple de Sérapis dans un endroit tellement sablonneux,
que les vents y amoncellent des amas de sable, sous
lesquels nous vîmes les sphinx enterrés, les uns à moitié, les autres jusqu'à la tête. » Mariette tressaillit : il
sentait sous ses pieds ce Sérapéum si longtemps et si vainement cherché par les archéologues. Ce sphinx soli-
taire à demi enseveli, lui disait que ces légions de
sphinx, à présent épars à Alexandrie, au Caire, à Gizeh,
étaient les mêmes que Strabon avait vus, il y a dix-huit
siècles, enfoncés jusqu'au cou dans le sable. Il fallait
déblayer ce sable : il allait certainement trouver d'autres
sphinx à côté de celui-là, faisant avenue, et conduisant
au temple disparu. Mais Mariette était en Égypte pour
cataloguer des manuscrits, non pour fouiller le désert :
que faire ? Son parti fut vite pris : il fit un coup d'État,
et de son chef convertit sa mission. Sans dire mot, se ca-
chant presque, il réunit quelques ouvriers et déblaye.
Les débuts furent durs et stériles ; mais voici enfin
sphinx sur sphinx, des lions, des paons, des statues,
des stèles : le Sérapéum est retrouvé. Mariette peut aller
sans crainte informer le gouvernement français de l'emploi qu'il avait fait des fonds qui lui étaient confiés, de
leur épuisement et de la nécessité d'en envoyer d'autres.
Les travaux durèrent longtemps (1). Le Sérapéum est un
temple bâti sans plan régulier, où tout est à deviner :
en certains endroits, le sable est fluide comme de l'eau,
reprend sans cesse son niveau et oppose au déblaiement

(1) V. page 75 et suiv. les extraits relatifs au Sérapéum.

un obstacle toujours renaissant. A cela se joignaient des
querelles d'administration qui, à maintes reprises, in-
terrompirent les travaux. L'exhumation prit quatre années entières; mais la peine de l'explorateur était récom-
pensée d'une façon splendide et son coup d'essai était
d'un prince de la science...

Ce début éclatant décida du reste de la carrière de
Mariette : les manuscrits coptes sont oubliés; son manuscrit à lui, c'est ce livre immense dont les feuillets
sont enterrés sous le sable, du Delta aux cataractes, et de
Memphis à Éléphantine; c'est ce livre de pierre, fait de
Pyramides, de temples, de pylones et de stèles; c'est
Sakkarah, Abydos, Edfou, Denderah, Karnak. L'É-
gypte souterraine est à lui; il la devine par la surface,
il la possède d'avance par l'histoire, par les mille indices
épars qui ont émergé de l'oubli, tronçon de stèle, fragment d'inscription, voix vague de la tradition, accidents de terrain, le tout combiné par un effort de raisonnement et d'intuition qui n'a jamais failli : « Il
procéda toujours, dit M. Renan, avec une sorte d'*a-
priori,* sachant ce qu'il cherchait. Jamais Mariette ne
fit donner un coup de pioche sans savoir ce qu'il voulait, et, dans un sens général, sans savoir ce qu'il trouverait. » Comme l'inventeur de sources, qui marque
du doigt le point d'où l'eau doit jaillir, Mariette, silencieux, au milieu de son armée de fellahs, qu'il dirigeait
du regard et du geste, comme quelque grand roi de la
dix-huitième dynastie, indiquait du doigt la place d'où
la pioche devait faire jaillir un temple.

Chargé par le gouvernement égyptien de la direction
exclusive des fouilles en Égypte, il devient le gardien en
titre et le trésorier de toutes ces richesses archéologiques,
dont les spécimens les plus mobiles viennent se classer
dans l'ordre historique dans l'incomparable musée de

Boulaq (1). Ses trente années de dictature scientifique sont un long rêve de magicien; toutes les périodes de l'interminable histoire de l'Égypte, dans ses trente-six dynasties, viennent tour à tour se reconnaître dans le sol sous le coup de sa pioche enchantée. A Gizeh, il déblaye le temple du grand Sphinx, le plus ancien monument connu qui ait été élevé de la main de l'homme (2).

(1) Aujourd'hui à Gizeh. C'est par les soins de M. Grébaut, directeur actuel du service des antiquités en Égypte, que le musée Mariette a été récemment transféré du palais de Boulaq au palais de Gizeh. (V. la *Notice* que lui a consacrée M. Ch. Normand dans l'*Ami des monuments*, année 1890, p. 178-182.) Un triple danger menaçait le musée de Boulaq : l'incendie, les voleurs, les crues du Nil. Mieux situé, le palais de Gizeh occupe la rive occidentale du fleuve, un peu en dehors du Caire : il est précédé d'un magnifique jardin où le tombeau de Mariette est entouré d'une luxuriante végétation. La nouvelle installation du musée a rendu nécessaires des dispositions particulières : le rez-de-chaussée a été consacré aux grands monuments et le premier étage aux petits. Les monuments du rez-de-chaussée, placés dans l'ordre chronologique, correspondent d'une part aux trois grandes époques pharaoniques de l'ancien, du moyen et du nouvel empire, puis d'autre part aux temps des civilisations grecques, romaines. coptes et byzantines. Le monument comprend donc cinq musées. Quant à la civilisation arabe, elle est représentée dans un musée spécial établi près de la porte Bab-el-Folouh. Au premier étage se trouvent : 1º la salle religieuse ou Panthéon; 2º des petites salles renfermant les objets du culte. 3º trois salles civiles et industrielles, — en attendant l'ouverture prochaine de salles nouvelles pour la céramique, le mobilier funéraire, les poids et, mesures, l'exposition des momies, les collections d'anthropologie, et de numismatique, etc.

(2) C'est en 1853 que Mariette a découvert ce temple, enseveli sous le saole, à 40 mètres environ vers le sud-est du pied droit du grand sphinx de Gizeh. Mariette n'a pas dégagé le pourtour du monument. Il s'est contenté de déblayer l'intérieur, auquel on accède par un escalier, qu'un double mur défend de l'ensablement. On a beaucoup discuté sur le caractère qu'il convient d'assigner à cet étrange monument; il remonte san s contredit à l'âge des pyramides, mais non pas au delà, comme M. Dar mesteter semble le donner à entendre. Est-ce un temple, est-ce un tombeau? Bien que l'apparence extérieure soit plutôt celle d'un tombeau, il est assez naturel de penser que le sphinx étant un dieu (Hor-em-Khou, Horus dans le soleil brillant, le soleil levant), le monument voisin était le temple de ce dieu. Et c'est en effet vers cette dernière·solution que penche celui même qui l'a découvert (V. Mariette, *Itinéraire de la haute Égypte*

A Gournah, il découvre le tombeau d'Amosis, le fondateur de la dix-huitième dynastie, le restaurateur de l'Égypte, par lui délivrée de la domination des rois pasteurs. A Tanis, il retrouve les monuments de ces mêmes Hicsos dont il refait l'histoire, découvre les origines mystérieuses et réhabilite la mémoire (1). A Abydos et à Sakkarah, il exhume les fameuses tables royales qui ont fourni la liste des rois et fixé la chronologie égyptienne (2). A Edfou, il dégage le temple de Ptolémée Philopator, monument unique en Égypte : travail inouï (3), car « le village avait envahi le temple »; des maisons, des magasins, des étables s'étaient étagés sur les terrains; à l'intérieur des chambres, les décombres montaient jusqu'au plafond. A présent, le temple se détache sur l'azur, avec son pylone colossal; ses chambres sont ouvertes, et les inscriptions qui chargeaient ses murs

p. 66), tout en se demandant si c'est, en somme, le monument qui est une annexe du sphinx, ou le sphinx une annexe du monument.

(1) Grâce à Mariette, les ruines de Tanis, une des résidences préférées des rois pasteurs, ont rendu au jour tout un groupe de monuments marqués d'un type particulier, celui de la tribu syrienne par lequel avaient été occupées la basse et la moyenne Égypte (V. *Notice du Musée de Boulaq*, par Mariette). Ces monuments ont prouvé que la domination des Hicsos fut, selon toute apparence, exempte des destructions violentes qu'on leur imputait naguère, sur la foi de l'historien Manéthon, prêtre égyptien inspiré par les rancunes nationales.

Plus récemment, une société s'est constituée en Angleterre pour l'exploration du Delta; ses fouilles ont déjà enrichi le Musée britannique.

(2) La table d'Abydos, trouvée par Mariette dans le temple de Séti, à Abydos, est un tableau d'adoration; les personnages auxquels l'adoration est faite sont des rois. Ils sont au nombre de soixante-seize, rangés dans leur ordre chronologique. Le monument connu sous le nom de Table de Sakkarah comporte également une liste de rois, au nombre de cinquante-huit. Cette fois ce n'est pas un roi qui fait une offrande devant ses prédécesseurs; l'adoration est faite par le fonctionnaire dans le tombeau duquel la table a été trouvée.

(3) Le déblaiement d'Edfou est le plus grand travail archéologique ordonné par le vice-roi d'Égypte et accompli par Mariette.

sont dégagées, lues et transcrites, jusqu'à la dernière
ligne et la dernière lettre. A Dendérah, c'est l'Égypte
romaine qu'il retrouve, l'Égypte des Alexandrins et des
Néo-Platoniciens, avec son poème métaphysique déroulé
de chambre en chambre en l'honneur de Hathor, déesse
de vérité et de beauté (1). A Thèbes, la cité aux cent
portes, l'orgueil de l'Égypte, il déblaye un à un tous les
palais et les temples édifiés par les quinze dynasties

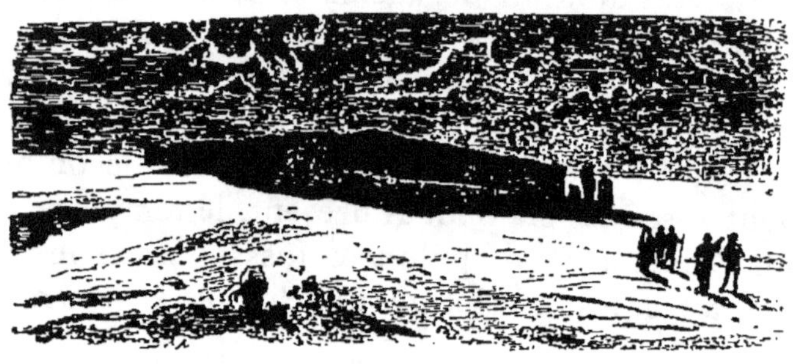

MAISON DE MARIETTE A SAKKARAH.

successives qui ont laissé sur les murs les noms et les
cartouches de leurs rois, et dresse le plan historique des
accroissements de la métropole. Dans le chaos de ruines
de Karnak, formidable entassement de monuments jetés
à bas par le tremblement de terre, il dégage le pylone
triomphal de Touthmosis. le précurseur en puissance et
en gloire de Sésostris, conquérant de la Palestine trois
siècles avant Moïse, et il y lit la nomenclature géographique de la Terre-Sainte, telle qu'elle était aux temps
où les fils de Jacob servaient encore en Égypte, et où

(1) V. page 108 le texte de la description, par Mariette, du temple de
Dendérah. On trouvera un relevé exact et minutieux de tous les éléments
des principaux temples de Thèbes dans les grands ouvrages de Mariette
sur *Karnak* et *Deir-el-Bahari*.

les enfants de Chanaan étaient seuls maîtres de Gaza à Damas.

Il faudrait des pages pour donner une idée approchée de tout ce que le génie et l'énergie du puissant pacha arrachèrent aux entrailles du passé.

En Mariette, l'homme est d'ailleurs inséparable du savant : car ce n'était pas seulement contre le mystère et l'inconnu qu'il avait à lutter, mais contre la nature et contre les hommes. Ses trente années de triomphe sont trente années de lutte incessante et dévorante contre des ennemis obscurs et énervants, contre la maladie et la fièvre, contre la sottise, les préjugés et l'envie des êtres inférieurs avec lesquels il était condamné à vivre et dont il dépendait en partie; ayant à lutter tour à tour de force et d'adresse pour agir sur l'apathie orientale, réduit à des prodiges de diplomatie pour forcer les stupides possesseurs de ces merveilles à comprendre vaguement leurs richesses et à en accepter de ses mains la royale restitution. Il réussit enfin : l'intelligente vanité du khédive accepta le don glorieux que lui offrait le savant français : le monopole des fouilles, réservé à Mariette, sauva de la ruine toute cette Égypte que le désert avait préservée à travers tant de siècles et que les déprédations des spéculateurs d'antiquités et la niaiserie des touristes des deux mondes n'auraient pas pris un siècle à anéantir. Quand il mourut à la peine, le 19 janvier 1881, le khédive, par une inspiration qui lui fait honneur, envoya à sa famille, pour abriter les restes de ce roi de la science, un sarcophage de granit, à la façon d'un Pharaon : il dort gardé par quatre sphinx du Sérapéum, au seuil de son musée de Boulaq, au seuil de ces quarante siècles restaurés par son génie; plus puissant et plus souverain que tous ces Pharaons, car il règne à la fois sur le passé qu'il a retrouvé et sur l'avenir où son esprit dominateur dirige encore ceux qui viennent après lui (1).

JAMES DARMESTETER.

(*Essais orientaux*, Paris, A. Lévy, 1883, pages 51-66.)

(1) C'est un Français qui fut appelé à continuer son œuvre : l'éminent successeur de M. de Rougé au collège de France, M. Maspero. Tandis que les fouilles aux Pyramides de Sakkarah, conduites d'après les instructions données par Mariette à son lit de mort, mettaient au jour les inscriptions et les restes de deux rois de la sixième dynastie (trente-sept siècles avant le Christ), les recherches entreprises par l'initiative personnelle de M. Maspero ne restaient pas infructueuses : l'exploration d'une pyramide appartenant à un groupe nouveau nous révélait la tombe d'un roi Ounas, de la cinquième dynastie (trente-neuf siècles avant le Christ). Une autre série de recherches qui visait les pyramides situées entre Sakkarah et le Fayoum, était destinée à combler le vide de l'histoire monumentale, durant les neuf siècles qui séparent la sixième dynastie de la douzième. L'exploration du Delta, où dorment trois ou quatre civilisations, était activement poursuivie. Enfin, trente-six sarcophages de rois et de reines de la 17e dynastie, trouvés à Deir-el-Bahari (1881), deux cents monuments d'origine copte ou pharaonique découverts en 1882-1883, le temple de Louqsor déblayé (1884-1885) et les momies de Ramsès II et de Ramsès III mises au jour. témoignent de l'importance des conquêtes de l'égyptologie française contemporaine, que la fondation récente de l'École d'archéologie du Caire est venue doter, sur place, d'une pépinière d'explorateurs.

Quand M. Maspero eut résigné ses fonctions, elles furent attribuées précisément au directeur de l'École française d'archéologie du Caire, M. Grébault. Or, la dernière découverte du nouveau titulaire a été cette année même (1891) un véritable coup de théâtre, dont la presse du monde entier a retenti. Le *Journal officiel du Caire* l'a annoncé en ces termes :

« A l'est du temple de la reine Hatasou, à Deïr-el-Bahari, dans un petit espace resté intact au milieu des terrains retournés par Mariette-Pacha, et tout à côté de l'endroit où avait été découvert le sarcophage d'une reine, M. Grébaut, le 31 janvier dernier; a ouvert une fouille qui bientôt a fait découvrir un puits d'une profondeur de 15 mètres environ, au fond duquel est apparue une porte fermée par de grosses pierres entassées.

« La porte déblayée, on est entré dans un premier souterrain. Après une longueur de 73 mètres, on rencontre un escalier de 5ᵐ,23 et l'on descend à un second étage, qui fait suite pendant 12 mètres.

« Ces deux étages conservent la direction du nord au sud. Au fond. sont creusés deux chambres funéraires mesurant : l'une 4 mètres, l'autre 2 mètres de côté. A la hauteur de l'escalier est située la porte d'un second corridor de 54 mètres, se dirigeant de l'est à l'ouest; le développement total des souterrains est de 153 mètres.

« Ils étaient remplis de caisses, de momies. souvent entassées les unes

2. — *L'art égyptien a-t-il été invariable?*

Avant d'aborder l'étude de l'architecture, de la sculpture et de la peinture égyptienne, il convient de réfuter un préjugé qui, bien que déjà fort ébranlé par de récentes découvertes, subsiste encore dans beaucoup d'esprits : ce préjugé, c'est celui de l'immobilité prétendue de l'art égyptien.

sur les autres. A côté des sarcophages étaient déposés des objects divers papyrus, boîtes, paniers, statuettes, offrandes funéraires, fleurs, etc.

« Le désordre dénotait une cachette du genre de celle des momies royales découvertes il y a dix ans. Les deux cachettes sont de la même époque; elles ont dû être faites dans les mêmes circonstances. Dans les deux cas, les momies les plus récentes appartiennent à la 21ᵉ dynastie.

« Les sarcophages de la nouvelle découverte sont ceux de prêtres et de prêtresses d'Ammon, au nombre de 163. On compte aussi quelques prêtres d'autres divinités, par exemple de Sel, d'Anubis, de Mentou et de la reine Aah-Hétep, dont le culte s'est maintenu pendant de longs siècles.

« La plupart de ces momies sont renfermées dans de triples cercueils. Les cuves extérieures sont magnifiques, d'une richesse de décoration tout à fait inusitée. Sur ces sarcophages de prêtres, les représentations religieuses sont composées et exécutées avec un soin particulier. Les égyptologues y trouveront une foule de documents nouveaux des plus intéressants.

« Il est à peine besoin d'indiquer quel parti l'historien des temps pharaoniques va tirer des généalogies et des titres d'une série de prêtres embrassant plusieurs dynasties.

« Chacune de ces momies de prêtres doit être pourvue d'un manuscrit au moins. Mais à côté des sarcophages, il a été ramassé des boîtes en forme de statuettes osiriennes, contenant soixante-quinze manuscrits sur papyrus.

« Devant l'importance de ces documents, on prête une moindre importance aux antiquités de toute nature qui étaient déposées près des sarcophages. Il y en a beaucoup pourtant qui occuperont une place honorable dans les vitrines du musée.

« Ce qu'il faut considérer avant tout, c'est l'intérêt que présente la découverte au point de vue historique. Depuis que l'on fouille en Égypte, on n'avait pas encore trouvé un pareil ensemble, dont l'étude ne peut manquer de fournir à la science des renseignements précis et complets sur une durée de plusieurs siècles. »

Toutes ces richesses ont été portées au musée de Gizeh.

Cette erreur est bien ancienne; ce sont les Grecs qui l'ont accréditée et qui nous l'ont transmise. On peut se contenter de citer, à ce propos, un passage célèbre de Platon : « Il y a longtemps, à ce qu'il paraît, que l'on a reconnu chez les Égyptiens la vérité de ce que nous disons ici que, dans chaque État, la jeunesse ne doit employer habituellement que ce qu'il y a de plus parfait comme figure et comme mélodie. C'est pourquoi, après en avoir choisi et déterminé les modèles, on les expose dans les temples, et il est défendu aux peintres et aux autres artistes qui font des figures et autres ouvrages semblables, de rien innover ni de s'écarter en rien de ce qui a été réglé par les lois du pays, et cette défense subsiste encore aujourd'hui et pour les figures et pour toute espèce de musique. Si l'on veut y prendre garde, on trouvera chez eux des ouvrages de peinture et de sculpture faits depuis dix mille ans (quand je dis dix mille ans, ce n'est pas pour ainsi dire, mais à la lettre), qui ne sont ni plus ni moins beaux que ceux d'aujourd'hui et qui ont été travaillés d'après les mêmes règles. »

Les modernes ont accepté longtemps, sans examen, cette étrange assertion... (1) On a fait du chemin, aujourd'hui, et nous pouvons placer, à côté des statues contemporaines des Ptolémées, celles que virent naître les générations contemporaines des Pyramides; mais avant même de posséder les éléments de cette comparaison, l'esprit critique aurait déjà dû révoquer en doute l'assertion de Platon; il en aurait appelé, de cette théorie que

---

(1) Les archéologues du siècle dernier étaient excusables de s'en rapporter au témoignage des voyageurs grecs. Il est plus surprenant que Raoul Rochette, dans son *Cours d'archéologie* professé à la Bibliothèque royale en 1828, alors que les musées renfermaient déjà des monuments de l'Égypte indépendante et des ouvrages appartenant à l'époque ptolémaïque et romaine, ait cru pouvoir écrire ceci : « Des premiers pharaons aux derniers Ptolémées, l'art égyptien n'a pas varié. »

démentent toutes les analogies historiques, aux monuments à découvrir, aux monuments mieux compris et mieux connus. Était-il vraisemblable, était-il possible qu'un peuple quelconque eût été soustrait, pendant plus de quarante siècles, à la condition du changement insensible et perpétuel?... A mesure que l'on arrache leurs secrets aux inscriptions lapidaires et aux papyrus, on comprend mieux que sa longue vie ait été troublée par les mêmes crises que celles des autres sociétés humaines. C'est ce que pouvaient déjà faire soupçonner les informations transmises par les historiens grecs; mais les monuments insistent en quelque sorte sur cette vérité et nous forcent à l'entendre. Pour certaines époques ils sont très abondant, très variés et très beaux; puis ils se font rares et gauches ou même ils manquent complètement; on les voit ensuite reparaître, non moins nombreux et d'un aspect encore très noble, mais avec des caractères très différents; ces éclipses de la pensée et de l'art, ces contrastes se renouvellent plusieurs fois. Comment douter alors qu'il n'y ait eu là, comme ailleurs, des alternatives de grandeur et de misère, des périodes d'expansion et de conquête auxquelles succèdent, soit le morcellement de la guerre civile, soit un retour offensif de l'étranger et le triomphe de l'envahisseur barbare?

A travers bien des ombres qui nous dérobent parfois la cause de ces secousses, de ces chutes et de ces résurrections, comment ne pas deviner des époques de progrès et d'essor heureux, qui se terminent par de profonds désastres? Comment ne pas entrevoir des décadences et des renaissances qui se suivent jusqu'à ce que finisse par s'épuiser, à la longue, le génie de la race?

Prenons un exemple, un seul, celui qui de tous est le plus frappant. Les documents s'arrêtent après la sixième dynastie; ils manquent jusqu'à la onzième, qui commence le moyen empire. Il y a là une de ces brusques interruptions, un de ces trous noirs dans le passé où l'histoire d'Égypte se perd à deux ou trois reprises, comme ces fleuves dont le cours disparaît sous terre pendant un certain temps (1).

Pour des historiens qui seront placés à une distance du dix-neuvième siècle après Jésus-Christ pareille à celle qui nous sépare de l'Égypte des périodes memphite et thébaine, tout le temps qui s'est écoulé entre la décadence de la civilisation gréco-romaine et la Renaissance des quinzième et seizième siècle ne se mesurera et ne comptera peut-être guère plus que celui, qui en Égypte, sépare l'ancien du moyen empire, ou celui-ci du second empire thébain. Dans cet éloignement, on sentira vaguement qu'entre la chute de Rome et la découverte de l'imprimerie ou celle de l'Amérique il y a eu de grands mouvements de peuples et un recul apparent de la civilisation; mais la mémoire et l'imagination sauteront sans effort par-dessus cette lacune, par-dessus ce que nous appelons *moyen âge*. La période de l'empire romain semblera toucher à notre âge moderne, sans que l'on soupçonne toutes les différences qui nous frappent si fort. On apercevra des inventions nouvelles et une nouvelle religion : mais on tiendra plus de compte des ressemblances que des différences. Or, les langues, les mœurs, les lois, les formes de gouvernement sembleront issues des anciennes; dans ce que nous nommons l'antiquité et dans l'Europe chrétienne, on retrouvera les mêmes genres littéraires et l'admiration des mêmes modèles, la même nomenclature juridique, les mêmes termes de monarchie, d'em-

(1) Plus tard, après Menephtah, les guerres civiles et les invasions étrangères feront éprouver aux arts, principalement à la peinture et à la sculpture, une décadence bien marquée.

pire et de république, les mêmes titres de rois et de césars. Comme des nébuleuses regardées à l'œil nu, ces
sociétés qui nous semblent si distinctes se confondront
en une seule, que les invasions et les révolutions auront modifiée sans en détruire la continuité et l'identité.

L'Égypte a donc subi des secousses; elle a, plusieurs
fois, éprouvé des désastres et des bouleversements semblables à ceux que les nations de l'Occident ont traversés entre le règne de Trajan et celui de Charlemagne.
Ces guerres et ces invasions, ces arrêts et ces reprises
du mouvement de la civilisation ont eu là les mêmes
conséquences que dans les autres temps et chez les
autres peuples. Sous le coup de tous ces chocs, par l'effet de tous ces contacts et de tous ces mélanges, il s'est
fait bien des changements dans les sentiments comme
dans les idées et, par une suite nécessaire, dans l'expression plastique de ces idées et de ces sentiments,
dans le goût et dans le style de l'art. La tombe thébaine des temps des Ramsès est très différente de la
tombe memphite des siècles les plus anciens, et le
Nouvel Empire n'a plus construit d'édifices comme les
grandes pyramides; mais il a élevé des temples d'une
ampleur et d'une magnificence jusqu'alors inconnues. Il
en est de même pour la statuaire : un œil un peu
exercé n'a pas besoin de recourir aux inscriptions, pour
distinguer les figures de l'ancien et celles du nouvel
empire : il ne confond ni les unes ni les autres avec les
ouvrages de la période saïte (1). Les différences sont

(1) Chacune des principales périodes de l'histoire de l'Égypte antique
correspond à une période artistique qui a son caractère à part et son originalité propre. D'après M. Maspero (*Histoire ancienne des peuples de l'O-
rient*), la monarchie égyptienne, fondée par Ménès dura quatre mille ans
au moins, sous trente dynasties consécutives, de Ménès jusqu'à Necta-

presque aussi sensibles que celles qui permettent à l'archéologue d'attribuer tel torse grec au siècle de Phidias et tel autre à celui de Praxitèle ou de Lysippe.

La diversité est partout en Égypte, non seulement dans le temps, mais encore dans l'espace. La langue avait des dialectes provinciaux ; l'art aussi. La prononciation de la haute et celle de la basse Égypte n'étaient pas pareilles, au moins pour certaines lettres ; de même il y avait là des écoles de sculpteurs et de peintres qui, d'une ville à l'autre, se distinguaient par des traditions et par un faire différents. Sous les Ousourtesen comme sous les Ramsès, l'art n'a pas tout à fait le même caractère dans les villes du Delta, à Memphis et à Thèbes. Les sculptures exécutées par l'ordre de Ramsès II sont plus élégantes et plus fines à Abydos qu'à Thèbes.

S'il en est ainsi, comment expliquerons-nous l'erreur commise par Platon et si facilement acceptée par ceux qui sont venus après lui ? D'une manière très simple. Les Grecs ont visité l'Égypte trop tard pour la bien juger (1). Au temps de Platon, elle essayait bien en-

nébo (35o av. notre ère). On divise d'ordinaire cet intervalle de temps, le plus long qu'ait enregistré l'histoire, en trois parties : *l'ancien empire*, de la première à la onzième dynastie; le *moyen empire*, de la onzième à l'invasion des Hycsos ou Pasteurs ; le *nouvel empire*, de l'invasion des Pasteurs à la conquête perse. Mais M. Maspero préfère, avec raison, une division en trois périodes correspondant chacune à la suprématie politique d'une ville ou d'une portion du pays sur le pays tout entier : 1° *Période memphite* (première-dixième dynasties), suprématie de Memphis et des rois memphites; 2° *Période thébaine* (onzième-vingtième dynasties), suprématie de Thèbes et des rois thébains ; 3° *Période saïte* (vingt et unième-trentième dynasties), suprématie de Saïs et des autres villes du Delta. On a justement résumé ces indications historiques par la formule suivante : « En remontant le Nil, on descend le cours du temps. »

(1) Ce n'est pas à dire que les Grecs n'aient jamais eu, auparavant, de relations avec l'Égypte; mais dans les temps primitifs de leur histoire, ils

core, par de brusques et violents efforts, de ressaisir son indépendance nationale, détruite par le successeur de Cyrus; mais le moment approchait où ces tentatives mêmes seraient abandonnées sans retour, où les Égyptiens se résigneraient à ne plus obéir qu'à des souverains qui ne seraient jamais de leur race. Malgré des apparences encore brillantes qui pouvaient tromper un passant, c'était déjà la décadence, une décadence lente, mais irrémédiable.

Quelques années après le voyage de Platon, les deux Nectanébo, le second surtout, travaillaient avec ardeur à réparer les vieux édifices nationaux et à en élever de tout neufs, comme à Philæ. On rencontre un peu partout des bâtiments signés de leur nom; mais ces constructions, commencées sur tous les points à la fois, semblaient trahir les inquiétudes d'un pouvoir qui ne se sentait pas sûr du lendemain et qui, par cette activité fébrile, cherchait à se faire illusion à lui-même et à dissimuler sa faiblesse. Rien n'était plus précaire que les conditions où il s'exerçait, maintenu par le concours chèrement payé de condottieri spartiates ou athéniens. Deux fois déjà la Perse avait dompté les révoltes de l'Égypte; au premier jour peut-être elle allait de nouveau jeter sur ce malheureux pays l'Asie tout entière. Tout mal obéi qu'il fût, le grand roi trouverait toujours des soldats quand il s'agirait de les envoyer prendre une fois de plus leur part des dépouilles d'une contrée dont la richesse se réparait si vite. D'ailleurs, si, par impossible, la Perse échouait dans son entreprise, un autre danger plus grave menaçait l'Égypte : c'était l'ascendant, de plus en plus marqué, que la Grèce prenait

n'étaient pas encore en état de la juger ; alors ils étaient trop jeunes ; plus tard, l'Égypte était trop vieille.

dans tout le bassin de la Méditerranée. Depuis les guerres médiques, la langue, les lettres, les arts, les dieux de la Grèce gagnaient du terrain, d'année en année, dans tous les sens. On pouvait déjà prévoir le moment où cette suprématie, bien établie dans l'ordre des choses de l'esprit, s'affirmerait aussi par les triomphes militaires et par la création d'un vaste empire hellénique. La conquête de l'Égypte avait été commencée par ces Ioniens, soldats et marchands, qui s'étaient introduits dans la vallée du Nil sous Psammétik; elle fut achevée sans lutte par les armes d'Alexandre. C'est que, depuis trois siècles, les Égyptiens s'étaient accoutumés à voir les Grecs passer au milieu d'eux, aller et venir dans leurs cités comme négociants, comme officiers mercenaires, comme voyageurs avides de s'instruire. Ces derniers, en écoutant parler les prêtres de Memphis et d'Héliopolis, prenaient volontiers des airs d'admirateurs et de disciples qui ne pouvaient manquer de flatter la vanité nationale. Maîtres pour maîtres, c'étaient encore les Grecs qui étaient le moins à redouter; au moins était-on sûr d'obtenir d'eux, en échange du payement de l'impôt, une bonne administration et une entière tolérance religieuse. Ils étaient assez intelligents pour comprendre toujours leurs propres intérêts; ils étaient trop philosophes, ils avaient l'esprit trop large pour être jamais fanatiques et pour persécuter ou même gêner le culte national; ils étaient trop curieux pour ne pas traiter avec des égards qui auraient toutes les formes d'un respect sincère, une civilisation dont ils devinaient l'antiquité prodigieuse, et devant laquelle les plus éminents d'entre eux étaient toujours disposés à s'incliner, comme des jeunes gens devant un vieillard, comme des parvenus devant le dernier descendant d'une longue suite de rois.

C'est ainsi que, dès le commencement du quator-
zième siècle avant notre ère, l'Égypte se sentait glisser
entre les mains de l'étranger. Éthiopiens, Assyriens,
Perses, l'avaient forcée, traversée en tous sens et plus ou
moins durement foulée. Les Phéniciens y étaient établis
en grand nombre, et, depuis la chute de Samarie et de
Jérusalem, bien des Juifs avaient dû s'y réfugier. Enfin,
par toutes ces brèches béantes, les Grecs y pénétraient
de toutes parts et y faisaient partout sentir la supériorité
d'un peuple qui s'était approprié tous les résultats utiles
du travail des vieilles races, et qui se trouvait ainsi maintenant plus riche, plus instruit et plus fort qu'aucun
de ses aînés.

Dans ces conditions l'Égypte, ruinée par les invasions,
minée par cette lente infiltration d'éléments plus jeunes
et plus actifs, n'avait plus en elle-même ces sources secrètes et profondes; elle ne pouvait plus compter sur ces
retours de sève qui, plusieurs fois dans le cours de sa
longue existence, lui avaient permis de reverdir et de
refleurir, comme le font chaque année, aussitôt que
les a touchées le flot montant du Nil, les lisières sa-
bleuses du désert. Elle se conservait donc et elle durait,
par la force de l'habitude; mais, à proprement parler,
elle ne vivait plus. Sa population était encore trop com-
pacte, les cadres où elle se répartissait étaient d'un
dessin trop ferme et trop arrêté pour que l'aspect de
cette société pût changer d'un jour, ou même d'un
siècle à l'autre. Les doctrines de ses prêtres avaient été
fixées par une élaboration trop prolongée, la main de
ses artistes était trop exercée pour qu'architectes, sculpteurs et peintres ne continuassent pas longtemps encore
à reproduire, avec une sorte d'exactitude machinale et
presque instinctive, les types monumentaux qui avaient
été créés dans des siècles plus heureux et plus féconds;

mais, les idées ne se renouvelant plus, tout ce que l'on pouvait se proposer, c'était de répéter fidèlement les formes auxquelles le génie de la race, avant de s'épuiser, avait demandé l'expression plastique de ses dernières pensées originales.

Sous les princes saïtes, sous Psammétik et Néko, sous Apriès et Amasis, l'Égypte, délivrée de tous ses ennemis, redevenue maîtresse de la Syrie et de l'île de Chypre, avait repris possession d'elle-même et confiance dans l'avenir. Cette période de puissance et d'éclat avait eu naturellement un style qui lui appartenait en propre. Pendant les intervalles de repos et d'indépendance toujours menacée que laisse à l'Égypte la domination perse, on n'a plus le loisir d'inventer et d'innover : on copie, du mieux que l'on peut, les monuments de la vingt-sixième dynastie. L'art n'est plus qu'un ensemble de procédés qui se transmettent, dans les ateliers, par l'enseignement et par la pratique; c'est une routine où l'habileté de l'exécution peut être poussée très loin, mais sans qu'il y ait jamais dans l'œuvre rien de personnel. On ne songe même plus à regarder et à consulter la nature; on sait que la figure humaine doit être divisée en tant de parties; on sait que, pour représenter tel ou tel dieu, il convient de lui prêter telle ou telle attitude et tels ou tels attributs; on sculpte donc la statue commandée, d'après une recette confiée à la mémoire. L'art égyptien a pris, pour ne plus jamais le perdre, un caractère tout conventionnel. A plus forte raison en est-il de même au temps de Diodore; les sculpteurs que cet historien vit travailler à Memphis et à Thèbes, sous le règne d'Auguste, taillent une statue, comme on fabrique aujourd'hui, chez un constructeur, les différentes pièces d'une machine, avec une décision rapide et une sûreté de main qui sont de l'ouvrier plutôt que de l'artiste. Ils ne cherchent plus :

on a trouvé, pour eux, il y a bien des siècles, l'exacte mesure et la proportion la plus heureuse (1).

G. Perrot et Ch. Chipiez.

(*Histoire de l'art*, tome I. *L'Égypte*, p. 70-80 (*passim*).

§ II. — L'ARCHITECTURE FUNÉRAIRE.

1. — *Les Pyramides* (2).

L'aspect général de ces monuments donne lieu à une observation frappante : leurs cimes, vues de très loin, produisent le même genre d'effet que les sommités des hautes montagnes de forme pyramidale, qui s'élancent et se découpent dans le ciel. Plus on s'approche, plus cet effet décroît. Mais quand vous n'êtes plus qu'à une petite distance de ces masses régulières, une impression toute

(1) C'est, au surplus, le sort commun de toute carrière d'art; peuples ou individus débutent par le travail sincère, et s'appliquent à ne point perdre de vue la nature; aux efforts naïfs succèdent les œuvres habiles; puis l'on en vient à oublier le modèle, à répéter, comme malgré soi, certains traits, certains types, certains modes de traduction, et l'on aboutit tôt ou tard à la convention, à la « manière ».

(2) Les pyramides, exception faite des ruines encore incomplètement étudiées, se partagent en six groupes qui suivent la lisière du plateau de Libye, de Gizeh au Fayoum. Le groupe de Gizeh en compte neuf, et, dans le nombre, celles de Cheops (grande pyramide), celles de Chéphren et de Mykérinos : on sait que l'antiquité les avait mises au rang des merveilles du monde. La plus ancienne pyramide dont les textes nous certifient l'existence au nord d'Abydos, est celle de Snofrou ; les plus modernes appartiennent aux princes de la douzième dynastie. Le plan comme l'ensemble de la forme, l'aspect extérieur varient sensiblement d'une pyramide à l'autre, et il ne faudrait pas prendre celles de Gizeh pour un type uniforme : par exemple, la pyramide méridionale de Dashour présente, à chacune de ses arêtes, non pas une ligne droite, mais une ligne brisée. La grande pyramide de Sakkarah, ou *pyramide à degrés*, que Mariette regarde comme la plus vieille de toutes et qu'il attribue au quatrième roi de la première dynastie, se divise en six larges gradins dont les pans inclinés sont répétés sur les quatre faces.

différente succède, vous êtes frappé de surprise, et dès que vous gravissez la côte, vos idées changent comme subitement ; enfin, lorsque vous touchez presque au pied de la grande pyramide, vous êtes saisi d'une émotion vive et puissante, tempérée par une sorte de stupeur et d'accablement. Le sommet et les angles échappent à la vue. Ce que vous éprouvez n'est point l'admiration qui éclate à l'aspect d'un chef-d'œuvre de l'art, mais c'est une impression profonde. L'effet est dans la grandeur et la simplicité des formes, dans le contraste et la disproportion entre la stature de l'homme et l'immensité de l'ouvrage qui est sorti de sa main (2) : l'œil ne peut le saisir, la pensée même a peine à l'mbrasser. C'est alors que l'on commence à prendre une grande idée de cet amas immense de pierres taillées, accumulées avec ordre à une hauteur prodigieuse. On voit, on touche à des centaines d'assises de 200 pieds cubes du poids de 30 milliers,

---

(1) Charles Blanc, en sa *Grammaire des arts du dessin*, a écrit (p. 77) : « Les pyramides d'Égypte ont un caractère sublime parce qu'elles semblent le disputer aux montagnes de la terre, et qu'elles témoignent ainsi d'une force prodigieuse qui élève notre pensée en remuant notre orgueil ; car, si les grandeurs de la création nous humilient par opposition à la faiblesse humaine, la grandeur des œuvres d'art, au contraire, nous enorgueillit par cela même qu'elle nous abaisse, c'est-à-dire que plus les hommes nous paraissent petits, plus alors l'humanité nous paraît grande. En se comparant à l'ouvrage de ses mains, le spectateur se trouve faible et se sent fier tout ensemble. » Le même auteur explique que le sublime de l'architecture tient à trois conditions essentielles : la grandeur des dimensions, la simplicité des surfaces, la rectitude et la continuité des lignes.

(2) Ces divers points ont été éclaircis par la science moderne. Lepsius et Mariette ont expliqué le mode de construction qu'employaient sans doute les architectes des pyramides : ils ont montré le monument s'agrandissant par l'addition d'enveloppes successives « construites, dit M. G. Perrot, soit en assises horizontales qui seraient venues se superposer autour du noyau central, soit en tranches parallèles dont les joints auraient été dirigés vers l'axe de l'édifice. » On sait aussi par quel moyen on réunissait, dans l'ancienne Égypte, les bras nécessaires à l'exécution de ces grands travaux publics : ce moyen, c'était la corvée, la levée en masse de tous les hommes valides, la conscription du travail forcé. » (V. G. Perrot, *Histoire de l'art*, t. I, p. 26.)

à des milliers d'autres qui ne leur cèdent guère, et l'on

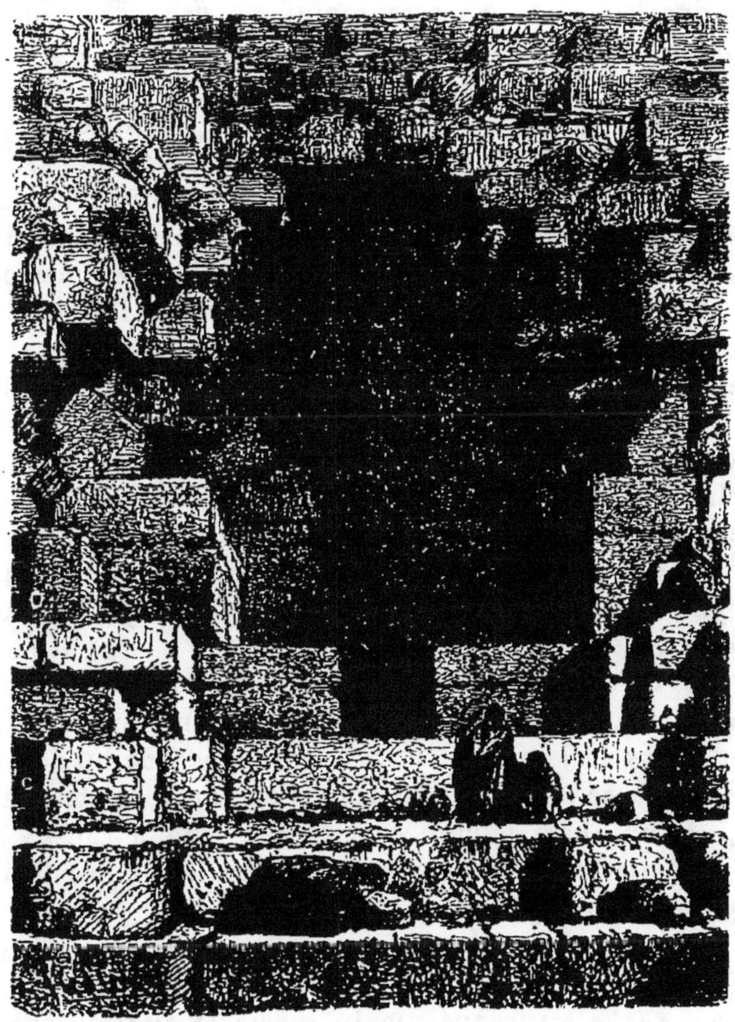

ENTRÉE DE LA PYRAMIDE DE CHÉOPS.

cherche à comprendre quelle force a remué, charrié, élevé un si grand nombre de pierres colossales, combien d'hommes y ont travaillé, quel temps il leur a fallu, quels engins leur ont servi; et moins on peut s'expliquer toutes ces choses, plus on admire la puissance qui se jouait avec de tels obstacles.

Bientôt un autre sentiment s'empare de votre esprit, quand vous considérez l'état de dégradation des parties inférieures : vous voyez que les hommes, bien plus que le temps, ont travaillé à leur destruction. Si celui-ci a attaqué la sommité, ceux-là en ont précipité les pierres, dont la chute en roulant a brisé les assises. Ils ont encore exploité la base comme une carrière; enfin le revêtement a disparu, sous la main des barbares. Vous déplorez leurs outrages, mais vous comparez ces vaines attaques au massif de la pyramide, qu'elles n'ont pas diminué peut-être de la centième partie, et vous dites avec le poète : « *Leur masse indestructible a fatigué le temps* » (1). Suspendons ici nos réflexions sur ce monument, et achevons de jeter un coup d'œil général sur l'ensemble des lieux.

Dès qu'un voyageur arrive sur le plateau des pyramides, c'est comme un besoin pour lui d'en faire le tour. au moins de la *première;* et cette promenade lui donne encore de celle-ci une plus grande idée; elle demande au moins un quart d'heure en marchant vite, à cause des monticules de sable et de débris accumulés à la partie inférieure de chaque face.

Quiconque vient ici payer un tribut de curiosité à ces monuments, mais qui n'y apporte pas des opinions faites à l'avance, n'est frappé que du spectacle qu'il a devant lui; il ne cherche pas à maîtriser ses impressions par des

(1) Un auteur arabe, Abd-ul Latif, écrivait au treizième siècle : « Toutes choses craignent le temps, mais le temps craint les Pyramides. »
Cf. ces vers de M. Sully-Prudhomme :

> Et depuis cinq mille ans, sous l'énorme bâtisse,
> Dans sa tombe Chéops inaltérable dort.

réflexions vagues sur la destination des pyramides, parce qu'elle lui est inconnue ; sur ce qu'elles ont coûté aux peuples de fatigues et de sacrifices, parce qu'il l'ignore, et qu'il ne s'en rapporte pas aux assertions sans preuve des esprits prévenus ni aux incertitudes des étymologies (1). Il observe, il compare, ne jugeant que des faits qu'il a sous les yeux ; il voit que les auteurs, quels qu'ils soient, de la *Grande* pyramide, ont construit le monument le plus durable et le plus

(1) C'est à tort, probablement, que l'on a cru trouver l'origine du mot πυραμίς, pyramide, dans le copte *pirama*, la hauteur. Il s'agit, suivant toute vraisemblance, d'un terme purement grec, et qui serait dérivé de πῦρ, feu, à cause d'une certaine analogie entre la forme du monument et celle que présente une flamme.

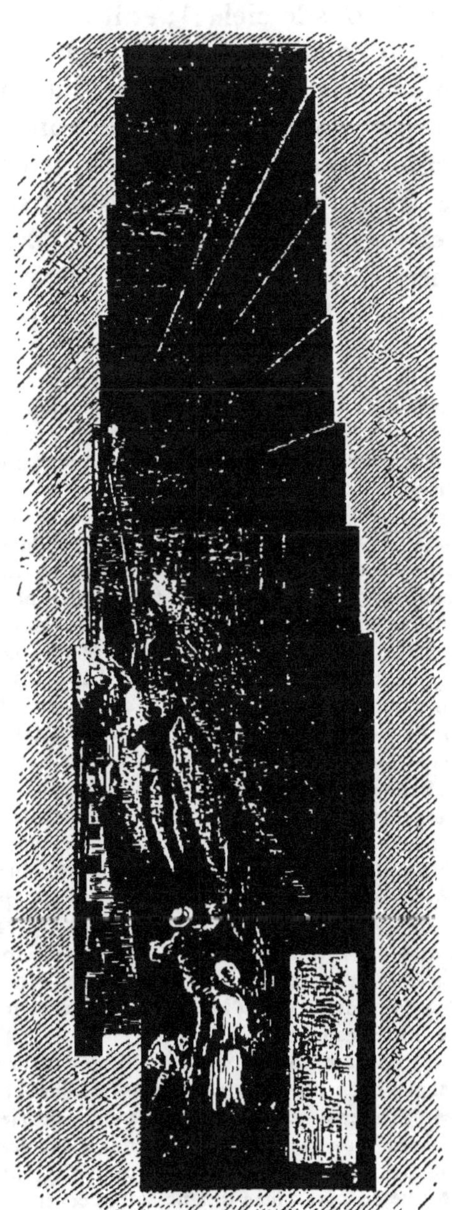

DANS L'INTÉRIEUR DE LA PYRAMIDE.

élevé sous le ciel (1); et il conclut que, sous ce rapport et par ce fait seul, les Égyptiens se sont placés au premier rang des peuples de la terre. En donnant à ces masses, comme Pline, le nom de *prodigieuses, portentosæ moles,* il se garde de décider avec lui que c'est le fruit d'une vaine et folle ostentation de la richesse des rois; enfin il s'abstient de prononcer, avec Bossuet, que ces ouvrages ne sont rien que des tombeaux (2), parce qu'il sait que ce grand écrivain a

(1) Il ne faudrait pas croire que la pyramide de Chéops, ou grande pyramide de Gizeh soit actuellement le plus haut monument du globe : elle n'a, en effet, que 137ᵐ d'élévation, alors que les tours de Cologne atteignent 160ᵐ, la flèche de la cathédrale de Rouen 150ᵐ, la coupole de Saint-Pierre à Rome, 143ᵐ, et le clocher de Strasbourg, 142. Elle n'en mesure pas moins une hauteur double de celle des tours de Notre-Dame de Paris. — D'après Letronne et M. Maspero, la grande pyramide, au temps de Chéops, aurait eu 144ᵐ 60, la disparition du revêtement a facilité cette destruction graduelle du sommet, signalée plus haut par Jomard. En revanche, la plus petite des pyramides connues ne culminait pas au delà de 10ᵐ au-dessus du sol. Faut-il penser que, la tombe royale étant édifiée du vivant même du prince, la masse bâtie s'est trouvée en proportion directe du temps consacré à la bâtir, c'est-à-dire de la durée de chaque règne? M. G. Perrot en est d'avis.(*Histoire de l'art, l'Égypte*,p. 210.) Mais M. Maspero objecte (*Archéologie égyptienne,* p. 127) que la moindre des pyramides de Saqqarah (explorée par lui en mars 1881), appartient à Ounas, qui régna trente ans, tandis que les deux principales pyramides de Gizeh ont été construites sous Chéops et sous Chéphren, qui gouvernèrent l'Égypte, l'un vingt-quatre, l'autre vingt-trois ans. « Mirinri, qui, mourut fort jeune, a une pyramide aussi grande que Pépi II, qui prolongea sa vie au delà de quatre-vingt-dix ans. Le plan de chaque pyramide était tracé une fois pour toutes par l'architecte, selon les instructions qu'il avait reçues et les ressources qu'on plaçait à sa disposition. Une fois mise en train, l'exécution s'en poursuivait jusqu'à complet achèvement des travaux, sans se développer ni se restreindre. »

(2) Ici Jomard se trompait : il est précisément prouvé aujourd'hui, par l'exploration plus attentive de ces édifices et par le déchiffrement des textes égyptiens, que les pyramides « ne sont rien que des tombeaux ». Le témoignage de M. Mariette confirme, à cet égard, l'assertion d'Hérodote, de Diodore et de Strabon. Il n'est pas en Égypte une pyramide ou plutôt un groupe de pyramides qui ne soit le centre d'une nécropole, et, de plus, on a toujours retrouvé un sarcophage dans la chambre intérieure, qui avec la chapelle et les couloirs, formait une des parties essentielles du plan de

voulu surtout faire sortir de son sujet une grande pensée morale, sans songer à l'histoire des arts chez les Égyptiens et à leurs progrès dans les sciences, chose qu'il n'a pu connaître.

JOMARD.

Description générale de Memphis et des Pyramides, dans la *Description de l'Égypte*, ou Recueil des observations et des recherches qui ont été faites en Égypte pendant l'expédition de l'armée française. (Tome V, Paris, Panckoucke, 1829).

2. — *La Nécropole de Memphis.*

Ce n'est pas l'art seulement, c'est toute la civilisation particulière aux Égyptiens, qui sort de ces vieilles tombes et nous apparaît achevée et en pleine fleur. L'écriture suit déjà le même système qui est resté en usage jusque sous les Romains : la palette de scribe et le rouleau de papyrus se montrent déjà parmi les signes hiéroglyphiques. Les plus importants des ouvrages de science et de religion sont mentionnés, dans les écrits postérieurs comme ayant été composés en ces temps reculés. On s'entendait déjà à employer le calendrier éternel que forment les étoiles du

toute pyramide. (La chapelle était isolée, au lieu d'être ménagée à l'intérieur du massif.) Ces monuments n'ont jamais été des observatoires : si les quatre faces des pyramides regardaient les quatre points cardinaux, c'est que les Égyptiens avaient coutume d'orienter la tombe, en vertu d'une assimilation mystique entre la carrière du soleil et celle de l'homme. Encore moins est-il permis d'y voir un rempart bâti par la main des hommes pour défendre la vallée du Nil contre les irruptions sablonneuses du désert; car pourquoi les pyramides se trouveraient-elles toutes rassemblées, à peu d'exceptions près, sur un seul point de l'Égypte : dans le voisinage de Memphis? La pyramide, c'est la tombe royale de l'ancien empire : le caractère, la destination sociale de l'édifice ne comportent pas d'autre explication. (*Histoire de l'art*, tome I, *l'Égypte*, p. 70-80, *passim*.)

ciel; un sacerdoce instruit et bien organisé enseigne au peuple une doctrine religieuse riche à l'excès
dans ses développements. Chaque pierre des pyramides
est mesurée avec soin : l'orientation de chacune des
faces de ces monuments selon les points cardinaux
prouve que l'architecte, qui n'avait pas encore à sa
disposition l'aiguille aimantée, travaillait de concert
avec l'astronome. Le pays entier était cadastré et divisé
en districts administratifs. Chaque nome avait son gouverneur, et, au-dessus de ces gouverneurs, le Pharaon
régnait non seulement comme maître absolu par la
grâce de Dieu, mais comme successeur des dieux célestes, comme fils et image humaine du dieu solaire,
Râ. Une cour nombreuse entourait le roi, qu'on ho-
rait sous le titre de Perâa, en hébreu, Pharaon, « la
Double porte ». Des « conseillers secrets », des « chambellans », des « trésoriers », des intendants de la guerre,
du harem, des ouvriers, des greniers à blé, des chœurs
de chant, même de la garde-robe et des bains du roi,
sont nommés dans les textes. Les chefs de nome, et les
personnages qui approchaient le maître, recevaient la
dignité héréditaire d'Erpâ-hâ ou prince du royaume, et,
de si loin qu'ils fussent alliés à la maison des Pharaons,
le titre de souten-rokh, parents royaux. Les filles du
roi étaient mariées à des gens de haut rang ou à des
fonctionnaires qui rendaient de grands services : nous
savons que quelques-uns de ces derniers reçurent cet
honneur, en dépit de leur basse extraction. Des enfants
bien doués, de famille modeste, étaient élevés avec les
fils du roi : parmi les précepteurs des princes, on trouve
jusqu'à des maîtres nageurs. Chaque Égyptien devait
se contenter d'une femme légitime, une seule reine partageait le trône, et, après sa mort, le tombeau de Pharaon. Cependant on parle aussi d'un harem, dans le-

quel vivaient nombre de femmes employées à différents
offices pour le service du couple seigneurial, et que
les rois se transmettaient par héritage de l'un à l'autre (1). La manie de construire, qui était la passion
dominante de l'époque, nous frappe partout dans
cette nécropole, et c'est bien une des plus fortes pas-
sions qui puissent se développer dans l'esprit de princes
puissants. C'est ici qu'elle a vraiment débuté; pour
se transmettre de race en race à tous les rois égyptiens, et même, vers la fin, à plusieurs membres de la
famille des Ptolémées. Un historien spirituel a dit quelque part qu'on ne peut imaginer symbole matériel de
la puissance d'un souverain plus solide qu'une grande
construction. L'édifice même, exécuté rapidement avec
des forces énormes, est déjà en soi une sorte d'image du
souverain qui l'a fondé, et un legs qu'il fait aux époques plus calmes. Les Pharaons qui ont édifié les pyramides se sont livrés à cette passion avec toute l'ardeur
dont ils étaient capables. On ne peut pas s'étonner
qu'ils aient donné aux architectes une place d'honneur
dans leur cour, ni que plusieurs des plus belles parmi
les tombes que nous parcourons, appartiennent aux
architectes en chef de Pharaon.

Beaucoup de tombes qu'il faut visiter ici se composent
de mausolées construits en plein air, et que les Arabes
appellent mastaba (bancs) (2). Elles sont bâties en pierres

(1) Sur la vie privée et publique des Égyptiens, on consultera avec autant de plaisir que de profit les *Lectures historiques* de M. Maspero (Paris.
Hachette, 1890).

(2) Ce sont les ouvriers employés aux fouilles qui, d'eux-mêmes, ont
pris l'habitude de désigner ainsi ces momuments, à cause de leur forme
basse et allongée. L'espace où ils sont semés, par groupes plus ou moins
compacts s'étend sur la rive gauche du Nil et forme le cimetière le plus
vaste peut-être que l'on connaisse au monde (plus de cinq lieues de long
sur deux ou trois kilomètres de large). « Le *Mastaba*, a dit Mariette (V. la

de taille ; la base en est rectangulaire, et les murs sont penchés vers le haut, si bien que l'ensemble forme une pyramide, tronquée à peu de distance du sol. Chaque mastaba renferme une chambre principale et une niche, murée d'ordinaire, qu'on nome *serdâb* (couloir), et dans laquelle on trouve fréquemment la statue du mort. Le puits, dans lequel on conservait le cadavre, est habituellement à la partie occidentale de l'édifice (1). Les restes humains qu'on y a découverts prouvent qu'au temps des constructeurs de pyramides on n'entendait pas encore aussi bien que plus tard l'art de l'embaumement. La porte du mastaba s'ouvre le plus souvent à l'est, tandis que dans les pyramides l'entrée est sur la face nord. Les jambages en pierre de la porte sont ornés fréquemment de l'image du défunt. Ils portent un bloc cylindre, le lintel, taillé sans doute à l'imitation du tronc de palmier arrondi qui, aujourd'hui encore, recouvre les portes des huttes de fellahs. Tous

Revue archéologique. année 1869, t. XIX), est une construction massive, dont le plan est un rectangle et dont les quatre faces sont quatre murs à peu près nus symétriquement inclinés vers leur centre commun. » Toutefois il ne serait pas exact de considérer les mastabas comme des pyramides inachevées. Qu'ils soient en pierre ou en brique, ils accusent, dans leur construction, une négligence qui ne laisse pas que d'étonner. En effet, si l'extérieur était souvent, comme le dit Ebers, formé de pierres de taille, le noyau se composait de sable, de gravats, de moellons, d'éclats de pierre dépourvus de ciment. Le mastaba, ce n'est plus la tombe royale, c'est la tombe privée, celle du riche bourgeois de l'Égypte primitive. Pour les petites gens, on les enterrait comme on pouvait : dans de vieilles tombes abandonnées, dans le sable, dans la montagne.

(1) Des trois parties essentielles du mastaba, à l'intérieur : la chambre ou les chambres, le *serdâb* et le puits, cette dernière consistait, d'après la définition qu'en a donnée Mariette, en une excavation artificielle de forme carrée ou rectangulaire, jamais ronde, au fond de laquelle étaient déposés les corps. La profondeur moyenne était de 12 mètres. Quant au *serdâb*, ou réduit aux statues, il répondait à une des préoccupations les plus vives de l'esprit égyptien, les statues du défunt étant regardées, après la momie, comme le premier et le plus sûr soutien de la vie posthume du mort.

les murs intérieurs de ces monuments bizarres sont couverts de scènes qui représentent la vie civile du défunt. Seuls, les plus riches et les plus considérables avaient les moyens de se préparer des tombes aussi durables et aussi coûteuses; aussi les tableaux, et les légendes qui les expliquent, nous montrent-ils partout le mort entouré de richesses variées et figuré tel qu'on est au milieu de la vie. Il est rare de rencontrer une allusion à la mort et à l'autre monde; les gens en deuil, qui s'assemblaient dans le mastaba, ne devaient pas s'y lamenter, mais s'y rappeler le souvenir du père, du frère, du maître, qui était un Osiris, un dieu qu'on pouvait honorer d'offrandes, mais qu'on ne pouvait pas pleurer (1). C'est au profit du bienheureux que sont faits les cadeaux qu'on apporte de tous les bourgs de son bien héréditaire; on immole pour lui des taureaux

(1) M. Maspero a finement analysé et décrit, dans maint ouvrage, les idées de l'Égypte sur l'autre vie. (V. sa *Conférence sur l'histoire des âmes dans l'Égypte ancienne, d'après les monuments du Musée du Louvre*, et ses *Lectures historiques*, ch. vii et viii.) L'âme, dans la croyance égyptienne, ne mourait pas à la minute même où le dernier souffle s'exalait des lèvres de l'agonisant : quelque chose survivait ce que les Égyptiens appelaient le *ka*, terme que M. Maspero traduit par le *double*, et définit ainsi : un second exemplaire du corps en une matière moins dense que la matière corporelle, une projection colorée, mais aérienne, de l'individu. le reproduisait trait pour trait, enfant, s'il s'agissait d'un enfant, femme, s'il s'agissait d'une femme, homme, s'il s'agissait d'un homme. « Ainsi le défunt continuait de vivre, mais d'une vie précaire et languissante dont la durée dépendait de celle du cadavre; si la chair tombait en pourriture, c'en était fait du *double* : il fallait donc rendre le corps incorruptible, le momifier : d'où l'usage de l'embaumement, inventé par le dieu Horus, qui, le premier, songea à recueillir la dépouille de son père Osiris assassiné par Typhon. à la parfumer, à la saturer de matières préservatrices et de l'entourer de bandelettes. Voilà pourquoi chaque mort était assimilé à Osiris, la momie originelle : on disait l'*Osiris un tel* pour désigner un mort par son nom. Et voilà aussi pourquoi il fallait loger le double dans une véritable maison appropriée à sa nouvelle existence, ranimer sans cesse cette existence mystérieuse par des aliments, des libations, des offrandes, des images, qui lui rappelaient sa vie terrestre.

et des gazelles, des listes soigneusement gravées dans la
pierre lui assurent, comme par actes authentiques et
toujours valables, pour chaque jour de l'année, viande,
pain, volailles, légumes, gâteaux, lait. On lui adresse
des prières; mais l'homme qui, vivant, avait été un des
leurs, à qui ils avaient été unis par les liens de l'amour,
de l'amitié, de la reconnaissance, de la dépendance, dont
ils avaient partagé la fortune et les joies, restait toujours comme un joyeux souvenir dans la pensée de ces
enfants d'une époque primitive. Chaque grand personnage était propriétaire foncier; sa richesse ne consistait
pas en argent, — on ne savait pas encore ce que c'est
que la monnaie, — mais en champs, en prés, en taillis
de papyrus croissant au bord du fleuve, en vassaux qui
exerçaient chaque métier pour son service, en animaux
domestiques de presque toutes les espèces qui nous
sont connues. Même certaines sortes qu'ils avaient ap-
privoisées, le héron et l'antilope par exemple, sont re-
tournées à l'état sauvage. En revanche, ils ne connaissaient ni le cheval (1), ni le chameau; les brebis paraissent
avoir été rares, mais on en rencontre quelques-unes.
Un seigneur de condition, au temps des pyramides, avait
en troupeaux des biens considérables. Dans la tombe de
Khâfrà-ânkh et de sa femme Herneka nous lisons qu'ils
possédaient 835 taureaux, 220 bœufs sans cornes, 760
ânes, 2,235 antilopes et 740 chèvres communes. Un
noble établi à Saqqarah avait le bétail le plus nombreux :

(1) Le cheval n'a été, à ce que l'on croit, introduit dans la vallée du Nil
que sous les Hycsos; à partir de ce moment, il eut vite fait de devenir un
des thèmes favoris de l'art; mais il s'en faut que les sculpteurs du second
empire thébain l'aient observé et rendu avec cette justesse et cette vigueur
d'expression qu'apportaient les artistes des tombes memphites dans la mise
en scène des animaux domestiques et sauvages groupés par eux autour de
l'hôte du mastaba.

les bœufs de différentes sortes qu'il énumère montaient, y compris les veaux, au chiffre de 5,3oo. On entretenait aussi des troupeaux de porcs. La volaille, surtout les oies et les pigeons, sont comptés par milliers.

Les tableaux qui représentent la culture des champs, depuis le labourage à la charrue jusqu'à la moisson, ne manquent dans aucune tombe. Partout, des contre-maîtres armés du bâton surveillent des ouvriers revêtus

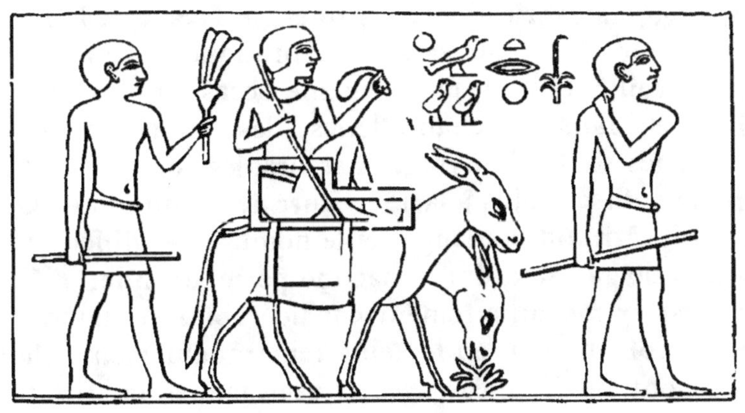

LE SEIGNEUR OURKHOUOU INSPECTANT SES CHAMPS.

d'un simple caleçon, et le seigneur Ourkhouou lui-même se fait voiturer à travers champs dans une litière placée sur le dos de deux ânes. Un serviteur le suit, portant l'ombrelle. Dans les vignobles, nous apercevons les vignerons en pleine activité, et, dans les plantations d'arbres, on abat les troncs sous nos yeux. Il fait chaud, on se rafraîchit d'un coup d'eau à la gourde, en présence du surveillant qu'accompagne son lévrier. On employait le bois à construire des bateaux, dont les grands se servaient, non seulement pour des travaux d'utilité, mais pour leur plaisir, car la pêche, la chasse aux oiseaux,

et toute espèce de chasse qu'on fait sur l'eau, comptent
au premier rang parmi les plaisirs d'un homme de dis-
tinction. Aussi bien, les roseaux de la rive sont peuplés
à l'excès d'hôtes ailés, il y a surabondance de poisson,
et il est rare que le chasseur se mette inutilement en
campagne, lorsqu'il s'agit de lever un crocodile ou un
hippopotame. C'est la récréation nécessaire de l'homme
qui a un emploi à la cour, et dont les vassaux forment
une sorte de petit État dans l'État. Ils exercent en effet
tous les métiers : la menuiserie, la poterie, la verrerie,
le tissage, la fabrication du papier, le lavage de l'or, la
métallurgie. L'art du scribe est pratiqué avec ardeur.
Les surveillants sont, par la même occasion, des comp-
tables, et, dans les chancelleries, des rangées entières
de copistes sont à l'ouvrage. Les simples dons de la nature ne suffisent plus à la nourriture de chaque jour. On
cuit, on rôtit, on boulange, et le nombre des différentes
espèces de gâteaux, dont chacune porte un nom différent, est extraordinairement considérable. Les femmes,
qui semblent avoir eu le teint remarquablement clair
(elles sont représentées avec la peau jaune, tandis que
les hommes ont la peau rouge), sont sur le même pied
que les hommes. Où les fils manquaient, l'héritage
leur revenait : la couronne pouvait passer à la fille de
Pharaon. C'était d'abord d'après la mère, puis ensuite d'après le père qu'on établissait la filiation des
enfants, et les inscriptions nous ont conservé plus d'un
sobriquet affectueux destiné à célébrer la douceur de
l'épouse. La vie de famille est intime et digne à cette
époque; la gaieté et la vivacité innocentes sont exprimées partout. Beaucoup des phrases d'encouragement
que le surveillant adresse aux ouvriers, ou un subal-
terne à un autre, même certaines peintures, sont de pures
plaisanteries. Aucune époque de l'histoire d'Égypte

ne laisse une impression plus agréable que celle-ci (1).

Georges Ebers.

L'Égypte, Alexandrie et le Caire, traduction de G. Maspero (Firmin-Didot
et Cie, 1880 t. 1er, p. 153 et ss.)

3. — *Le Sérapéum.*

.... Pénétrons à notre tour dans le dédale de ces longues et silencieuses galeries qui représentent les dix-
sept ou dix-huit derniers siècles de la foi religieuse,
du lien moral et social, et partant de la grandeur de
l'ancienne Égypte : elles sont restées telles à peu près
que les virent Moïse et Platon, ces adeptes de la science
égyptienne qui entrèrent ici non en critiques dédai-

(1) Il ne faut pas perdre de vue, malgré tout, que le bâton jouait le principal rôle dans les relations de contre-maître à ouvrier. « L'homme a un
dos, disait le proverbe, et n'obéit que lorsqu'il est frappé. » Mais la bas-
tonnade était entrée si avant dans la pratique journalière qu'on la considé-
rait comme un mal inévitable. Au surplus, le maître était parfois charitable et
clément; le serviteur et le paysan restaient donc patients et joyeux. Il est
certain qu'il y avait dans le caractère égyptien, chez les gens de toutes les
classes, un grand fond de douceur et de bonne humeur. On rapprochera du
développement que nous empruntons à Ebers les lignes suivantes d'un
autre historien de l'Égypte, l'Allemand Brugsch-bey : «Est-il possible que
cette terre fertile, que ce fleuve majestueux qui la parcourt, que le ciel
pur, que le beau soleil d'Égypte aient pu produire une nation de momies
vivantes, un peuple de tristes philosophes, qui ne regardait cette vie que
comme un fardeau à bientôt rejeter? Parcourez l'Égypte, examinez les
scènes sculptées ou peintes sur les murailles des chapelles funéraires,
consultez les inscriptions gravées sur la pierre ou tracées à l'encre sur le
papyrus. Rien de plus gai, de plus amusant et de plus naïf que ce bon peu
ple qui aimait la vie et qui en jouissait avec délices. On s'adonnait aux
plaisirs de toute espèce, on chantait, on buvait, on dansait, on aimait les excursions à la campagne, où la chasse et la pêche étaient des distractions
réservées particulièrement à la noblesse. Par un effet naturel de ce pen-
chant pour le plaisir, les gais propos, les plaisanteries un peu libres, les
bons mots et la raillerie étaient en vogue; les badinages entraient jusque
dans les tombeaux. » (*Histoire d'Égypte*, p. 14-15.)

gneux, mais en sages qui s'inspirent des choses respectées, pour concevoir davantage et s'élever plus haut (1).

La seule partie des souterrains que l'on visite aujourd'hui sans danger n'est toutefois que la moins ancienne, mais c'est aussi la plus grandiose et la plus belle, car le luxe alla toujours croissant dans le rite religieux de Sérapis. La partie des catacombes appelée les *Petits Souterrains*, inaugurée à l'époque de Moïse, sous le règne fastueux de Ramsès II, tombait en ruine près de cent ans déjà avant la fondation de la république romaine, sous le règne de Psammitik Ier, et c'est alors qu'on dut l'abandonner pour commencer l'excavation des *Grands Souterrains*, où nous allons pénétrer d'abord (2).

(1) Apis, comme image vivante d'Osiris descendu sur la terre, était un taureau, qui, vivant, avait son temple à Memphis et, mort, avait son tombeau à Saqqarah. Le palais que le taureau habitait de son vivant à Memphis s'appelait l'*Apiéum*; le *Sérapéum* était le nom donné au tombeau (de *Osiris-Apis*, Apis mort étant assimilé à Osiris). Mariette estime, d'après les restes qu'il en a retrouvés, que le Sérapéum, extérieurement, avait une apparence analogue à celle des autres temples de l'Égypte, funéraires ou non. Il était précédé d'une allée de sphinx et de deux pylônes, et environné d'une enceinte. Mais ce qui le distinguait, c'est que dans l'une de ses chambres s'ouvrait un chemin en pente qui gagnait bientôt le roc sur lequel le temple était bâti, et donnait accès dans de vastes souterrains. Ces souterrains étaient la tombe d'Apis.

(2) La tombe d'Apis se compose de trois parties séparées. La première et la plus ancienne remonte à la XVIIIe dynastie et au règne d'Aménophis III, le fondateur du temple de Louqsor et des colosses dits de Memnon. Elle a servi à la sépulture des Apis jusqu'à la fin de la XXe. Ici les tombes sont isolées. Autant d'Apis morts, autant de chambres sépulcrales que l'on creusait çà et là dans le temple un peu au hasard. Ces chambres sont aujourd'hui placées sous les sables. Elles n'offraient, d'ailleurs, qu'un médiocre intérêt. La seconde partie comprend les tombes des Apis morts de Scheschonk (XXIIe dynastie) à Tahraka (dernier roi de la XXVe). Cette fois un système nouveau a été inauguré (V. plus loin la description des « Petits Souterrains »). Les tombes ne sont plus isolées. Un long souterrain a été creusé, et de chaque côté de ce souterrain on a mé-

Au premier aspect, les traces de destruction ne frappent pas beaucoup les yeux ; cette austère perspective de piliers de roc qui, des deux côtés du large souterrain, fuient et s'enfoncent dans l'obscurité avec la voûte qu'ils supportent, ce point lumineux qui les termine au loin, on ne sait où, et brille dans la nuit comme une lueur de vérité immuable ; tout enfin paraît conservé dans l'ordre éternel des choses qui ne peuvent périr. Mais on s'aperçoit bientôt qu'il n'y a plus là qu'un squelette immense : entre chacun de ces piliers décharnés, un mur épais voilait pour toujours les tombes des Apis. Derrière la base de ces cloisons aujourd'hui déchirées ou renversées s'ouvrent de profonds caveaux dont chacun a son entrée sur la galerie et renferme un sarcophage colossal de granit où reposait la dépouille divine : le moins grand pèserait encore 65,000 kilogrammes. Ils sont vides aujourd'hui, et les couvercles déplacés en laissent voir la béante nudité, où quarante personnes debout pourraient trouver place ensemble.

Sur chacun de ces couvercles énormes, le fanatisme ennemi des anciens âges a élevé, en signe de mépris, un pan de mur grossièrement construit, qui se tient là pour toujours, accroupi sur le sépulcre profané. Il faut se rappeler en effet que la terre funèbre était sacrée et devait appartenir sans partage au mort qui s'y confiait. Autrefois, chez toutes les nations de l'Orient, et encore aujourd'hui chez quelques-unes, construire sur un tom-

nage des chambres qu'on utilisait à mesure qu'un Apis mourait à Memphis. La troisième partie commence à Psammitik Ier (XXVIe dynastie) et finit aux derniers Ptolémées. Le même système de souterrain commun a été suivi, seulement sur une échelle beaucoup plus grande. Les nouvelles galeries ont environ 350 mètres de développement et d'un bout du grand souterrain à l'autre, on compte 195 mètres. Une autre mode a été inaugurée, celle des sarcophages de granit.

beau était le dernier outrage : « Que l'on n'enlève pas
le couvercle de ce cercueil, dit le roi assyrien Ash-
monnazar dans son inscription funéraire; que l'on ne
construise pas sur le couronnement de ce lit funèbre. »
Et plus loin : « Qu'ils n'ouvrent pas et qu'ils ne ren-
versent pas le couronnement de mon tombeau; qu'ils
ne construisent pas sur l'édifice qui couvre ce lit funèbre. » Ce ne furent donc pas de vulgaires maraudeurs
qui dévastèrent ainsi le Sérapéum et prirent la peine
d'amasser un tel fardeau d'injures sur le front de vingt-
quatre colosses, puis de marteler le nom d'Apis sur les
inscriptions des stèles; c'étaient évidemment des re-
ligionnaires, des rivaux victorieux dont l'animosité
vivace s'était accumulée depuis longtemps contre le
dieu de Memphis. Or, ce n'étaient certes pas les conquérants arabes du septième siècle de notre ère qui
pouvaient avoir cette haine patiente contre une religion morte et oubliée depuis trois cents ans, ni connaître le secret, perdu alors, des signes hiéroglyphiques du
nom d'Apis. La dévastation ne vient pas des rois grecs
successeurs d'Alexandre le Grand, puisqu'on trouve ici
des preuves matérielles de l'extension qu'ils donnèrent
au culte d'Apis et de Sérapis; elle ne vient pas non plus
des Romains, qui étaient tolérants par politique, et
dont les empereurs laissaient placer leurs noms dans les
temples ou s'y faisaient représenter sous l'image consacrée des anciens pharaons. Enfin, la ruine du Sérapéum ne provient point des conquérants perses du
sixième siècle avant J.-C., puisqu'on y voit la série des
sarcophages se continuer sous leur domination et s'é-
tendre après eux jusqu'à Cléopâtre.

Tout porte donc à croire que la première destruction
du Sérapéum remonte à l'édit de l'empereur Théodose,
qui, au quatrième siècle, abolit la religion égyptienne;

nous aurions ainsi sous les yeux un exemple de la malheureuse dévastation que les chrétiens firent subir aux monuments d'un culte ancien dont la décadence et la corruption étaient au reste arrivées à leur terme, mais dont ils auraient pu respecter les précieuses archives. La vieille Égypte subit alors les effets de cette loi éternelle de renouvellement et d'évolution, qui frappe les institutions anciennes avec une brutalité d'autant plus désastreuse, qu'elles se sont déclarées immuables, et en arrivent à oublier qu'on les a faites pour l'humanité et que ce n'est pas l'humanité qui est faite pour elles.

Au milieu de cette grande dévastation qui ne fit que s'accroître de siècle en siècle jusqu'au moment où la partie souterraine du Sérapéum se perdit sous les sables, quatre tombes d'Apis furent seules trouvées intactes parmi les soixante-quatre que M. Mariette a pu y reconnaître; presque toutes les cloisons qui fermaient les caveaux funèbres ayant été renversées, les stèles qui les couvraient, et donnaient un enchaînement continu de dates, sont tombées en même temps sur le sol, où elles ont été dispersées.

On comprendra quel travail ce fut que de se diriger au milieu d'un désordre tel, dit M. Mariette, qu'à première vue il lui parut impossible de s'y reconnaître jamais. « Il a fallu, ajoutait-il, recueillir avec un soin minutieux les indices que le temps avait respectés, s'inspirer de la vue des lieux, reconnaître les modes divers de constructions, interroger les inscriptions qui étaient encore en place, rapprocher de celles-ci les monuments de même style trouvés sur le sol, compter les chambres et les sarcophages, et de tout ceci reconstituer la tombe comme elle avait existé au temps de sa splendeur. » C'est grâce à ce travail persistant qu'il a été possible de recueillir plus de sept mille monuments divers, dont trois mille relatifs à Apis, et consistant, pour la plupart, en stèles et en inscriptions plus précieuses encore que les objets de prix jadis pillés par les dévastateurs : ces inscriptions, donnant les dates de la naissance, de l'intronisation, de la mort et des funérailles des Apis par années, mois et jours, et cela relativement à l'ère du roi régnant, aident merveilleusement à souder les règnes les uns aux autres, à combler les lacunes, et partant à rétablir l'enchaînement de plusieurs points de la chronologie égyptienne (1).

C'est grâce encore à ce triage des inscriptions qui permit de replacer les soixante-quatre Apis dans leur ordre chronologique, qu'il devint possible de reconnaître les différentes périodes de développement du Sérapéum et l'extension toujours progressive des cultes d'Osiris-Apis (2).

Arthur Rhôné.

(*L'Égypte à petites journées*, p. 232-236; Paris, Ernest Leroux, 1877.)

(1) Une coutume avait surtout contribué à enrichir la tombe de documents utiles. A certains jours de l'année, ou bien à la mort et aux funérailles d'un Apis, les habitants de Memphis venaient rendre visite au dieu dans sa sépulture, et comme souvenir de leur pèlerinage, laissaient une *stèle*, c'est-à-dire une sorte de dalle carrée arrondie par le haut qu'on encastrait dans l'une des parois de la tombe, après qu'on y avait gravé un hommage au dieu au nom du visiteur et de sa famille. On trouvera la description des stèles les plus intéressantes du Sérapéum, aujourd'hui au Louvre, dans les catalogues du Musée égyptien, par MM. de Rougé et Pierret.

(2) Le culte de Sérapis n'avait pas toujours été pratiqué avec une égale ferveur : il se releva sous Psammitik et suivit, depuis, une progression constante. Tous les rois qui se succédèrent en Égypte lui apportèrent leur tribut d'hommage, et, même les conquérants étrangers, se crurent obligés de donner des témoignages de respect au dieu de prédilection des Égyptiens. Quant au Sérapis grec, qui vint en quelque sorte se superposer à la divinité nationale, il présenta un caractère particulier sur lequel M. Arthur Rhôné (*L'Égypte à petites journées*) s'est clairement expliqué. Déjà M. Brunet de Presle, dans un Mémoire à l'Institut sur le Sérapéum de Memphis (1852), avait montré que l'idée et le culte d'un Sérapis médi-

4. — *Le Sérapéum (suite)*.

.... Transportons-nous maintenant dans une région moins ancienne du cimetière, c'est-à-dire dans les *Petits Souterrains,* qui en forment comme la seconde partie. C'est en l'an XXX du règne de Ramsès II (environ 1380 av. J.-C.), qui fut une ère de luxe et de puissance, que le culte du taureau Apis venant à prendre une nouvelle extension, on renonça aux tombes isolées pour creuser dans le roc ce premier corridor souterrain, bordé de chambres que l'on murait au fur et à mesure des inhumations, et qui servirent pendant plus de sept cents ans.

Le 15 mars 1852, M. Mariette, ayant pénétré dans une chambre des Petits Souterrains, reconnut qu'elle était dévastée ; mais ayant heurté ses murs avec une masse de fer, la paroi de l'est rendit un son caverneux qui l'avertit encore qu'il y avait là quelque espace vide où vraisemblablement personne n'avait dû pénétrer depuis l'origine. En examinant ce point de l'extérieur, il y découvrit, le 19 mars, une rampe taillée dans le roc à ciel ouvert ; dans la paroi gauche s'ouvrait un caveau déjà dévasté, mais au bout de la tranchée, sous les sables, se dressait une autre porte encore murée, que n'avaient point aperçu les spoliateurs de l'antiquité. Comme on était encore surveillé de très près par les agents du gouvernement d'Abbas-pacha, M. Mariette attendit, avec une impatience facile à se représenter,

cal s'était répandu et popularisé non seulement en Grèce, mais dans l'Asie occidentale et jusqu'en Babylonie, d'où les Ptolémées successeurs d'Alexandre, ont pu le ramener en Égypte, mais dépouillé désormais de son caractère primitif d'incarnation renouvelable d'Osiris. Toutefois il est à remarquer que rien de grec ne pénétra jamais dans les souterrains ! c'est seulement au dehors que la statuaire, l'architecture et l'écriture helléniques se sont mêlées aux créations antérieures de l'Égypte.

que la nuit fût arrivée. Le parti était sage, car c'était la
plus belle découverte du Sérapéum qui allait s'effectuer.

Le moment venu, M. Mariette fit ouvrir la porte, et
la tombe d'Apis apparut telle qu'elle avait été laissée
3230 ans auparavant, l'an XXVI du règne de Ramsès II.
« Les doigts de l'Égyptien, dit-il, qui avait fermé la
dernière pierre du mur bâti en travers de la porte
étaient encore marqués sur le ciment. » Le caveau,
assez vaste, contenait deux sarcophages encore intacts,
dont l'un était entouré par quatre de ces grandes urnes d'albâtre veiné à couvercles en forme de têtes humaines, et que l'on a nommés des *canopes*. La base des
cercueils et le pied des murs, revêtus de feuilles d'or
sur tout leur pourtour, scintillaient à la lueur des
bougies; le sol en était jonché. Mais au milieu de
cette profusion, une chose tout ordinaire et d'un merveilleux tel cependant, que l'Égypte seule peut en produire de pareilles, apparut tout à coup à M. Mariette et
lui arracha des larmes : « Quand j'y entrai pour la première fois, dit-il, je trouvai marquée sur la couche
mince de sable dont le sol était couvert l'empreinte des
pieds nus des ouvriers qui, 3200 ans auparavant, avaient
couché le dieu dans sa tombe (1)! »

(1) Le contenu de cette tombe, qui renfermait deux Apis morts à dix
ans d'intervalle, était d'une splendeur bien digne de Ramsès II et de sa
gloire : sur les murs, des peintures retraçaient l'existence du roi et du
quatrième de ses cent soixante-dix enfants, le prince Kha-em-Mas, gouverneur de Memphis; dans des niches, dans des trous du sol, étaient
entassées près de 250 statuettes funéraires de calcaire, de pierre dure et
de terre cuite émaillée, portant les noms des principaux personnages de
Memphis avec leurs titres officiels : c'était toute l'aristocratie de la métropole, qui était venue là, faisant cortège au prince royal, à ce fils favori du
roi, voué au culte spécial de Pthah et d'Apis. Les deux sarcophages contenaient l'un et l'autre des bijoux d'or du plus haut intérêt, que l'on peut
admirer au Musée du Louvre. Mariette retrouva, non plus un Apis, mais
une momie humaine qui lui parut être celle du prince Kha-em-Mas lui-
même.

En cet instant il put se croire reporté à l'époque où Moïse exilé retournait à la vie pastorale de ses ancêtres, au pays de Madian, et où les enfants d'Israël, courbés sous le joug égyptien, soupiraient vaguement peut-être après quelque libérateur inconnu.

En ce temps-là Jérusalem, Athènes et Rome étaient encore à naître et cependant leur génie, leur foi et leur puissance, qu'elles croyaient éternels, se sont évanouis plus vite que ces empreintes légères nées avant elles! On croit rêver devant pareils exemples de conservation, dont l'Égypte est cependant prodigue; et M. Mariette nous disait que dans ce premier moment d'une émotion qui ne s'effacera jamais, il ne croyait pas l'avoir trop chèrement payée par la longue année d'attente et de tourments qui venait de s'écouler (1).

Arthur Rhôné (Ibid. p. 238-239).

5. — *Les Hypogées.*

C'est par le désert que nous allons à la vallée des tombeaux, appelée *Biban-el-Molouk* (les Portes des Rois). Rien de plus morne, rien de plus mort que ce chemin qui conduit à des sépulcres. Pas un arbre, pas une plante, pas une herbe. Quel immense désir a possédé ces Pharaons, de vivre en paix dans l'autre monde! Quelle crainte ils ont eue d'être troublés par une invasion de barbares dans l'éternel repos!

Toutes les tombes de Biban-el-Molouk sont creusées

---

(1) Pour l'historique complet des fouilles et la description détaillée du Sérapéum, consulter : Mariette, *Le Sérapéum de Memphis*, et *Choix de Monuments du Sérapéum;* Beulé, *Fouilles et découvertes*, et l'étude publiée par M. E. Desjardins dans la *Revue des Deux Mondes*, du 15 mars 1874.

dans le roc (1); toutes ont renfermé des momies de rois appartenant aux dynasties thébaines; toutes sont des galeries à plans inclinés qui s'enfoncent dans la montagne. Une fois la momie royale à sa place, la porte était condamnée et le sol environnant était nivelé de manière qu'on ne pût ni découvrir ni même soupçonner la place des sépultures. Cependant les excavations au pic et au ciseau avaient formé au dehors de petites collines pierreuses; mais rien ne révélait la présence d'un monument souterrain. Ailleurs on montre les mausolées : ici on les cache. La tombe est elle-même un secret.

Un archéologue pourrait passer des mois entiers à Biban-el-Molouk, et le seul endroit où il pût s'établir, avec des provisions d'eau et de vivres, serait précisément

(1) Quand le mastaba a disparu, c'est-à-dire vers la XII⁰ dynastie, deux systèmes le remplacent par toute l'Égypte : le premier est une sorte de combinaison de la pyramide avec le mastaba : on en trouve des exemples dans le quartier de la nécropole d'Abydos où furent enterrées les générations du vieil empire thébain, et aussi dans les cimetières de Thèbes. Le second. c'est l'hypogée : la tombe en entier est creusée dans le roc. « Les plus belles tombes souterraines appartiennent, dit M. Maspero (*Archéologie égyptienne*) aux principales familles féodales qui se partageaient l'Égypte : les princes de Minièh reposent à Beni-Hassan, ceux de Khononnon à Bershèh, ceux de Siout et d'Éléphantine à Siout même et en face d'Assouân. » Ces tombes souterraines, que les Grecs appelaient *syringes* sont, tantôt des tombes royales, tantôt des sépultures de riches particuliers. prêtres, guerriers, hauts fonctionnaires. Les tombeaux de la Vallée des rois dont il s'agit ici nous montre un type d'architecture funéraire absolument nouveau : la chapelle funéraire n'y est plus attenante au caveau, elle est au loin dans la plaine (à Gournah, au Ramesséum, à Médinet-Abou) et ce changement dans l'ordonnance de la sépulture en suppose un dans l'idée que les Égyptiens se faisaient de l'autre vie. La croyance primitive eût répugné à ce dédoublement; mais au temps de la grandeur thébaine, une doctrine sensiblement différente, doctrine que le *Livre des morts* inculquait aux esprits, tend à prendre le dessus : ce fantôme qu'on appelait le *double*, se raffine, se spiritualise peu à peu, devient une *âme*, et s'affranchit du séjour forcé de la tombe. L'art y trouva son compte, car il fut aisé de donner à la partie publique et commémorative du tombeau l'ampleur et l'éclat commandés par des exploits aussi brillants que ceux d'un Séti ou d'un Ramsès.

une de ces tombes royales, où Champollion se logea,
en 1829, avec l'expédition française et toscane, qu'il com-
mandait.

Chose singulière, une fois la tombe violée, c'est par
le nom de l'in-
venteur qu'on
l'a désignée, de
sorte que le
Pharaon a pres-
que perdu jus-
qu'à la propriété
nominale de sa

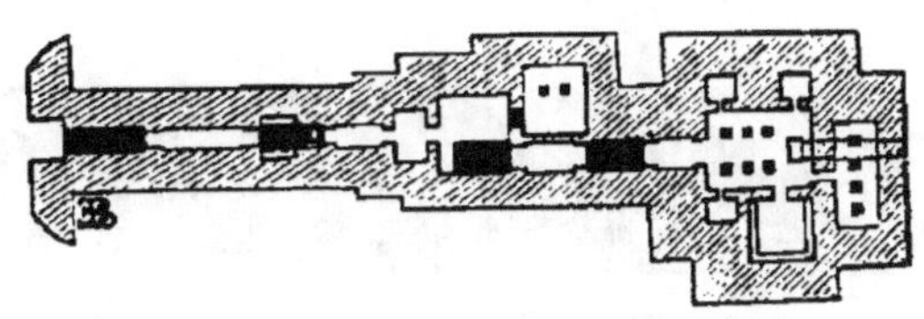

HYPOGÉE DE BIBAN-EL-MOLOUK (plan).

dernière demeure. La grotte qui a servi de sépulture à
Séti Ier, père du grand Sésostris, s'appelle ordinairement
la tombe de Bel-
zoni (1), parce
quelle fut décou-
verte, en 1819,
par ce célèbre et
intrépide voya-
geur. En péné-
trant dans la
crypte, Belzoni
put voir quelles
précautions

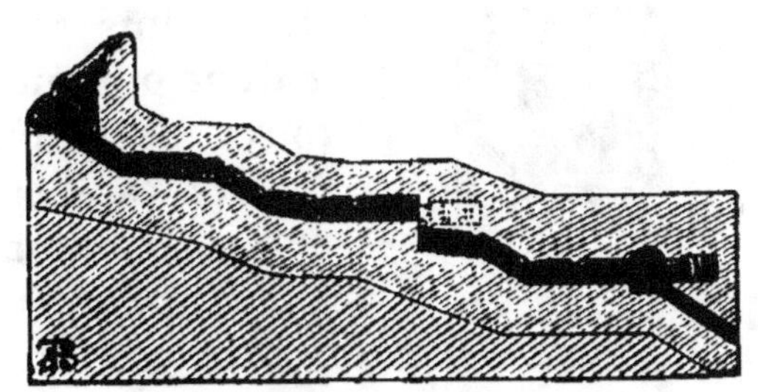

COUPE LONGITUDINALE D'UNE PARTIE DE L'HY-
POGÉE DE BIBAN-EL-MOLOUK.

avaient été prises pour rendre introuvable la momie du
héros, en donnant le change aux futurs profanateurs.
Ils descendit d'abord l'escalier rapide que nous descen-
dons à la lueur des bougies, trouva un passage, puis

---

(1) V. Belzoni, *Voyage en Égypte et en Nubie.* — Ramsès Ier est le plus
ancien roi dont on ait retrouvé la tombe en cet endroit. Son fils Séti Ier.
puis son petit-fils Ramsès II. y furent placés à ses côtés, puis les Ramsès
l'un après l'autre. Hrihor, d'après M. Maspero, fut peut-être le dernier et
ferma la série.

une seconde porte, puis un second escalier, au bas duquel s'ouvrait un nouveau couloir qui le conduisit à une chambre toute décorée de sculptures peintes. Là était creusé un puits qui ne contenait rien et qui n'avait sans doute aucune autre destination que celle de dérouter les explorateurs.

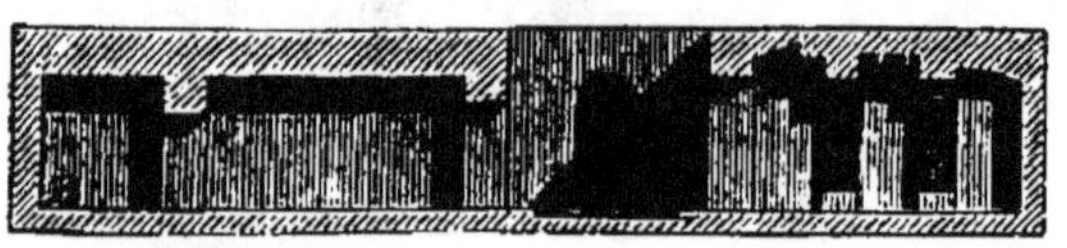

COUPE LONGITUDINALE SUR UNE PARTIE DU COULOIR DE L'HYPOGÉE DE BIBAN-EL-MOLOUK.

Mais rien ne saurait demeurer éternellement caché, ni aux barbares qui cherchent de l'or, ni aux savants qui cherchent de la lumière. Belzoni s'aperçut, en frappant les murs couverts de stuc, que certains points sonnaient creux; il fit donc pratiquer une ouverture, trouva de nouvelles chambres, d'autres escaliers, d'autres passages, et enfin une porte masquée, celle d'une chapelle funéraire où était déposé un sarcophage en albâtre oriental. Ce sarcophage,

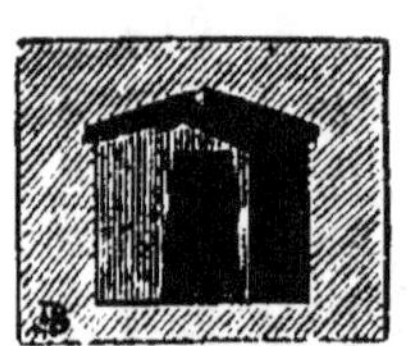

COUPE SUR LE COULOIR DE L'HYPOGÉE DE BIBAN-EL-MOLOUK.

déjà violé et dépouillé par les soldats de Cambyse, fut porté en Angleterre. Ce n'est pas tout : sous le sarcophage, une différence de sonorité fit découvrir une excavation inclinée qui plonge dans la montagne, et dont l'extrémité, bouchée par des éboulements, reste inconnue.

La tâche du visiteur est maintenant facile; elle consiste à regarder les innombrables peintures qui décorent les parois de l'hypogée, et combien elles sont étranges au premier coup d'œil et imposantes! Ces couleurs qui après trente siècles, sont encore pures, prêtent leur ani-

mation à des divinités effrayantes, à des serpents qui
rampent ou se dressent menaçants, à des figures de con-
damnés auxquels on tranche la tête, de damnés qui sont
précipités dans les flammes. Ces peintures représentent
les terribles épreuves que doit subir le roi trépassé, et
dont il faudra qu'il triomphe avant de mériter la fé-
licité éternelle. Ces serpents sont les gardiens d'une
sorte de Purgatoire; ces dieux sont les juges du Pharaon. Semblable au soleil qui va chaque jour s'éteindre
dans la nuit, il entre dans un monde ténébreux et redoutable; il est éprouvé, il se purifie et il va bientôt revivre d'une vie supérieure, opérer sa transmigration
dans les astres, et s'absorber dans le sein d'Ammon, le
générateur universel (1).

(1) Sur cette théorie, que les arts traduisent par la tombe royale du
nouvel empire, et la littérature par le *Livre des morts*, voir l'*Histoire ancienne des peuples de l'Orient*, de Maspero, p. 44 et suiv., et *Il libro dei
funerali degli antichi Egiziani* (Turin-Rome, 1880; p. 52.) L'âme n'est
plus censée vivre dans la tombe. Pour expliquer la sanction du bien et du
mal, on imagine que cette âme entreprend sous terre un long et pénible
voyage, dont elle se tirera plus ou moins à son honneur suivant les mérites ou les démérites de sa vie mortelle : il lui faut comparaître devant
Osiris et ses quarante-deux assesseurs, faire à ce redoutable tribunal sa
confession sincère, et se soumettre à la pesée des actions. L'âme impie
subira de longs siècles de souffrances avant d'être rejetée dans le néant.
L'âme juste, au contraire, s'acheminera vers les demeures célestes, non
sans lutter encore contre les menaces et les pièges de toutes sortes qui la
guettent au passage. Les champs des Fèves, séjour des âmes bienheureuses,
sont d'une fertilité inépuisable. Les morts les cultivent, y moissonnent, y
rentrent les grains à tour de rôle : ils se font remplacer, s'ils le veulent,
par de petites statues en émail qu'on enferme avec eux dans la tombe, et
qu'on nomme les *répondants*, parce qu'ils répondent pour leur maître
chaque fois qu'on l'appelle en corvée. Telles sont les idées qui prenaient
corps dans la tombe thébaine. « L'art de l'architecte et celui du sculpteur,
écrit très justement M. G. Perrot (*Hist. de l'art*, tome I, p. 294), donnent
à ces visions une réalité matérielle et permanente. Aussi serait-ce une
grave méprise de voir dans la longue suite des tableaux qui se développent sur le mur, une simple décoration, un pur déploiement de richesse
et de luxe. Là encore, entre le modèle idéal et la copie visible, entre le si-

Voilà ce que nous montrent, en vives images les sculptures et les colorations de l'hypogée, sculptures souples, fines, grandes, et d'une perfection rare, colorations encore fraîches, dont les teintes entières, non rompues, sont tantôt naturelles, tantôt symboliques ou de convention. Nous en avons ici même de très curieux exemples, dans une chambre carrée, soutenue par quatre colonnes, où l'on voit les quatre races humaines. telles que les connaissaient ou les concevaient les Égyptiens, caractérisées par des personnages qui suivent processionnellement les funérailles du Pharaon. Quatre figures sont peintes en rouge; elles ont la taille élégante, les épaules larges, les hanches serrées, le nez légèrement aquilin et une expression de douceur : ce sont les hommes par excellence, les Égyptiens, *Rôt-ennerôme*. Les quatre figures suivantes sont des Asiatiques, *Namou;* ils se distinguent par un teint basané, des yeux bleus, un nez fortement aquilin et une barbe longue, touffue, brune, taillée en pointe. Ils portent un vêtement court, de couleurs variées. La race du Sud, les *Nahasi;* aux lèvres tuméfiées, sont indiqués naturellement par leur teint noir. Les quatre dernières figures ont la peau claire, les yeux bleus, la barbe blonde et la chevelure ornée de plumes; ils sont vêtues de peaux de bœuf : ce sont les peuples du Nord, les *Tamahou;* c'est-à-dire les Européens, regardés par les aînés de la civilisation comme des sauvages. En cette même chambre, Osiris et Hathor (Isis) reçoivent le roi. qui leur est présenté par leur fils Horus (le dieu dont la fonction était justement de peser les âmes des morts), et il entre ainsi dans la région de la lumière,

gne et la chose signifiée. l'imagination du croyant établissait une de ces confusions qui n'ont jamais, chez aucun peuple. coûté le moindre effort à la foi. »

dans le monde du bonheur, dont l'emblème est l'éventail, et des purs esprits.

Mais sur les murs de la chambre voisine, quelque chose nous arrête, nous saisit : ce sont des ébauches de dessin, des esquisses au crayon rouge. La mort du roi Séti Ier est venue surprendre l'artiste et ne lui a pas laissé le temps de finir son œuvre. Telle figure a été corrigée dans ses contours, comme si le chef des hiérogrammates était venu tout à l'heure redresser les lignes du dessin et en accentuer le caractère, avant que le ciseau du sculpteur commençât d'y creuser les entailles. Nous demeurons frappés d'étonnement par l'imprévu d'une révélation aussi intime. Ces essais de crayon, ces retouches, où, si l'on veut, ces repentirs qui semblent d'hier, ont plus de trois mille ans. L'art surpris en déshabillé dans les solennités de ce lieu funèbre!... Ah! si les ombres des Pharaons habitaient encore leurs sépultures, quelle dut être leur frayeur lorsque des étrangers du Nord, des *Tamahou*, vinrent pour la première fois troubler la paix des morts et rompre le silence de la solitude en dressant leur tente à la porte des tombes souterraines, et en attirant, par la lueur des flambeaux et l'odeur des viandes, les hyènes et les chacals que Champollion entendait rugir du fond de sa caverne!

Un passage de Strabon nous apprend que les tombes royales, taillées dans le roc, étaient au nombre de quarante. On n'en connaît aujourd'hui que vingt-cinq dont quelques-unes sont celles de hauts fonctionnaires admis à reposer dans la nécropole pharaonique.

CHARLES BLANC.

(Voyage de la haute Égypte, pages 166-173. Paris. Laurens. 1877.)

6. — *Les piliers de Beni-Hassan et l'ordre dorique.*

On a dit et l'on a souvent répété que les colonnes de Beni-Hassan étaient le prototype du dorique grec (1), et il est certain qu'au premier aspect il y a de la ressemblance entre ces colonnes et celles de l'ordre dorique. Mais quand on y regarde de plus près, quelle différence! Combien l'imitateur a été supérieur à son modèle!

Les colonnes ou les piliers (2) de Beni-Hassan ne représentent qu'un support inerte, semblable à une pièce de bois épannelée, et surmontée pour tout chapiteau, d'un petit tailloir pas plus large que le diamètre inférieur du fût ; et, comme la diminution du fût est à peine sensible, il en résulte, dans ce tailloir, une apparence de timidité tout à fait contraire au sentiment que veut exprimer le dorique. De plus, ces colonnes ont une base plate et ronde, taillée comme un disque sans utilité et sans grâce. Combien elle est différente, la colonne dorique, depuis l'ordre de Pœstum jusqu'à celui du temple de Thésée et du Parthénon! D'abord elle est sans base, et elle paraît ainsi implantée dans le sol et iné-

(1) Quand Champollion aperçut pour la première fois le fût polygonal cannelé des piliers taillés dans la roche vive qui portent le plafond du vestibule et des chambres intérieures, il les nomma *protodoriques* ou *antédoriques*. Lepsius et M. Ebers trouvent cette désignation justifiée. Mais M. Georges Perrot est d'accord avec Charles Blanc pour montrer à combien peu de chose se réduisent les prétendues ressemblances entre les « colonnes » polygonales de Beni-Hassan et celles de l'ordre dorique grec. Au surplus, lorsque les Grecs entrèrent en relations suivies avec l'Égypte, vers le septième siècle avant notre ère, la colonne polygonale était passée de mode et n'avait plus guère qu'un intérêt archéologique.

(2) Ces supports ne sont déjà plus de simples piliers et ne sont pas encore de véritables colonnes. On verra plus loin que M. Maspero les classe parmi les piliers.

branlable, au lieu de reposer sur un palet qui la sépare
des fondations. La diminution du fût est très prononcée,
c'est-à-dire que le diamètre inférieur a un tiers de plus,
en moyenne, que le diamètre supérieur, et cela doit être,
d'abord au point de vue de la stabilité, puisque la charge
qui pèse sur le premier tambour est accrue de tout le
poids de la colonne, ensuite au point de vue de l'art,
parce qu'il importe d'affirmer les apparences de la solidité, surtout là où le mouvement doit avoir un caractère mâle et fier. Mais c'est dans le chapiteau du dorique
que les architectes grecs ont innové d'une manière
admirable, en introduisant sous le tailloir un membre
intermédiaire, l'*échine*. Or, l'échine est l'image d'une matière compressible qui a été comprimée jusqu'à l'épuisement de son élasticité. Retenue par une ligature que
représentent les filets de l'échine et les rainures du gor-
gerin, cette matière élastique figure la résistance, le
redressement d'un muscle, elle anime le monument en
faisant pénétrer un accent de vie dans cette relation entre
le support et la partie supportée qui (avec le jeu des
pleins et des vides) constitue l'essentiel de l'architecture. Et il est si vrai que l'échine est l'image d'une
matière élastique, compressible et même vivante, qu'elle
est remplacée, sur le chapiteau de la colonne ionique,
par un coussinet enroulé en volute qui semble interposé
pour éviter un rude contact, un froissement entre l'architrave et la colonne. Ainsi, le membre d'architecture
qui, dans l'ordre dorique, l'ordre viril, exprime la présence et la résistance d'un muscle vigoureux, devient,
dans l'ordre ionique, dans l'ordre féminin, une allusion
aux délicatesses que comporte la demeure d'une divinité
gracieuse. Ah ! si les Grecs n'ont pas eu le génie de l'invention, ils ont eu le génie du perfectionnement. Aussi
furent-ils les artistes par excellence, car l'invention est

fille de la nécessité, tandis que la perfection ne peut être qu'un enfantement de l'art.

CHARLES BLANC.

(Voyage dans la haute Égypte, p. 281-284.)

§ III. — L'ARCHITECTURE RELIGIEUSE.

I. — *Les supports dans l'architecture égyptienne.*

Les supports sont de deux types différents : le pilier et la colonne (1). On en connait d'un seul bloc. Les piliers du temple du sphinx, les plus anciens qui aient été découverts jusqu'à présent, ont 5 mètres de hauteur sur 1 m. 40 de côté. Des colonnes en granit rose, éparses au milieu des ruines d'Alexandrie, de Bubaste, de Memphis, et qui remontent aux règnes d'Harmhabi et de Ramsès II, mesurent 6 et 8 mètres d'une même venue. Ce n'est là qu'une exception. Colonnes et piliers sont bâtis en assises souvent inégales et irrégulières, comme celles des murailles environnantes. Les grandes colonnes de Louxor ne sont pleines qu'au tiers du diamètre : elles ont un ciment jaunâtre, qui n'a plus de consistance et tombe en poudre sous les doigts. Le chapiteau de la colonne de Tahargou, à Karnak, contient trois assises hautes chacune d'environ 0^m, 123. La dernière, la

---

(1) Sur l'origine des piliers et des colonnes en Égypte, on pourra consulter l'ouvrage de G. Ebers : *Du Caire à Philæ* (p. 186) inspiré ici par un mémoire de Lepsius *Ueber einige Kunstformen und ihre Entwickelung.* D'après Ebers et Lepsius, c'est dans les plus anciennes grottes funéraires de l'Égypte, celles de Memphis. qu'aurait pris naissance le plus élémentaire des supports de l'architecture lapidaire : le pilier quadrangulaire. Mais il faut noter que l'architecture légère (en bois, avec appliques de métal), possédait déjà, à cet égard, une grande variété de formes.

plus saillante, se compose de vingt-six pierres dont les joints verticaux tendent au centre, et qui ne sont main-

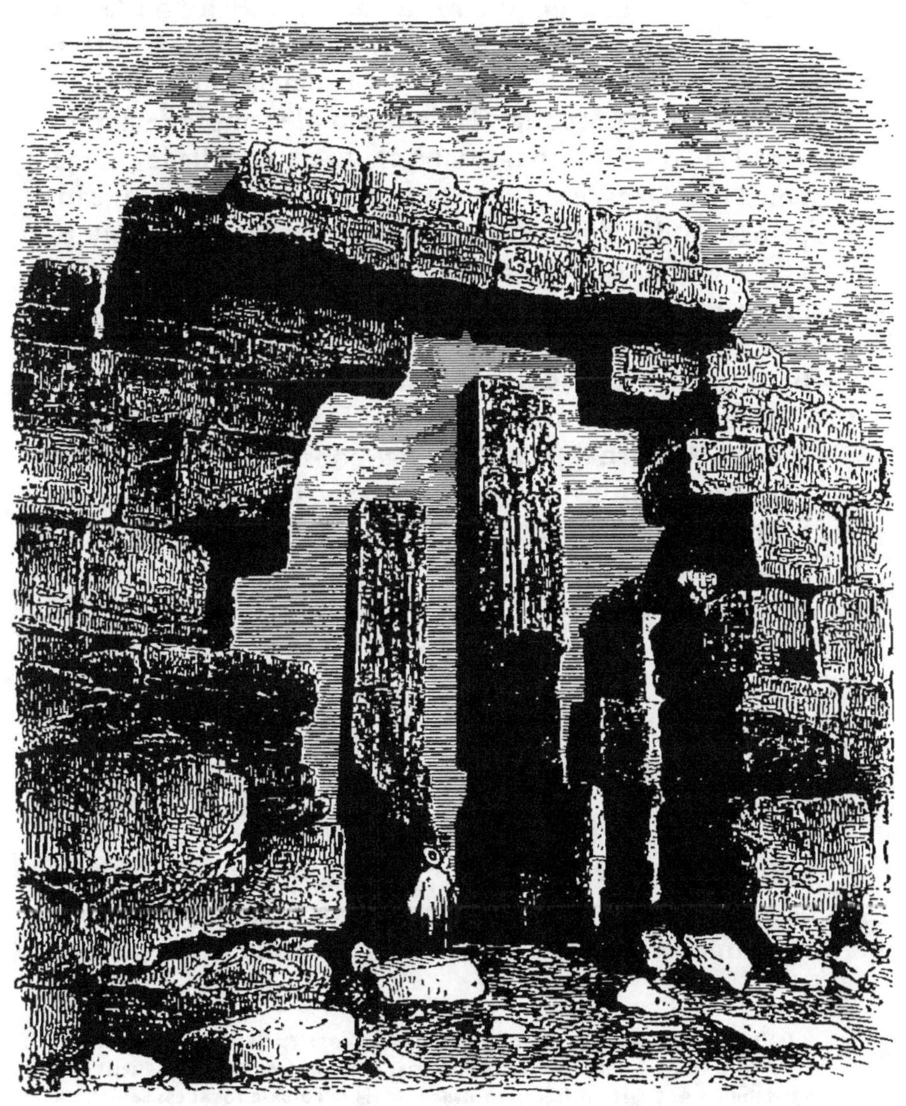

PILIER SCULPTÉ DU TEMPLE DE KARNAK.

tenus en place que par le poids du dé superposé. Les mêmes négligences que nous avons signalées dans l'appareil des murs, on les retrouve toutes dans celui des colonnes.

Le pilier quadrangulaire, à côtés parallèles ou légèrement inclinés, le plus souvent sans base ni chapiteau, est fréquent dans les tombes de l'ancien empire. Il apparaît encore à Médinet-Habou, dans le temple de Thoutmos III, ou à Karnak, dans ce qu'on appelle le promenoir. Les faces en sont souvent habillées de tableaux peints ou de légendes, et la face extérieure reçoit un motif spécial de décoration : des tiges de lotus ou de papyrus en saillie, sur les piliers-stèles de Karnak, une tête d'Hathor coiffée du sistre, au petit spéos d'Ibsamboul, une figure debout, Osiris dans la première cour de Médinet-Habou (1), Bîsou à Dendéret et au Gebel-Barkal. A Karnak, dans l'édifice construit probablement par Harmhabi avec les débris d'un sanctuaire d'Amenhotpou II, le pilier est surmonté d'une gorge qu'un mince abaque sépare de l'architrave. Abattant les quatre angles, on le transforme en un prisme octogonal : puis, abattant les huit angles nouveaux, en un prisme à seize pans. C'est le type de certains piliers des tombeaux d'Assouân et de Beni-Hassan (2), du promenoir de Thoutmos II, à Karnak, et des chapelles de Deir-el-Bahari. Les piliers du portique d'Osiris à Abydos sont au terme de la série; le corps en offre une section curviligne à peine interrompue par une bande lisse aux deux extrémités d'un même diamètre. Le plus souvent les pans se creusent légèrement en cannelures; parfois,

____

(1) Le pilier *osiriaque* représente le roi constructeur du monument, avec la coiffure et les attributs d'Osiris. Les princes de la dix-neuvième dynastie en ont fait un fréquent usage. Mais le colosse royal est seulement adossé au pilier, il ne porte pas l'entablement, et ne fait pas l'office d'une cariatide.

(2) Voir l'extrait précédent.

comme à Kalabshéh, les cannelures sont divisées en quatre groupes de cinq par autant de bandes (1). Le pilier polygonal a toujours un socle large et bas, arrondi en disque. A El-Kab, il porte une tête d'Hathor appliqué à la face antérieure. Presque partout ailleurs, il est surmonté d'un simple tailloir carré qui le réunit à l'architrave.

La colonne ne repose pas immédiatement sur le sol. Elle est toujours pourvue d'un socle analogue à celui du pilier polygonal, au profil tantôt droit, tantôt légèrement arrondi, nu ou sans autre ornement qu'une ligne d'hiéroglyphes. Les formes principales se ramènent à trois types : 1° la colonne à chapiteau en campane; 2° la colonne à chapiteau en bouton de lotus; 3° la colonne hathorique.

1° *Colonne à chapiteau campaniforme* (2). — D'ordinaire, le fût est lisse ou simplement gravé d'écriture et de bas-reliefs. Quelquefois pourtant, ainsi à Médamout, il est composé de six grandes et de six petites colonnes alternées. Aux temps pharaoniques, il s'arrondit par le bas, en bulbe décoré de triangles curvilignes enchevêtrés, simulant de larges feuilles; la courbe est alors calculée de telle sorte que le diamètre inférieur soit sensiblement égal au diamètre supérieur. A l'époque ptolémaïque, le bulbe disparaît souvent, probablement sous l'influence des idées grecques : les colonnes qui bordent la première cour du temple d'Edfou s'enlèvent d'aplomb sur leur socle. Le fût subit toujours une diminution de la base

(1) Chaque bande est alors couverte d'hiéroglyphes, et devient une vraie tablette à écrire. Nous sommes loin, on le voit, de la colonne dorique grecque.

(2) En forme de *campane* ou de cloche. Mariette proposait pour ce chapiteau, le nom de *papyriforme*, parce qu'il y voyait l'imitation de la panicule du papyrus, dont on aurait négligé le détail intérieur pour prendre seulement le contour général de la masse végétale.

au sommet. Il se termine par trois ou cinq plates-bandes superposées. A Médamout, où il est fasciculé, l'architecte a pensé sans doute qu'une seule attache au sommet paraîtrait insuffisante à maintenir les douze colonnettes, et il a indiqué deux autres anneaux de plates-bandes à intervalles réguliers. Le chapiteau, évasé en forme de cloche, est garni à la naissance d'une rangée de feuilles, semblables à celles de la base, et sur lesquelles s'implantent des tiges de lotus et de papyrus en fleurs et en boutons. La hauteur et la saillie sur le nu de la colonne varient au gré de l'architecte. Un dé cubique surmonte le tout. Il est assez peu élevé et presque entièrement masqué par la courbure du chapiteau ; rarement, comme du petit temple de Dendérah, il s'élève et reçoit sur chaque face une figure du dieu Bisou.

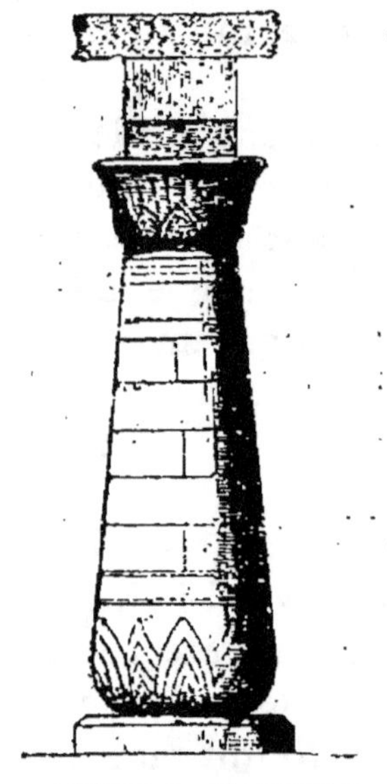

COLONNE A CHAPITEAU CAMPANIFORME.

(D'après une grav. de l'*Archéologie égyptienne*, maison Quantin.)

La colonne à chapiteau campaniforme se rencontre de préférence dans la travée centrale des salles hypostyles, à Karnak, au Ramesséum, à Louxor ; mais elle n'est pas restreinte à cet emploi, et on la voit dans les portiques, à Médinet-Habou, à Edfou, à Philæ. Le promenoir de Thoutmos III, à Karnak, en renferme une variété des plus curieuses ; la campane est retournée, et la partie amincie du fût s'enfonce dans le socle, tandis que la partie la plus large se soude à l'évasement du chapiteau.

Cet arrangement disgracieux n'eut pas de succès; on n'en trouve aucune trace hors du promenoir. D'autres innovations furent plus heureuses, celles surtout qui permirent aux artistes de grouper autour de la campane des éléments empruntés à la flore du pays. C'est d'abord, à Soleb, à Sesébi, à Bubaste, à Memphis, une bordure de palmes plantées droites sur les bandes plates et dont la tête se courbe sous le poids de l'abaque. Plus tard, aux approches de l'époque ptolémaïque, des régimes de dattes et des lotus entr'ouverts vinrent s'ajouter aux branches de palmier. Sous les Ptolémées et sous les Césars,

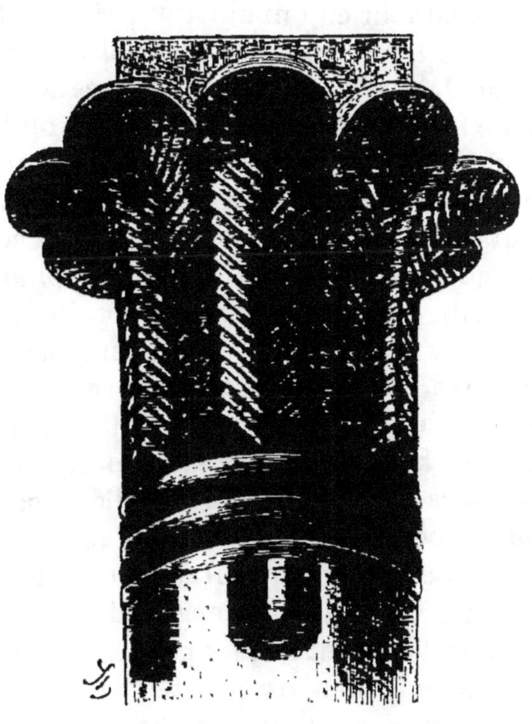

CHAPITEAU EN FORME DE PALMIER.

le chapiteau finit par devenir une véritable corbeille de fleurs et de feuilles étagées régulièrement et peintes des couleurs les plus vives. A Edfou, à Ombos, à Philœ, on dirait que le constructeur s'est juré de ne pas répéter deux fois une même coupe de chapiteau d'un même côté du portique.

2° *Colonne à chapiteau lotiforme.* — Elle représentait peut-être à l'origine un faisceau de tiges de lotus dont les boutons, serrés au cou par un lien, se réunissent en bouquet pour former le chapiteau (1). La colonne de Beni-Hassan comporte quatre tiges arrondies. Celles du labyrinthe, celles du promenoir de Thoutmos III, celles de Médamout en ont huit qui présentent à la surface une arrête saillante. Le pied est bulbeux et paré de feuilles triangulaires. La gorge est entourée de trois ou de cinq anneaux. Une moulure, composée de trois bandes verticales accolées, descend du dernier de ces anneaux dans l'intervalle de deux tiges ; c'est comme une frange qui garnit le haut de la colonne. Une surface aussi accidentée ne prêtait guère à la décoration hiéroglyphique ; aussi en arriva-t-on progressivement à supprimer toutes les saillies et à lisser le pourtour du fût. Dans la salle hypostyle de Gournah, il est divisé en trois segments : celui du milieu est uni et chargé de sculptures ; celui du haut et celui du bas sont encore fasciculés. Au temple de Khonsou, dans les bas-côtés de la salle hypostyle de Karnak, sous le portique de Médinet-Habou, le fût est entièrement lisse ; seulement la frange subsiste sous les anneaux, et une arête légère ménagée de trois en trois bandes rappelle l'existence des tiges. Le chapiteau se dégrade de la même manière. A Beni-Hassan, il est fasciculé nettement dans toute sa hauteur. Au promenoir de Thoutmos III, à Louxor, à Médamout, un cercle de petites feuilles pointues et de cannelures règne autour de la base et amoindrit l'effet : ce n'est plus guère qu'un cône tronqué et côtelé. Dans la salle hypostyle de Karnak, à Abydos, au Ramesséum, à Médinet-Habou, des

---

(1) Les annelets qui entourent le fût, au point de sa jonction avec le chapiteau, rappelleraient le lien qui tournait plusieurs fois autour du faisceau ; les petites baguettes qui garnissent les creux, entre les rudentures, ce seraient les bouts pendants de la corde.

ornements de nature diverse, feuilles triangulaires, légendes hiéroglyphiques, bandes de cartouches flanqués
d'uræus, remplaçant les côtes et se partageant l'espace
conquis. L'abaque ne se dissimule pas comme dans la
colonne campaniforme : il déborde hardiment et reçoit
la légende du roi fondateur.

3° *La colonne hathorique.* — On en a des exemples
aux temps anciens dans le
temple de Déir-el-Baharî;
mais c'est par les monuments
d'époque ptolémaïque, par
Contra-Latopolis, par Philœ,
par Dendérah surtout qu'on
la connaît le mieux. Le fût
et la base ne présentent aucun
caractère spécial : c'est le fût
et la base de la colonne campaniforme. Le chapiteau a deux
étages. Au plus bas, un bloc
carré, sur chaque face duquel
une tête de femme, à oreilles
pointues de génisse, se détache en haut relief; la coiffure,
maintenue sur le front par
trois bandelettes verticales,

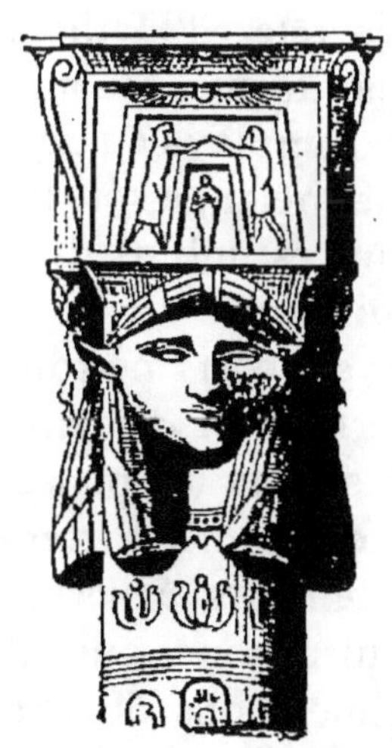

COLONNE HATHORIQUE.
(*Archéologie égyptienne,* maison
Quantin.)

passe derrière les oreilles et tombe le long du cou.
Chaque tête porte une corniche cannelée, sur laquelle
s'élève un naos encadré entre deux volutes (1); un mince
dé carré couronne le tout. La colonne a donc pour
chapiteau quatre têtes d'Hathor. Aperçue de loin, elle

(1) Que signifie cet édicule qui se superpose à la tête de la déesse?
Peut-être faut-il en chercher l'origine dans le nom même d'Hathor, nom
qui signifie littéralement *l'habitation d'Horus.* (G. Perrot, *Hist. de l'art,*
t. Ier, p. 563.)

rappelle immédiatement à l'esprit un des sistres que les bas-reliefs nous montrent entre les mains des reines et des déesses. C'est un sistre en effet, mais où les proportions normales des diverses parties ne sont pas observées : le manche est gigantesque, tandis que la moitié supérieure de l'instrument est réduite outre mesure. Ce motif plut tellement (1) qu'on n'hésita pas à le combiner avec des éléments empruntés à d'autres ordres. Les quatre têtes d'Hathor, mises par-dessus un chapiteau campaniforme, fournirent le type composite que Nectanébo employa au pavillon de Philæ. Je ne saurais dire que le mélange soit très satisfaisant : vue en place, la colonne est moins disgracieuse qu'on ne serait tenté de le croire.

Les supports ne sont pas soumis à des règles fixes de proportions et d'agencement. L'architecte pouvait attribuer, si cela lui plaisait, une hauteur égale à des supports de diamètre très différent, et en dessiner chacun des éléments à l'échelle qui lui convenait le mieux. sans autre souci que d'une certaine harmonie générale : les dimensions du chapiteau n'étaient pas en rapport immuable avec celles du fût, et la hauteur du fût ne dépendait nullement du diamètre de la colonne. A Karnak, les colonnes campaniformes de la salle hypostyle ont 3 mètres de haut pour le chapiteau, un peu moins de 17 pour le fût, 3^m,57 de diamètre inférieur ; à Louxor, 3^m, 50, pour le chapiteau, 15 pour le fût, 3^m, 45 au bulbe ; au Ramesséum, 11 mètres pour le chapiteau et pour le fût et 2 mètres au bulbe. L'étude des colonnes lotiformes nous amène à des résultats semblables. A

_____

(1) On s'est demandé, sans pouvoir fournir encore d'explication définitive, pourquoi de toutes les divinités égyptiennes, si nombreuses, Hathor est la seule dont le masque soit devenu un motif d'architecture.

Karnak, sur les bas côtés de la salle hypostyle, elles ont 3 mètres de haut pour le chapiteau, 10 pour le fût, 2^m, 08 de diamètre sur le socle; au Ramesséum, 1^m,70 pour le chapiteau, 7^m,50 pour le fût, 1^m,78 de diamètre sur le socle. Même irrégularité dans la disposition des architraves : rien n'en détermine l'élévation que le caprice du maître ou les nécessités de la construction. Même irrégularité dans les entre-colonnements : non seulement la largeur en diffère beaucoup de temple à temple et de chambre à chambre, mais parfois, comme dans la première cour de Médinet-Habou, ils sont inégaux pour un même portique. Voilà pour les types employés séparément. Quand on les associait dans un seul édifice, on ne s'astreignait pas à leur donner des proportions fixes par rapport l'un à l'autre. Dans la salle hypostyle de Karnak les colonnes à campanes soutiennent la travée la plus haute, et les colonnes en bouton de lotus sont reléguées aux bas côtés. Il y a des salles du temple de Khonsou, où c'est la colonne lotiforme qui est la plus élevée, d'autres où c'est la colonne campaniforme. A Médamout, lotiformes et campaniformes ont partout la même hauteur dans ce qui subsiste de l'édifice. L'Égypte n'a jamais eu d'ordres définis comme en a possédé la Grèce. Elle a essayé toutes les combinaisons auxquelles se prêtaient les éléments de la colonne, sans jamais en chiffrer aucune avec assez de précision pour qu'étant donné un des membres, on puisse en déduire, même approximativement, les dimensions de tous les autres.

G. MASPERO.

(L'Archéologie égyptienne, p. 51 à 63, maison Quantin, 1887.)

2. — *Karnak.*

Quelque chose nous appelle invinciblement : ce sont
les ruines de Karnak (1), la plus merveilleuse merveille
de l'Égypte. Le chemin qui mène à Karnak, distant de
2 kilomètres, traverse des champs de pâturin et passe
par un petit bois de palmiers. Une allée de sphinx, à
tête de bélier, dont beaucoup ont disparu, emportés ou
enfouis, conduisait du temple de Louqsor à Karnak, et
nous conduit encore aux grandes ruines. Du plus loin
qu'on peut les embrasser du regard, on est saisi par le
spectacle d'un vaste bouleversement de temples détruits
et de palais abattus. On se figure un combat de géants
contre Jupiter Ammon qui, dans sa divine colère, les
aurait écrasés en leur jetant des colosses rompus, d'immenses tambours de colonnes, des fragments d'obélisques
et des montagnes d'architectures. « Je me garderai bien
de rien décrire, dit Champollion, car ou mes expressions
ne vaudraient que la millième partie de ce que l'on doit
dire en parlant de tels objets, ou bien, si j'en traçais une
faible exquisse, même fort décolorée, on me prendrait
pour un enthousiaste, peut-être pour un fou. Il suffira
d'ajouter qu'aucun peuple ancien ni moderne n'a conçu
l'art de l'architecture sur une échelle aussi sublime.
aussi grandiose que le firent les vieux Égyptiens; ils
concevaient un homme de 100 pieds de haut, et l'imagination qui, en Europe, s'élance bien au-dessus de nos
portiques, s'arrête et tombe impuissante aux pieds des
cent quarante colonnes de la salle hypostyle de Karnak. »

(1) Mariette en a donné une description détaillée dans sa belle monographie intitulée : *Karnak.*

Pour se reconnaître dans ce chaos, pour y retrouver le plan primitif et le retenir dans sa mémoire, il faut y entrer par la porte occidentale, celle qui regarde le Nil, de manière à se trouver dans le grand axe des constructions qui se dirige de l'ouest à l'est. On arrivait à cette porte entre deux rangées de sphinx, terminées par deux statues colossales, maintenant abattues et mutilées. Les deux massifs de pylone (1) annoncent une demeure de Titans. Ils présentent, quoique inachevés, une surface de 44 mètres de hauteur sur 113 de largeur! Il faut faire vingt pas pour mesurer la profondeur de la porte, ou, si l'on veut, l'épaisseur du mur, et l'on entre dans une cour immense, divisée en deux par une avenue de colonnes, dont une seule est debout, les autres ayant été renversées par un tremblement de terre. Cette cour, beaucoup plus grande en surface que Notre-Dame de Paris, est bordée de deux colonnades parallèles à l'avenue centrale et bien conservées. Du côté sud, un petit temple, bâti par Ramsès III, avance dans la cour et y forme une enclave; mais ce petit temple, qui a l'air d'une chapelle, serait ailleurs un grand temple.

En avant du second pylône s'élevaient deux colosses de granit, ayant quatre ou cinq fois la hauteur d'un homme, et dont l'un est sur pied, l'autre gisant dans les décombres. Après avoir monté un escalier de sept

---

(1) Le pylone (de πυλών, grande porte) est une forme essentiellement égyptienne. Il se compose d'une haute porte rectangulaire et de deux massifs pyramidaux, dont les faces sont inclinées en talus et qui s'élèvent, à droite et à gauche, beaucoup au-dessus de la porte même. Les pylônes n'étaient nullement construits à titre d'ouvrages défensifs, et tout cet ensemble n'était imaginé que pour concourir à la décoration de l'édifice. L'avant-pylône du grand temple de Karnak, de construction ptolémaïque, est le plus colossal de tous ceux qui existent en Égypte. C'est devant le pylône que se dressaient, par exemple à Louqsor, les obélisques de granit, et, derrière eux, les statues colossales du roi qui avait construit le temple.

marches et traversé un vestibule grandiose, bâti par Sésostris et décoré de reliefs peints jusqu'à une hauteur de 3o mètres, nous pénétrons dans la fameuse salle hypostyle (1). Ici le voyageur n'ayant plus au-dessus de sa tête les espaces de l'air et du ciel qui dévorent et rapetissent les plus grandes choses terrestres, se sent étonné, opprimé, accablé par les proportions gigantesques des cent trente-quatre colonnes qui portent le plafond, et dont les plus grandes le sont tellement que sur la plate-forme de leur chapiteau cent hommes pourraient aisément se tenir debout! Les entre-colonnements n'étant pas beaucoup plus larges que le diamètre de ces prodigieuses colonnes, il en résulte une demi-obscurité qui ajoute le prestige du mystère à la puissance cyclopéenne des constructions (2). On est comme perdu dans une épaisse forêt; le monde des figures qui sont peintes en vives couleurs et qui tournent sur la convexité des colonnes vous donne le vertige. Combien devaient être imposantes les cérémonies civiles ou religieuses qui s'observaient dans un lieu pareil, où le plus grand des arts, l'architecture, enveloppait de sa majestueuse unité les œuvres du sculpteur et du peintre incorporées à la pierre, et prêtait ses échos aux sonorités d'une musique lente, authentique et solennelle! Quelle idée formidable devaient concevoir de la magnificence et de la puissance des Pharaons les envoyés du pays de Chanaan, de la Syrie, de la Mésopotamie, ou bien ceux des Éthiopiens

----

(1) La salle hypostyle a 102 mètres sur 51. Les cartouches les plus anciens qu'elle porte sont ceux de Séti Ier (XIXe dynastie).

(2) M. G. Perrot (*Hist. de l'art,* t. Ier, p. 617) explique que la salle hypostyle de Karnak n'était pas éclairée que par ses quatre portes. Des dalles de grès, hautes d'un peu plus de 5 mètres, et ajustées dans la paroi de *l'attique,* furent évidées de manière à former des grillages de pierre par où la lumière passait.

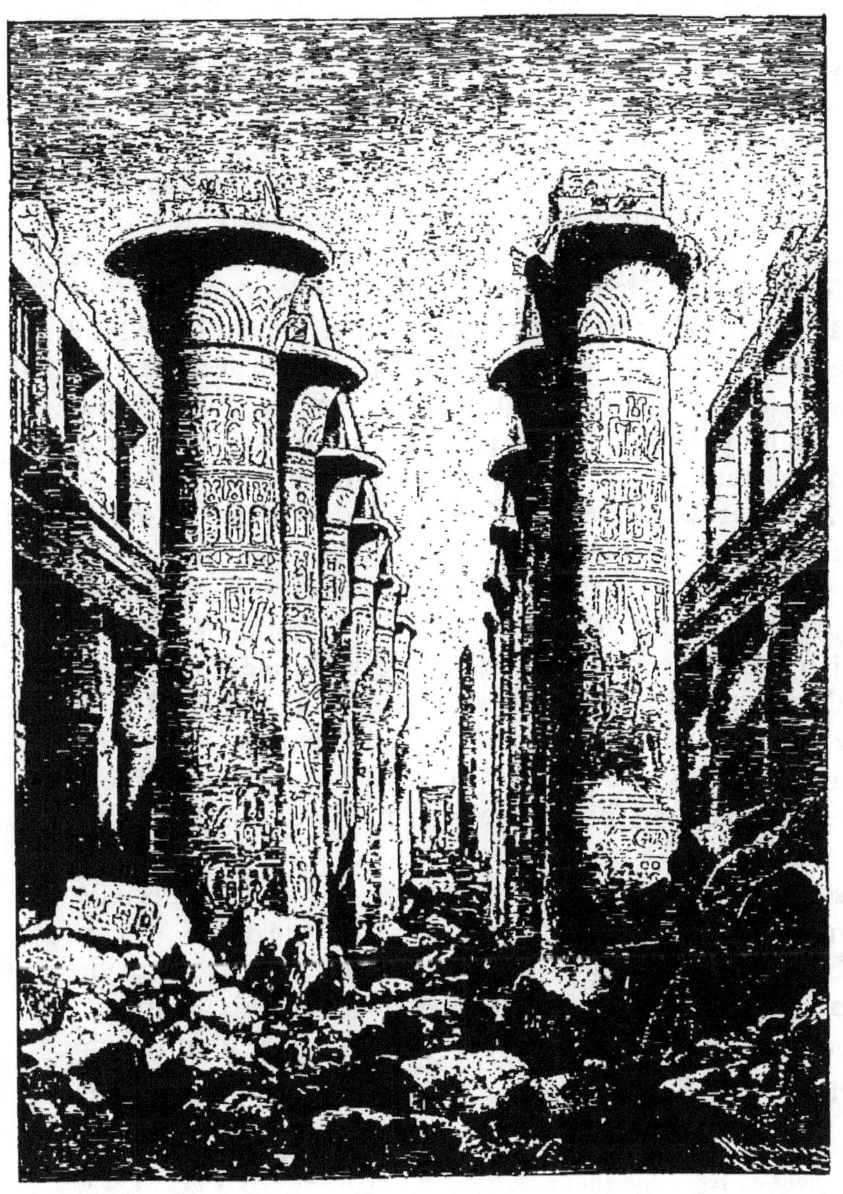

GRANDE SALLE HYPOSTYLE DE KARNAK.

au visage brûlé, lorsqu'ils étaient admis en présence d'un conquérant tel que Séti ou d'un héros tel que Sésostris, dans cet assemblage de monuments, où les palais étaient les temples d'un homme, comme les temples étaient les palais d'un Dieu !

Quelle que soit la beauté des sculptures exécutées sous les dix-huitième et dix-neuvième dynasties, et il est difficile d'en trouver de plus belles, de plus héroïques que le *Combat de Séti* (1), c'est l'architecture qui domine tout à Karnak. En sortant de la salle hypostyle par un pylône écroulé, nous arrivons d'abord à un espace découvert où s'élevaient deux obélisques dont l'un est aujourd'hui couché par terre et brisé ; puis à une quatrième porte, conduisant par un vestibule à une nouvelle cour entourée de caryatides, où se dressaient deux nouveaux obélisques, ceux-ci de 33 mètres de hauteur, les plus grands qui soient au monde. Ces obélisques décoraient la sortie du pylône, comme les deux autres en décoraient l'entrée. Un seul est encore debout, et il est d'autant plus digne d'intérêt qu'il fut érigé par la sœur de Thoutmès III, la régente ou plutôt la reine Hat-Asou, femme volontaire, ambitieuse et supérieure, qui, seize siècles avant la Cléopâtre grecque, fut, en quelque manière, une Cléopâtre égyptienne. Tutrice de son frère enfant, elle gouverna souverainement l'Égypte pendant dix-sept ans, et elle n'abandonna point le pouvoir à la majorité de Thoutmès. En temps de guerre, elle fut vaillante, et en temps de paix, magnifique. Ses conquêtes dans l'Arabie Heureuse sont représentées au vif sur les murailles d'un temple qui se voit de l'autre côté du Nil. Ses exploits lui procu-

(1) Ces bas-reliefs sont les monuments les plus précieux que nous possédions du règne de Séti. Le roi y a fait représenter ses campagnes dans l'Asie occidentale contre les Remenen (Arméniens), les Schasou (Arabes du désert), les Ruten (Assyriens), les Khetas (les Hittites de la Bible), etc.

rèrent des trésors, et elle en fit ostentation ici même, car l'inscription, cette fois horizontale, qui concerne les quatre faces de l'obélisque, nous apprend que le monolithe était recouvert d'un pyramidion en or pur « enlevé aux chefs des nations », et qu'il ne fallut que sept mois pour achever et mettre en place les deux obélisques, à partir du jour où avait commencé, dans les montagnes de Syrie, l'extraction de ces blocs énormes de granit.

Vient enfin le sanctuaire, tout en granit rouge, consacré au dieu Ammon-Générateur, comme l'indiquent les sculptures de petite proportion qui couvrent les parois. Bien qu'entouré de chambres qu'on appelle les appartements de granit, le sanctuaire est entièrement isolé par des couloirs qui autrefois ne recevaient aucun jour. Malheureusement, tout cela n'est guère plus qu'un amas de décombres; mais ce qui nous console un peu, c'est que les plus beaux ouvrages de la plus belle chambre, celle de Thoutmès III, sont maintenant au musée du Louvre.

A la fin du siècle dernier, les membres de la commission d'Égypte, établis dans les ruines pour en dessiner les bas-reliefs, entendirent plusieurs fois, à la même heure, au lever du soleil, un craquement sonore qui se répétait. Le son venait du plafond qui couvre les appartements de granit. Ce phénomène, de nature à frapper l'imagination de ceux qui en ignorent la cause, s'explique par le changement de température que produisent les premiers rayons du soleil tombant sur des pierres mouillées par la rosée de la nuit.

Elle est interminable, la série des monuments de Karnak. A mesure qu'on avance dans les constructions, on recule dans les siècles. On passe, par exemple, d'une dynastie qui florissait, il y a trois mille quatre cents ans, à une dynastie vieille de quatre mille sept cents; on va de Thoutmès à Osortasen. Ce roi, que l'on croyait appartenir à la dix-septième dynastie, doit être replacé dans la douzième, par suite des travaux et des découvertes de Lepsius, qui a eu le mérite de corriger une erreur considérable dans la chronologie égyptologique. Le cartouche d'Osortasen (dont le nom d'ailleurs est commun à plusieurs rois de sa dynastie) se lit sur l'une des colonnes polygonales qui se trouvent isolées dans une vaste cour, entre le sanctuaire de granit et le palais de Thoutmès III; c'est le dernier palais qu'enferme l'enceinte des ruines, enceinte en briques crues, qui est bien aussi grande que l'avait écrit Diodore de Sicile. Denon mit vingt minutes pour en faire le tour à cheval au galop (1).

CHARLES BLANC.

(Voyage de la haute Égypte, pages 154-163.)

3. — Dendérah.

Le temple de Dendérah est un des temples les mieux conservés et les plus importants de l'Égypte (2). Il s'é-

(1) L'ensemble des ruines comprend, dans ses quatre enceintes de briques, jusqu'à onze temples, de différentes grandeurs. Deux des principaux étaient consacrés aux deux personnages divins qui composaient avec Ammon la triade thébaine, à Mouth et à Khons. Le plus spacieux et le plus beau, le grand temple, était dédié à Ammon-Râ. Mariette observe qu'on a marché près d'une lieue (3,800 mètres) quand on a fait le tour de Karnak.

(2) Il n'est pas un des moins compliqués. Dans la préface de la description minutieuse qu'il en a entreprise ailleurs, Mariette énumère les difficultés de sa tâche. Et d'abord, l'extraordinaire profusion de légendes, de figures, de tableaux, d'ornements, de symboles sous lesquels disparaissent littéralement les murailles semble défier toute analyse. L'époque à laquelle le temple appartient forme un autre obstacle. « La différence entre les temples d'origine pharaonique et les temples d'origine ptolémaïque est considérable. Les premiers ne sont déjà pas très clairs et on s'y trouve

lève comme tous les temples égyptiens, au centre d'une vaste enceinte. Celle-ci est construite en briques crues. Elle est si haute et si épaisse que quand les deux portes qui y donnaient accès étaient fermées, on ne devait rien voir et rien entendre de ce qui s'y passait.

L'histoire du temple de Dendérah peut être résumée en deux lignes. Commencé sous Ptolémée XI, il était fini comme construction, sous Tibère, et sous Néron comme décoration. Jésus-Christ vivait à Jérusalem pendant qu'on achevait de le bâtir.

Il n'est personne qui ne soit frappé de la profusion de textes, de tableaux, de bas-reliefs dont il est couvert. On en a mis jusque sur les plafonds, sur les portes, sur les fenêtres, sur les soubassements, sur les parois des escaliers. Une remarque à faire, c'est que la composition des centaines de tableaux qui décorent l'édifice est identique. Le roi fondateur se présente à une des divinités du temple; il récite devant elle une prière; il sollicite

toujours gêné par le parti pris de voiler, de cacher la pensée religieuse qui en est l'âme, ou tout au moins de la réserver et de ne pas la mettre ostensiblement en évidence. Mais on ne peut pas dire qu'au contact de l'esprit grec le vieil esprit égyptien se soit rajeuni et éclairci. Au contraire, dans un temple d'origine ptolémaïque, la pensée, bien qu'exprimée avec une liberté plus grande d'allures, y est plus confuse, parce qu'elle est plus cherchée et plus tourmentée. Si maintenant, ce premier jet de l'idée est encore contrarié par une langue prétentieuse, où l'on vise avant tout à une recherche pédante d'esprit, aux jeux puérils de mots, on voit qu'en somme, plus le nombre des textes qui couvrent et chargent les murailles du temple de Dendérah est grand, plus il est malaisé d'y découvrir un fil conducteur et de s'y orienter. » Mariette ajoute que les auteurs de la décoration du temple ne l'ont pas toujours arrangée et composée de manière à en faire l'expression du dogme dont Hathor est la personnification : « Il arrive que ne voulaint pas ouvrir le sanctuaire, on tend devant la porte un rideau qui trompe sur le vrai sens de ce qui est caché derrière. » Et il conclut : « En somme, le temple de Dendérah est un des monuments les plus décourageants que je connaisse. On n'y avance qu'avec effort et en s'entourant de toutes sortes de précautions. Il est obscur et trompeur comme un labyrinthe. » (Dendérah, Description du grand temple de cette ville, in-4°, 1880.)

d'elle une faveur qui lui est toujours accordée : tel en est l'inévitable sujet.

Quand on se trouve en présence du temple de Dendérah, on se demande naturellement quelle est la destination de cet immense ensemble. Nous allons essayer de répondre à cette question.

Selon leur destination, les chambres du temple de Dendérah peuvent être partagées en quatre groupes qui sont les suivants :

1° Le premier groupe ne comprend que la salle A (voyez le plan ci-joint). La salle A n'est qu'une sorte de façade monumentale. Ouverte à la grande lumière et à tous les bruits de l'extérieur, elle est sans rapport direct avec le temple proprement dit. Deux petites portes sont ménagées sur les côtés. Elles servent au passage des prêtres et à l'entrée des offrandes, qui jouaient un grand rôle dans le service intérieur du temple. Quant à la grande porte, le roi seul a le droit de la franchir. Le roi s'y présente, vêtu de la longue robe, les sandales aux pieds, le bâton de la marche en main. Avant de pénétrer dans le temple, il faut que les dieux l'aient reconnu comme roi de la haute et de la basse Égypte, et c'est aux cérémonies de cette consécration que les premiers tableaux à droite et à gauche de la porte d'entrée sont destinés. On y voit le roi sortant de son palais et se présentant à la porte du temple. A droite, c'est-à-dire du côté du nord, il est reconnu comme roi de la basse Égypte; à gauche, c'est-à-dire du côté du sud, il est nommé roi de la haute Égypte. A son arrivée, Thoth et Horus lui versent sur la tête les emblèmes de la purification. Les déesses Ouat'i et Suvan le coiffent de la double couronne. Après quoi Mont de Thèbes et Toum d'Héliopolis prennent le roi par la main et le conduisent en présence de la déesse. La salle A n'est ainsi qu'une

entrée, un lieu de passage. Le roi s'y prépare aux cérémonies que nous allons lui voir célébrer dans l'intérieur
de l'édifice.

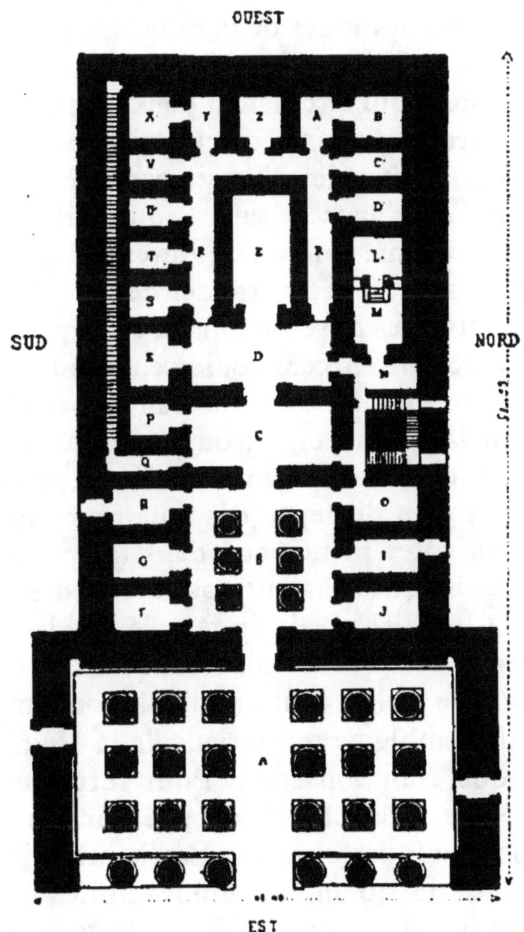

PLAN DU GRAND TEMPLE DE DENDÉRAH.

(D'après une gravure de l'*Itinéraire de la haute Égypte*, Paris, Maisonneuve.)

2°! Le deuxième groupe se compose des chambres
B, C, D, E, F, G, H, I, J, K. Cette fois nous sommes

dans le temple proprement dit. Tout y est fermé, tout y est sombre, tout est silencieux. C'est dans les dix chambres du deuxième groupe que les prêtres s'assemblent et qu'on fait les préparatifs des fêtes. Une sorte de calendrier, gravé sur les murs de la salle B, nous apprend de quelle nature étaient ces fêtes. Elles consistaient surtout en processions qui circulaient dans le temple, montaient sur les terrasses et en redescendaient pour parcourir selon les rites prévus les diverses parties de l'enceinte extérieure. Or, c'est dans la salle B qu'avait lieu le départ de ces processions. Quant aux autres salles, elles servaient à la préparation des offrandes destinées à figurer dans les fêtes, et à la conservation ou au dépôt des emblèmes qu'on portait en cérémonie pendant les processions, ce que nous allons voir. Les salles C et D étaient des annexes de la salle B; on y trouvait des autels devant lesquels on récitait, en passant, certaines prières. La salle E était le lieu de dépôt des quatre barques qui jouaient un des rôles principaux dans les processions. Au repos, ces barques étaient posées sur des coffres; quand il fallait les faire sortir du temple, on les ajustait sur des barres de bois qui servaient à les transporter. Au centre de chacune d'elles était un édicule toujours fermé où l'on plaçait l'emblème mystérieux de la divinité à laquelle la barque était consacrée. Pour surcroît de précaution, un épais voile blanc était jeté sur cet édicule qui échappait à tous les regards. La chambre F est un laboratoire. C'est là qu'on prépare les huiles et les essences avec lesquelles on doit parfumer le temple et les statues des dieux. La chambre G est le lieu où l'on réunit et où l'on consacre les produits de la terre qui vont figurer dans les cérémonies. Les chambres H et I sont des passages, l'un pour les offrandes qui arrivent de la basse Égypte, l'autre pour les offrandes qui arrivent de la haute Égypte. On y consacre en même temps certaines offrandes en pains et en libations. La chambre J est le trésor du temple. Aussi chacun des tableaux de l'intérieur de cette chambre nous montre-t-il le roi consacrant et offrant à la divinité des sistres, des pectoraux, des miroirs, des ustensiles de toutes sortes travaillés en or, en argent, en lapis. La chambre K est le lieu de dépôt des vêtements dont on habille les statues des dieux. Des coffrets soigneusement fermés contenaient ces vêtements. Toutes les provinces de l'Égypte étaient censées concourir à l'entretien des objets conservés dans la chambre X.

3° Le troisième groupe comprend la chapelle L, la cour M, les salles N, O, P, Q, les deux escaliers du nord et du sud, et enfin un petit temple à douze colonnes situé sur les terrasses. La fête principale du temple, celle qu'on célèbre au premier jour de l'an et qui a pour objet l'apparition de l'étoile Sirius, est tellement importante qu'on lui a consacré à Dendérah comme un petit temple dans le grand : c'est ce petit temple qui se compose des parties que nous venons d'énumérer. On disait les prières dans la *chapelle L*. Dans la *cour M,* on rassemblait les offrandes, on réunissait les membres des victimes. La petite *chambre N* était un autre lieu de dépôt pour les objets précieux qui devaient figurer dans cette fête spéciale. Dans les trois chambres O, P, Q, le roi consacrait certaines offrandes. Comme toutes les autres fêtes du temple, la fête du nouvel an consistait surtout en processions. On trouvera les détails de ces processions sur les parois des deux escaliers. Le roi marche en tête. Treize prêtres portant des bâtons d'enseigne surmontés des emblèmes des divers dieux, le suivent, etc. Ainsi constituée, la procession montait par l'escalier du nord, s'arrêtait sur la terrasse au petit temple hypèthre dont chacune des douzes colonnes est consacrée à un des mois de l'année et ne descendait pas l'escalier du sud.

4° Le quatrième groupe comprend le corridor R, les chambres, S, T, U, V, X, Y, Z, A', B', C', D'. Ici est la partie de l'édifice plus particulièrement réservée au mythe. Le noyau du temple tout entier s'y trouve et consiste en une niche située dans la chambre Z. Là, le roi seul pouvait pénétrer ; là, on cachait à tous les yeux l'emblème mystérieux du temple, qui était un grand sistre d'or. Quant aux chambres, elles n'ont pas, comme les autres, une destination matérielle, bien que l'on y conservât des objets destinés au culte ; mais elles étaient plus spécialement le lieu où l'on disait des prières. Dans la *chambre S,* c'est Isis que l'on invoquait. La *chambre T* était consacrée à Osiris. Dans cette chambre, Osiris mort était censé rendu à la vie, ce qu'on exprimait symboliquement dans la chambre en changeant les habits qui couvraient la statue du dieu. La *chambre U* était l'endroit sacré d'Osiris-Onnophris. Là, le dieu rajeunit son corps, il redonne la vigueur à ses membres, et déjà il apparaît comme le vainqueur de ses ennemis représentés par un crocodile que le dieu, armé d'une pique, « fait marcher à reculons ». Dans la *chambre V,* l'œuvre de la résurrection est accomplie et le dieu se montre sous la forme d'*Hor-sam-ta-ni.* Dans les *chambres X, Y,* c'est Hathor que l'on vénère, considérée comme le récipient où le soleil prend chaque jour sa naissance. La *chambre Z* est dans l'axe du temple et la divinité principale y est adorée sous ses titres les plus généraux. Enfin dans les chambres A', B', C', D', on rend un culte particulier à Pascht, considérée comme le feu qui vivifie, à Horus considérée comme la lumière vainqueur des ténèbres, à Hathor terrestre, etc.

Tel est le temple proprement dit. Le temple n'est donc pas, comme nos églises, un lieu où les fidèles se rassemblent pour dire la prière. On n'y trouve ni chambre d'habitation pour les prêtres, ni lieux d'initiation ou d'oracles, et rien ne peut laisser supposer que, en dehors du roi et des prêtres, une partie quelconque du public y ait jamais été admise. Mais le temple est un lieu de dépôt, de préparation, de consécration. On y célèbre quelques fêtes à l'intérieur, on s'y assemble pour les processions, on y emmagasine les objets du culte, et si tout y est sombre, si, dans ces lieux où rien n'indique qu'on ait jamais fait usage de flambeaux ou d'aucun mode d'illumination, des ténèbres à peu près complètes règnent, ce n'est pas pour augmenter, par l'obscurité, le mystère des cérémonies ; c'est pour mettre en usage le seul moyen possible alors de préserver les objets précieux, les vêtements divins, des insectes, des mouches, de la poussière du dehors, du soleil et de la chaleur elle-même. Quant aux fêtes principales dont le temple était le centre et le noyau, elles consistaient surtout en processions qui se répandaient au dehors, à la pleine clarté du soleil, jusqu'aux limites de la grande enceinte en briques crues. En somme, le temple n'était donc pas tout entier dans ses murailles de pierres, et ses vraies limites étaient plutôt celles de l'enceinte. Dans le temple proprement dit, on logeait les dieux, on les habillait, on les préparait pour la fête ; le temple était une sorte de sacristie, où personne, que le roi ou les prêtres, n'entrait. Dans l'enceinte, au contraire, se développaient les longues processions, et si le public n'y était pas encore admis, au moins pensons-nous que quelques initiés pouvaient y prendre place (1).

_____

(1) D'autres parties intéressantes du temple sont les cryptes, corridors secrets, étroits et longs, ménagés dans l'épaisseur des fondations et des

Considéré dans le dogme qu'il représente, le temple de Dendérah est empreint d'un esprit philosophique dont l'intérêt n'échappe à personne. La déesse principale du temple est Hathor, l'Aphrodite ou la Vénus des traditions classiques. Dans son rôle principal, Hathor est la pupille du Soleil, et par là les Égyptiens faisaient d'Hathor la déesse de la Beauté, qu'ils plaçaient principalement dans les yeux. Puis viennent les titres de déesse, de belle face, de belle déesse, de déesse de l'Amour. En même temps Hathor est représentée comme la personnification de l'harmonie générale du monde qui n'existe et ne dure que par le concours harmonieux de toutes ses parties. Aussi est-elle la divine mère, celle qui fait germer les plantes, celle qui produit le pain, celle qui donne la vie aux mortels, celle qui porte la fécondité et l'abondance dans toutes les parties du monde, l'amour n'étant fécond qu'à la condition d'être harmonieux. L'un des caractères les plus fréquents sous lesquels les inscriptions du temple nous montrent Hathor est aussi celui qui l'attache à toutes les idées de rajeunissement, d'épanouissement, de résurrection, et on en trouve les preuves jusque dans les motifs de décoration choisis pour les frises et les soubassements où les fleurs qui poussent, les tiges qui se croisent et s'entrelacent, les scarabées qui alternent avec le phénix, nous représentent à chaque pas l'éternelle jeunesse et l'éternelle beauté de la nature. C'est même comme symbole de ces idées de renouvellement qu'Hathor est appelée très fréquemment dans le temple la déesse Sothis (Sirius). Hathor est ainsi l'étoile qui fixe et gouverne le retour

murailles, et les terrasses où se trouvent le petit temple à douze colonnes et un autre temple consacré à l'Osiris local, celui du nome de Dendérah. C'est dans ce dernier temple qu'était le fameux zodiaque, maintenant à Paris.

périodique de l'année (1), qui annonce la crue du fleuve;
elle est l'étoile dont l'apparition à l'horizon oriental en
même temps que le soleil levant annonce le renouvellement de la nature. Comme l'Aphrodite des Grecs,
Hathor n'est donc pas seulement la déesse de la beauté
physique; l'Hathor des Égyptiens est l'image de cette
harmonie générale nécessaire à l'entretien et à la vie du
monde : ce qu'on a voulu résumer en elle, c'est la no-
tion et la personnification du Beau.

Peut-être, si le temple de Dendérah était un temple
d'origine pharaonique, exempt par conséquent d'influences grecques, les inscriptions ne nous feraient-elles
pas aller au delà. Mais il est évident que, dans l'arrangement de certains tableaux invariablement placés en
face de toutes les portes d'entrée et où le roi fondateur
est représenté offrant à la divinité une statuette de la
Vérité (2), on a voulu nous représenter Hathor non
seulement comme la déesse du Beau, mais aussi comme
la déesse du Vrai. Selon l'habitude, des inscriptions
accompagnent ces tableaux. Devant le roi sont les paroles que le roi est censé prononcer ; devant la déesse
est la réponse que la déesse est censée faire au discours
du roi. Dans toutes les chambres qui ne sont pas le
sanctuaire, le texte est de part et d'autre assez banal :
« Je t'offre la Vérité, dit le roi, je l'élève vers toi, ô Hathor, dame du ciel, etc. » La déesse répond : « Que la
Vérité soit avec toi! Que tu vives par elle! Que tu
triomphes par elle de tes ennemis (c'est-à-dire que le

____

(1) Le premier jour de l'année chez les Égyptiens était fixé au 21 juillet,
jour où Sothis et le soleil se levaient simultanément à l'horizon du matin. (*Note de Mariette.*)

(2) La Vérité est représentée par une petite statuette de femme assise dans
une corbeille et la tête surmontée d'une plume recourbée. Le roi tient
la corbeille dans sa main étendue et la présente à la déesse debout devant
lui. (*Note de Mariette.*)

mensonge soit vaincu par la vérité). » Mais, dans le sanctuaire, la banalité des textes disparaît, et en entrant dans la chambre le roi s'écrie : « Je t'offre la Vérité, ô déesse de Dendérah, car la Vérité est ton œuvre, car tu es la Vérité elle-même. » Le rôle philosophique d'Hathor s'accuse donc ici de plus en plus nettement (1).

En résumé, le temple de Dendérah présente un certain arrangement de ses parties dont, sans doute, un temple d'origine pharaonique ne laisserait pas voir de traces, et c'est par là que se trahit l'influence du temps où il a été bâti. Évidemment les écoles platoniciennes qui florissaient alors à Alexandrie ont rayonné jusqu'à Dendérah, et toute la décoration du temple est composée pour résumer synthétiquement, sous le voile de divinités locales et de leurs attributs, les trois parties fondamentales de la philosophie : le Beau, le Vrai et le Bien, tous trois identiques (2).

A. MARIETTE.

(Itinéraire de la haute Égypte, 3e édition, pages 107 à 121, Paris, Maisonneuve, 1880.)

(1) Un troisième attribut d'Hathor, non moins caractéristique que les deux précédents est celui qui lui est donné dans le temple des terrasses. Là, Hathor n'est plus l'Hathor de l'étage inférieur; elle se transforme en Isis; elle devient la déesse qui s'attache à Osiris, le suit de chambre en chambre et assiste à la résurrection du dieu. Or, Osiris est le principe du bien. La mort vaincue au profit de la vie, le mal supprimé au profit du bien, le mensonge écarté par la vérité : telles sont les idées d'harmonie générale que nous voyons ici triompher.

(2) Si l'architecture funéraire et l'architecture religieuse de l'ancienne Égypte sont représentés par des monuments nombreux et remarquablement conservés, il n'en est pas de même de l'architecture civile et militaire, dont nous n'avons que des débris, d'ailleurs extrêmement intéressants. Ainsi une partie notable de la Thèbes antique subsiste à l'est et au sud de Karnak. L'emplacement de Memphis est semé de buttes qui atteignent 15 et 20 mètres de hauteur, etc. Quant aux forteresses, le village d'Abydos en a deux, dont une est contemporaine de la VIe dynastie. Les petites gens vivaient dans des huttes; les gens aisés étaient logés plus au large ; enfin les hôtels des riches et des seigneurs couvraient une sur-

§ IV. — LA SCULPTURE.

1. — *Les œuvres de la sculpture égyptienne.*

La statue la plus ancienne qu'on ait trouvée jusqu'à ce jour est un colosse, le Sphinx de Gizeh (1). Il existait déjà du temps de Khéops, et peut-être ne se trompera-t-on pas beaucoup si l'on se hasarde à reconnaître en lui l'œuvre des générations antérieures à Minî, celles

face considérable; mais la brique en faisait presque tous les frais. (V. Maspero, *Archéologie égyptienne*, ch. 1er : L'architecture civile et militaire.) Un monument d'architecture civile célèbre dans toute l'antiquité, et dont les voyageurs grecs ont parlé dans les termes de l'admiration la plus vive, c'était le *Labyrinthe*. Lepsius a cru en retrouver les restes dans les ruines situées à 7 kilomètres vers l'est-sud-est de Médinet-el-Fayoum; mais Mariette ne partageait point cette opinion. Quoi qu'il en soit, il est impossible jusqu'ici, d'après les documents que nous possédons, de tenter la restitution du vaste édifice qui comptait parmi les sept merveilles du monde.

(1) Le Sphinx a 19m,80 de hauteur. Son dos s'élève de 12m,10 au-dessus du sol. Sa longueur, de l'extrémité des pattes de devant à la naissance des pattes de derrière, est de 56 mètres ; de l'extrémité des pattes de derrière à la naissance de la queue, de 7m 50, ce qui lui donne une longueur totale de 63m 50. Son oreille a 1m,97, plus de la hauteur d'un homme; le développement de son œil est de 1m,40, celui de la bouche 2m,32, etc. Il est singulier que le Sphinx de Gizeh n'ait pas excité d'avantage l'admiration des anciens. Ni Hérodote, ni Diodore, ni Strabon n'en ont fait mention. Pline est le seul qui en parle : « Au-devant des Pyramides, dit-il, est le Sphinx, plus admirable peut-être, sur lequel on garde le silence, et qui est la divinité locale des habitants. Ils pensent que c'est le tombeau du roi *Armaïs*, et prétendent qu'il a été amené; mais ce n'est que le roc travaillé sur place, et pour le culte on peint en rouge la face du monstre. » Les Arabes ont accordé au Sphinx plus d'attention. Du temps d'Abdul-Latyf (commencement du treizième siècle) la face était encore intacte. La destination du Sphinx n'est pas douteuse aujourd'hui. Dès la plus haute antiquité, il s'appelait Hor-em-Khou ; une inscription grecque découverte par Caviglia le nomme Ἁρμαχις, ce qui explique l'*Armaïs* de Pline. Le Sphinx est donc l'image de la divinité que nous connaissons sous cette appellation. Il est le dieu *Harmachis*.

que les chroniques sacerdotales appelaient les serviteurs d'Hor (1). Taillé en plein roc, au rebord extrême du plateau lybique, il semble hausser la tête pour être le premier à découvrir par-dessus la vallée le lever de son père le Soleil. Les sables l'ont tenu enterré jusqu'au menton pendant des siècles, sans le sauver de la ruine. Son corps effrité n'a plus du lion que la forme générale. Les pattes et la poitrine, réparées sous les Ptolémées et sous les Césars, ne retiennent qu'une partie du dallage dont elles avaient été revêtues à cette époque pour dissimuler les ravages du temps. Le bas de la coiffure est tombé, et le cou aminci semble trop faible pour soutenir le poids de la tête. Le nez et la barbe ont été brisés par des fanatiques, la teinte rouge qui avivait les traits est effacée presque partout (2). Et pourtant l'ensemble garde jusque dans sa détresse une expression souveraine de force et de grandeur. Les yeux regardent au loin devant eux, avec une intensité de pensée profonde, la bouche sourit encore, la face entière respire le calme et la puissance (3). L'art qui a conçu et taillé cette statue

(1) Ou d'Horus. Or, l'avénement de Minî (ou Ménès) doit être placé, d'après Mariette, vers le cinquantième siècle avant notre ère. Il est probable que Chéops fit restaurer le Sphinx, qui avait déjà besoin de réparations.

(2) C'est au quinzième siècle qu'un fou, un certain cheikh Mohammed imagina, « pour se rendre agréable à Dieu » d'infliger, au Sphinx, à coups de masse, les irréparables mutilations dont il portera pour toujours la trace. Sur l'histoire du Sphinx, et les réparations dont il a été l'objet, sur les aspects différents qu'il a présentés aux différentes époques, voir Mariette, *Questions relatives aux nouvelles fouilles*.

(3) Malgré son sourire, il fait grand'peur aux Arabes, qui l'appellent *Aboul Hôl*, « le père de la terreur ». Il faut distinguer avec soin le sphinx grec et le sphinx égyptien. Celui-ci, en effet, ne propose aucune énigme aux passants. A l'origine, il a pu n'être qu'un lion chargé de garder les portes des temples. Si au corps du lion on a ajouté une tête d'homme, qui est invariablement celle d'un roi ou d'un dieu, c'est parce que le roi, représenté ainsi sous le double attribut de la force physique unie à la

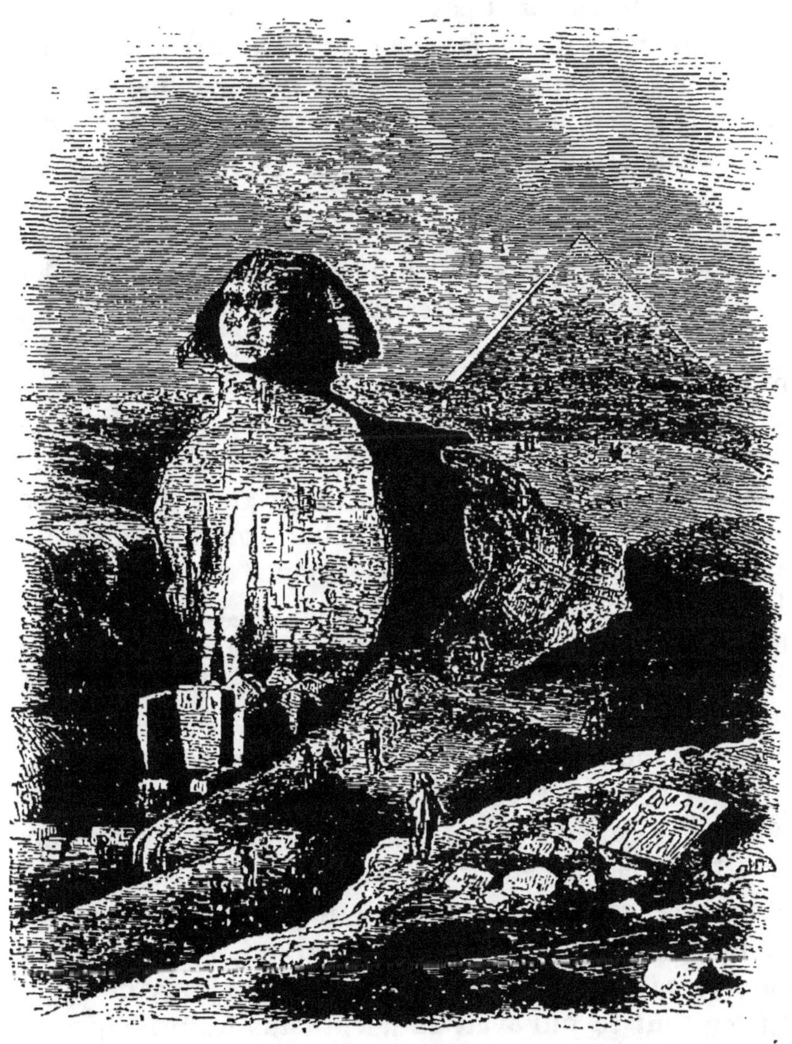

LE SPHINX DE GIZEH.

prodigieuse en pleine montagne était un art complet,
maître de lui-même, sûr de ses effets. Combien de

force intellectuelle, et assimilé à la divinité, garde lui-même le monument qu'il a fondé.

siècles ne lui avait-il pas fallu pour arriver à ce degré de maturité et de perfection ? C'est par erreur qu'on a cru voir dans quelques morceaux appartenant à nos musées, les statues de Sapi et de sa femme au Louvre, les bas-reliefs du tombeau de Khâbiousokari à Boulaq, la rudesse et les tâtonnements d'un peuple qui s'essaye (1). La raideur du geste et de la pose, la carrure exagérée des épaules, la bande de fard vert barbouillée sous les yeux, les caractères qu'ils offrent et qu'on donne comme des marques d'antiquité, apparaissent sur des monuments certains de la Ve et de la VIe dynastie. Les sculpteurs d'un même siècle n'étaient pas tous également habiles; si beaucoup étaient capables de bien faire, la plupart n'étaient que des manœuvres, et l'on doit bien se garder de prendre pour gaucherie archaïque ce qui est chez eux maladresse ou insuffisance d'apprentissage. Les œuvres des dynasties primitives (2) dorment encore ignorées sous vingt mètres de sable au pied du Sphinx ; celles des dynasties historiques sortent chaque jour du fond des tombeaux. Elles ne nous ont pas rendu l'art égyptien tout entier, mais une de ses écoles, la memphite. Le Delta, Hermopolis, Abydos, les environs de Thèbes, Assouàn, ne commencent à se révéler que vers la VIe dynastie; encore est-ce par un petit nombre d'hypogées violés et dépouillés depuis longtemps. Le dommage n'est peut-être pas très grand. Memphis était alors la capitale, et la présence des Pharaons devait y attirer tout ce qui avait du talent dans les principautés vassales. Rien qu'avec le produit des fouilles pratiquées

(1) M. de Rougé avait cru pouvoir affirmer que les statues de Sapi ou Sépa et de la « royale parente Nésa, » datent de la troisième ou de la quatrième dynastie, et nous nous sommes fait nous-même l'écho de cette opinion dans nos *Promenades au Musée du Louvre* (La sculpture).

(2) Les trois premières.

dans ses nécropoles, nous pouvons déterminer les caractères de la sculpture et de la peinture au temps de Snofrou (1) et de ses successeurs, aussi exactement que si nous avions déjà entre les mains tous les monuments que la vallée entière tient en réserve pour ceux qui l'exploreront après nous. Le menu peuple des artistes excellait au maniement de la brosse et du ciseau, et les tableaux qu'il a tracés par milliers témoignent d'une habileté peu commune. Le relief en est léger, la couleur sobre, la composition bien entendue. Les architectures, les arbres, la végétation, les accidents de terrain sont traités avec une abondance de détail, une vérité d'allures, et parfois une énergie de rendu, que les écoles postérieures ont rarement au même degré. Les six panneaux en bois du tombeau d'Hosi, au musée de Boulaq, sont peut-être ce que nous avons de mieux en ce genre. Mariette les attribuait à la IIIe dynastie, et peut-être a-t-il raison de le faire : je pencherai pourtant à en placer l'exécution sous la Ve. La donnée du tableau n'est rien : Hosi, debout, ou assis, et, au-dessus de sa tête, quatre ou cinq colonnes d'hiéroglyphes. Mais, quelle fermeté de trait, quelle entente du modelé, quelle souplesse d'exécution ! Jamais on n'a taillé le bois d'une main plus ferme et d'un ciseau plus délicat (2)... La plupart

(1) C'est au règne de Snofrou, le prédécesseur de Chéops, que Mariette attribue les deux belles statues du musée de Boulaq, trouvées dans une tombe voisine de la pyramide de Meidoum, et dont l'une représente le général *Ra-hotep*, l'autre, sa femme ou sa sœur appelée *Nefer-t*, la belle.

(2) Au surplus, tous ces tableaux, ces bas-reliefs offraient une variété de gestes et d'attitudes qui ne se remarque point à la même époque dans les statues, dont la destination funéraire explique la monotonie. Elles représentaient le mort pour qui le tombeau avait été creusé, ses parents, ses employés, ses esclaves, les gens de sa famille. « Le maître est toujours assis ou debout, et il ne pouvait guère avoir d'autre position, dit M. Maspero. Debout, il est censé recevoir l'hommage des vassaux ; assis, il prend sa part du repas de famille. Les gens de la maison ont comme

des musées sont pauvres en statues de l'école memphite. La France et l'Égypte en possèdent, parmi beaucoup de médiocres, une vingtaine qui suffisent à lui assurer un rang honorable dans l'histoire de l'art : le *Scribe accroupi,* Skhemka, Pahournofri, au Louvre; le *Sheikh-el-Beled* et sa femme, Khâfri, Rânofir, le *Scribe agenouillé,* à Boulaq (1)...

Khâfri est roi. Il est assis carrément sur le siège de sa dignité, les mains aux genoux, le buste ferme, le chef haut, le regard assuré. L'inscription qui nous apprend son nom aurait été détruite et les marques de son rang enlevées, que nous aurions deviné le Pharaon à sa mine : tout en lui trahit l'homme habitué dès l'enfance à se sentir investi de l'autorité souveraine. Rànofir appartient à une des grandes familles féodales de l'époque. Il est debout, les bras collés au corps, la jambe gauche portée en avant, dans la pose du prince qui regarde ses vassaux défiler devant lui. Le masque est hautain, la

lui l'attitude qui convient à leur rang et à leur métier. L'épouse est debout, assise sur le même siège ou sur un siège isolé, accroupie aux pieds de l'époux, comme pendant la vie. Le fils a le costume de l'enfance, si la statue a été commandée tandis qu'il était encore enfant, le geste et l'attribut de sa charge, s'il est à l'âge d'homme. La hiérarchie sociale suivait l'Égyptien dans la tombe et réglait la pose après, comme elle l'avait réglée avant la mort. » Ce n'est pas tout : l'idée religieuse exigeait que la statue, support du *double,* ressemblât assez au défunt pour que celui-ci pût s'adapter à elle aisément, s'appuyer sur elle en quelque sorte et se trouver dans les conditions nécessaires à cette existence toute spéciale que les Égyptiens lui attribuaient. Il en résulte que la tête est nécessairement un portrait fidèle Quant au corps, il doit montrer le personnage dans la force de l'âge, si c'est un homme; dans la plénitude de la jeunesse s'il s'agit d'une femme, — car il faut que le défunt se présente parmi les dieux sous l'aspect physique le plus favorable. Toutefois, s'il avait de son vivant quelque difformité par trop forte, l'artiste était tenu de la reproduire, et c'est ainsi que le nain Khnoumhotpou (du Musée de Gizeh) a été représenté trait pour trait.

(1) Nous avons noté plus haut (p. 46) une fois pour toutes, que le Musée de Boulaq est devenu le Musée de Gizeh.

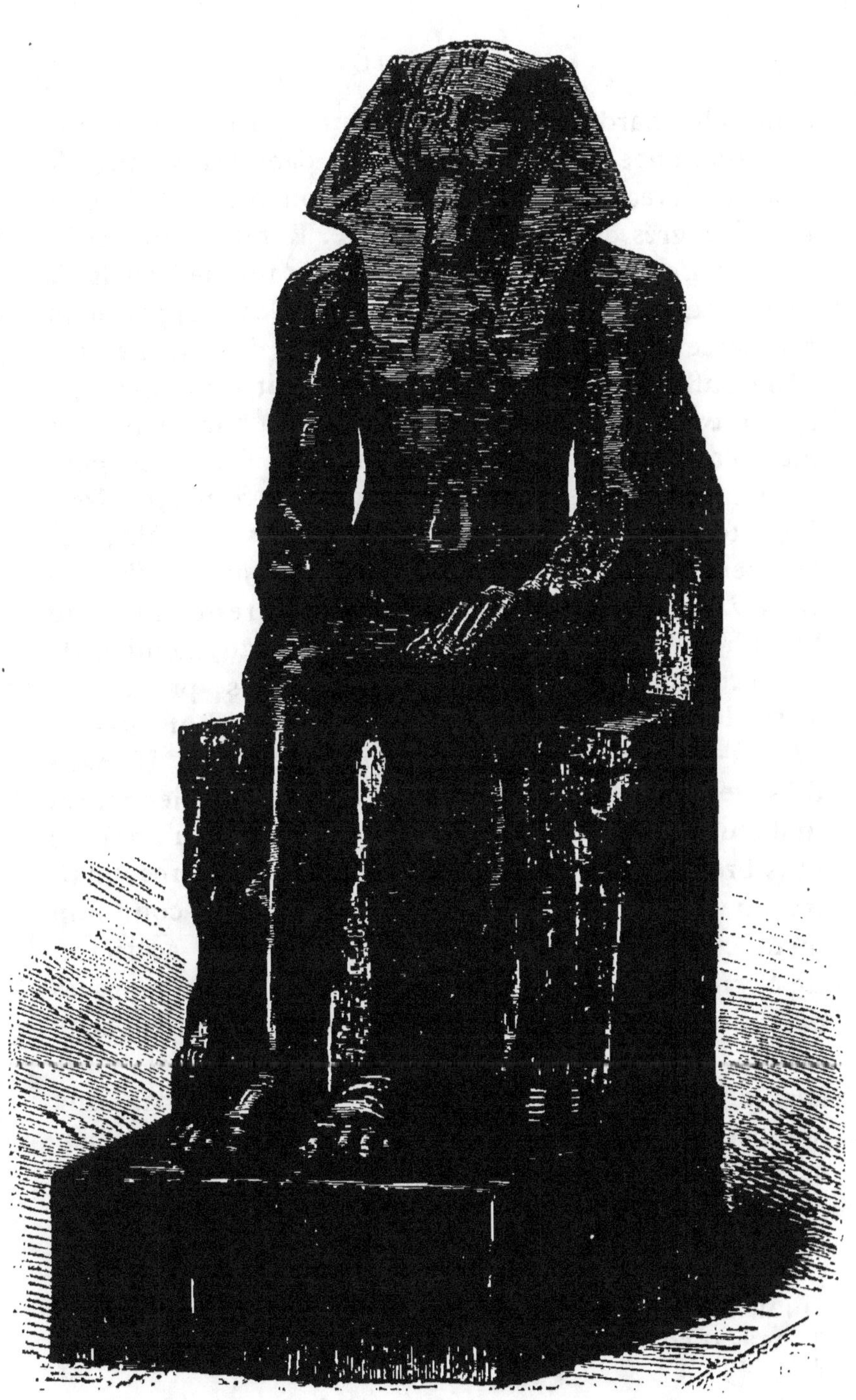

STATUE DE CHÉPHREN (KHAFRI).

démarche hardie; mais on n'y sent déjà plus le calme
et l'assurance surhumaine comme dans les statues de
Khàfri. Avec le *Sheikh-el-Beled,* on descend de plusieurs degrés dans l'échelle sociale. Râmké était *surin-
tendant des travaux,* probablement un des chefs de
corvée qui bâtirent les grandes pyramides et appartenait
à la classe moyenne. Il est tout empreint de contentement
et de suffisance bourgeoise. On le voit surveillant ses
manœuvres, debout et le bâton d'acacia à la main. Les
pieds étaient pourris, mais on lui en a fourni de nouveaux. Le corps est lourd et charnu, l'encolure épaisse.
La tête ne manque pas d'énergie dans sa vulgarité,
les yeux rapportés sont comme ceux du *Scribe accroupi.* Par un hasard singulier, il ressemblait au
Sheikh-el-Beled ou maire de Saqqarah au moment de
la découverte (1). Les fellahs, toujours prompts à
saisir le côté plaisant des choses, l'appelèrent aussitôt
Sheikh-el-beled, et le nom lui en est demeuré. L'image
de sa femme, qu'il avait enterrée à côté de la sienne, est
malheureusement très mutilée : ce n'est plus qu'un tronc
sans bras ni jambes. On ne laisse pas que d'y reconnaître un bon type des dames égyptiennes de condition
médiocre, aux traits communs, à l'humeur acariâtre.
Le *Scribe agenouillé* de Boulaq appartenait aux rangs les
moins élevés de la petite bourgeoisie telle qu'elle existe
aujourd'hui encore; s'il n'était pas mort depuis six mille
ans, je jurerais l'avoir dévisagé, il y a six mois, dans une
des petites villes du Saïd. Il vient d'apporter à l'examen
de son chef un rouleau de papyrus ou une tablette
chargée d'écritures. Agenouillé selon l'ordonnance, les
mains croisées, le dos arrondi, la tête infléchie légère-

(1) M. Georges Perrot (*Hist. de l'art,* t. Ier), cite ce fait comme une
preuve de la persistance du vieux type national chez les paysans ou *fellahs.*

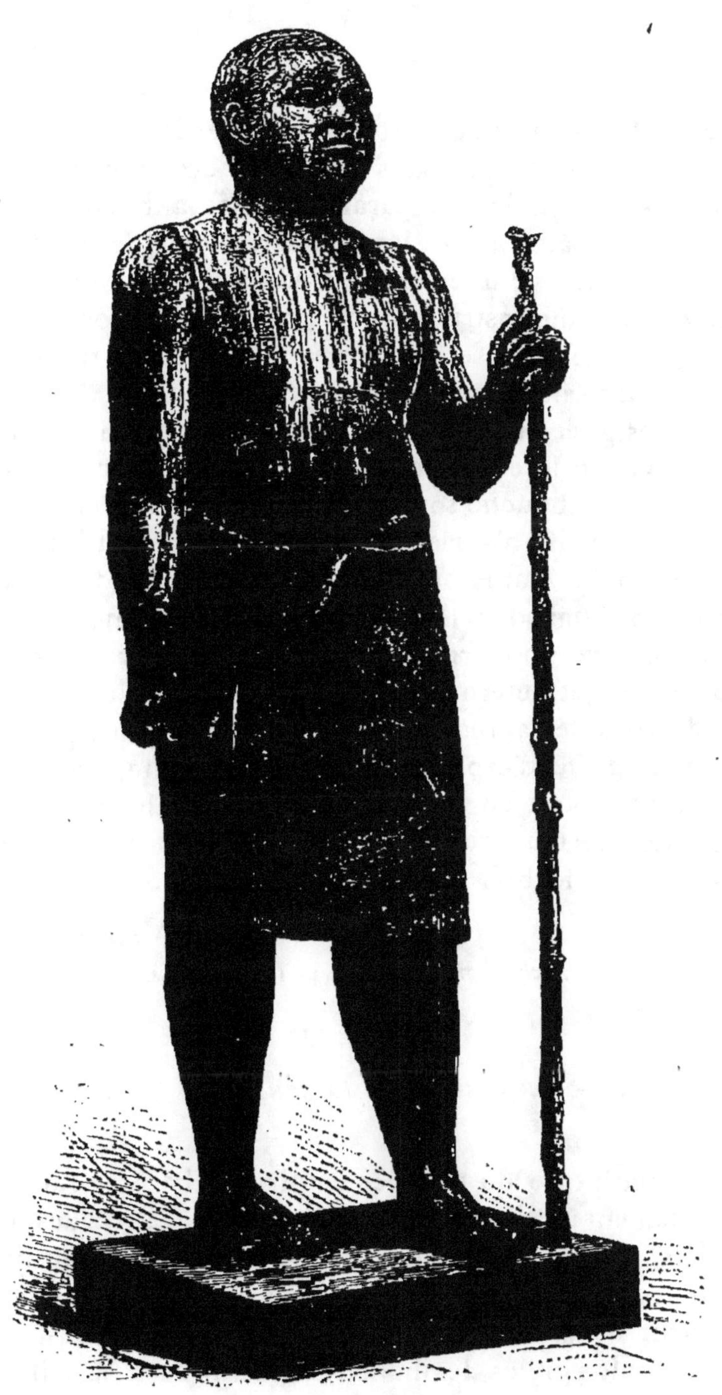

LE SHEIKH-EL-BELED.

ment, il attend qu'on ait fini de lire. Pense-t-il? Les scribes n'étaient pas sans éprouver des appréhensions secrètes lorsqu'ils comparaissaient devant leurs supérieurs. Le bâton jouait un grand rôle dans les relations administratives : une erreur d'addition, une faute d'orthographe, une instruction mal comprise, un ordre exécuté gauchement, et les coups allaient leur train. Le sculpteur a saisi on ne peut mieux l'expression d'incertitude résignée et de douceur moutonne, que l'habitude d'une vie entière passée au service avait donnée à son modèle. La bouche sourit, car ainsi le veut l'étiquette, mais le sourire n'a rien de joyeux. Le nez et les joues grimacent à l'unisson de la bouche. Les deux gros yeux en émail ont le regard fixe de l'homme qui attend sans vouloir arrêter sa vue et concentrer sa pensée sur un objet déterminé. La face manque d'intelligence et de vivacité; après tout, le métier n'exigeait pas une grande agilité d'esprit. Khâfri est en diorite, Râmké et sa femme sont en bois, les autres en calcaire; quelle que soit la matière employée, le jeu du ciseau a été partout aussi libre, aussi fin, aussi délicat.

G. MASPERO.

(L'Archéologie égyptienne, p. 199-214, passim.)

2. — *Les œuvres de la sculpture* (suite).

La sculpture du premier empire thébain se rattache directement à celle de l'empire memphite. Procédés matériels, dessin, composition, elle lui a tout emprunté, sauf les proportions qu'elle donne au corps humain; à partir de la XIe dynastie, les jambes sont plus longues et plus grêles, les hanches plus minces, la taille et

le cou plus élancés. La plupart des œuvres qu'elle nous
a léguées ne sont pas comparables à ce que les siècles
précédents avaient produit de meilleur. Le Sovkhod-
pou III du Louvre, le Mermashaou de Tanis, le Sovkoumsaouf de Boulaq, les colosses de l'île d'Argo sont
d'un art très habile, mais sans vigueur et sans originalité. Le contraste n'en n'est que plus grand lorsqu'on les
compare aux sphinx en granit noir, que Mariette découvrit à Tanis en 1861, et dont il attribua l'érection aux
Hyksos. Là, ce n'est plus l'énergie qui fait défaut. Quelle
que soit l'origine de l'école tanite, elle continua d'exister longtemps encore après l'expulsion des pasteurs,
car une de ses meilleures œuvres, un groupe qui représente les deux Nils, celui du nord et celui du sud, ap-
portant leurs tablettes chargées de fleurs et de poissons,
a été consacrée par Psousennès, de la XXᵉ dynastie.

Les trois premières dynasties du nouvel empire fournissent à elles seules plus de monuments que toutes
les autres réunies : bas-reliefs peints, tableaux, statues de
rois et de particuliers, colosses sphinx, c'est par centaines qu'on les compte de la quatrième cataracte aux
bouches du Nil. Les portraits officiels d'Amenhotpou Iᵉʳ à Turin, de Thoutmos Iᵉʳ et de Thoutmos III au
British Museum, à Karnak, à Turin, à Boulaq, sont encore conçues dans l'esprit de la XIIᵉ et de la XIIIᵉ dynastie et n'ont point d'originalité; mais les bas-reliefs des
tombeaux et des temples marquent un progrès sensible
sur ceux des siècles antérieurs. La saillie est plus ac-
centuée, le modèle mieux ressenti, les personnages sont
en plus grand nombre et mieux groupés, la perspective
recherchée avec plus de soin et de curiosité (les tombeaux du temple de Deir-el-Bahari, etc.) L'instinct du
pittoresque s'éveille. Le goût du colossal renaît (les
statues d'Amenhotpou III, dont l'une est le Memnon

des Grecs), ont 16 mètres. Le règne de Khouniaton accélère le mouvement artistique : on voit les sculpteurs s'abandonner sans crainte à leur fantaisie et à leur génie naturel. L'art égyptien sous Harmhabi, sous Séti Ier, sous Ramsès II, resta doux, libre et fin. Peut-être n'a-t-il produit rien de plus parfait que les bas-reliefs du temple d'Abydos ou du tombeau de Séti Ier; la tête du conquérant, toujours dessinée avec amour, est une merveille de grâce émue et discrète (1). Les beaux colosses en granit rose qu'Harmhabi avait adossés aux jambages de la porte intérieure de son premier pylone à Karnak, les bas-reliefs de son spéos (2) à Silsilis, son portrait et celui d'une des femmes de sa famille que possède le

(1) Cette figure de Séti, au temple d'Abydos, fait partie d'un ensemble que Charles Blanc a décrit ainsi : « Assis sur la base ronde des colonnes, nous regardions les plus parfaites, les plus nobles des sculptures qui aien t jamais été ciselées en bas-reliefs. Le pharaon Séti était présent dans son temple. Sa belle tête, héroïque et humaine, douce et fière, se détachait de la paroi et semblait nous regarder avec un commencement de sourire. Un rayon de soleil venait d'entrer dans le temple et, glissant sur des figures d'une saillie infiniment discrète, leur prêtait un relief saisissant et une animation qui les faisaient sortir de la muraille. Une procession de jeunes filles qui, dans le nu de leurs formes élégantes, étaient voilées de chasteté, s'avançait vers le héros avec toute la grâce que comporte le respect. Elles étaient si aimables et si pures qu'on n'osait les approcher. Leur beauté nous attirait, en même temps que leur dignité nous tenait à distance. La scène était vivante, et pourtant la pierre n'était qu'effleurée par le ciseau et frisée par la lumière; mais la délicatesse des sculptures était unie à une telle résolution de dessin, à une telle puissance de sentiment, que, dans ces jeunes filles, symbolisant les provinces de l'Égypte, on sentait vivre l'idée et palpiter le symbole. » (*Voyage dans la haute Égypte*, p. 265.) — La sculpture égyptienne, d'une exécution réaliste, individualiste, pour ainsi dire, sous l'ancien empire, est devenue idéaliste et conventionnelle. Mais les colosses thébains ou les fastueux bas-reliefs *historiographiques* des temples n'ont pas moins rempli les vœux de l'artiste de cette époque, glorificateur et narateur officiel; avant tout ils n'ont pas moins rendu l'idée de puissance et de majesté pharaonique dont il était obsédé que les statues des premières nécropoles n'ont satisfait le désir superstitieux ou religieux de leurs auteurs.

(2) *Spéos*, temple souterrain, creusé dans la grotte.

musée de Boulaq, sont pour ainsi dire sans tache et sans reproche. Il est fâcheux que les artistes égyptiens n'aient jamais signé leur nom, car celui qui a fait le portrait d'Harmhabi méritait d'être connu. C'est presque un lieu commun aujourd'hui de dire que la décadence de l'art égyptien commença sous Ramsès II. Rien n'est pourtant moins vrai. A Thèbes, à Memphis, à Abydos, à Tanis et dans les localités du Delta, où la cour résidait habituellement, les sculpteurs de Ramsès II ne le cèdent en rien à ceux de Séti Ier et d'Harmhabi (1). La décadence ne commença qu'après Mènephtah. On en suit les progrès sous les Ramessides, dans les tableaux des tombes royales, sur les reliefs du temple de Khons. La sculpture sur bois se maintint quelque temps encore; mais les querelles des nomes entre eux achevèrent de ruiner Thèbes, et l'école qui avait produit tant de chefs-d'œuvre s'éteignit misérablement.

La renaissance ne s'annonça que trois siècles plus tard, vers la fin de la dynastie éthiopienne. Psamitik Ier, consolidé sur le trône par ses victoires, s'occupa activement de relever les temples (2). La vallée du Nil devint, sous sa direction, comme un vaste atelier de sculpture et de peinture. Une nouvelle école se forma, caractérisée par une élégance un peu sèche, par l'entente du détail, par une habileté merveilleuse dans la façon d'assouplir la pierre. Les Memphites avaient préféré le calcaire, les Thébains le granit rose ou gris, les Saïtes

(1) Cette décadence de l'art que la plupart des égyptologues et des historiens de l'art s'accordaient à placer vers la fin du règne de Ramsès II, était expliquée par la passion de ce roi pour les monuments et par son impatience de les voir promptement terminés : il aurait employé, dans sa vieillesse, des praticiens très médiocres.

(2) Il ne reste plus rien des édifices auxquels avaient travaillé les architectes de ce temps; mais les statues ont mieux échappé à cette destruction.

s'attaquèrent de préférence au basalte, aux brèches, à la serpentine, et tirèrent un parti merveilleux de ces matières à grain fin et à pâte presque partout homogène (les quatre monuments du tombeau de Psamitik, au musée de Boulaq, etc.). Ce n'est plus le faire large et savant de la première école memphite, ni la manière grandiose et souvent rude de la grande école thébaine, les proportions du corps s'amincissent et s'allongent, les membres perdent en vigueur ce qu'ils gagnent en élégance. Les têtes sont d'ailleurs d'une perfection qui rachète bien des défauts. L'école saïte était partagée entre deux partis différents. L'un cherchait ses modèles dans le passé et s'efforçait de renouveler l'art amolli de son temps par un retour aux procédés des plus anciennes écoles memphites; elle y réussit et si bien, qu'on a confondu parfois ses œuvres avec les plus fines de la IV^c et de la Ve dynastie. L'autre, sans s'écarter trop ouvertement de la tradition, étudiait de préférence le vif et se rapprochait de la nature plus qu'on ne l'avait fait jusqu'alors. Peut-être l'aurait-il emporté, si la conquête macédonienne et le contact prolongé des Grecs n'avaient détourné l'art égyptien vers des voies nouvelles. Le mouvement fut lent d'abord à se produire. Les sculpteurs habillèrent les successeurs d'Alexandre à l'égyptienne et les transformèrent en Pharaons, comme ils avaient fait avant eux les Hyksos et les Perses. Les pièces qu'on peut attribuer au règne des premiers Ptolémées ne diffèrent presque pas de celles de la bonne époque saïte, et c'est à peine si on remarque çà et là des traces d'influence grecque. Bientôt pourtant, la vue des chefs-d'œuvre de la Grèce détermina les Égyptiens d'Alexandrie, de Memphis et des grandes villes du Delta à modifier leur manière de procéder. Une école mixte s'établit, qui combina certains éléments de l'art indigène avec d'autres éléments empruntés à l'art hellénique. L'Isis alexan-

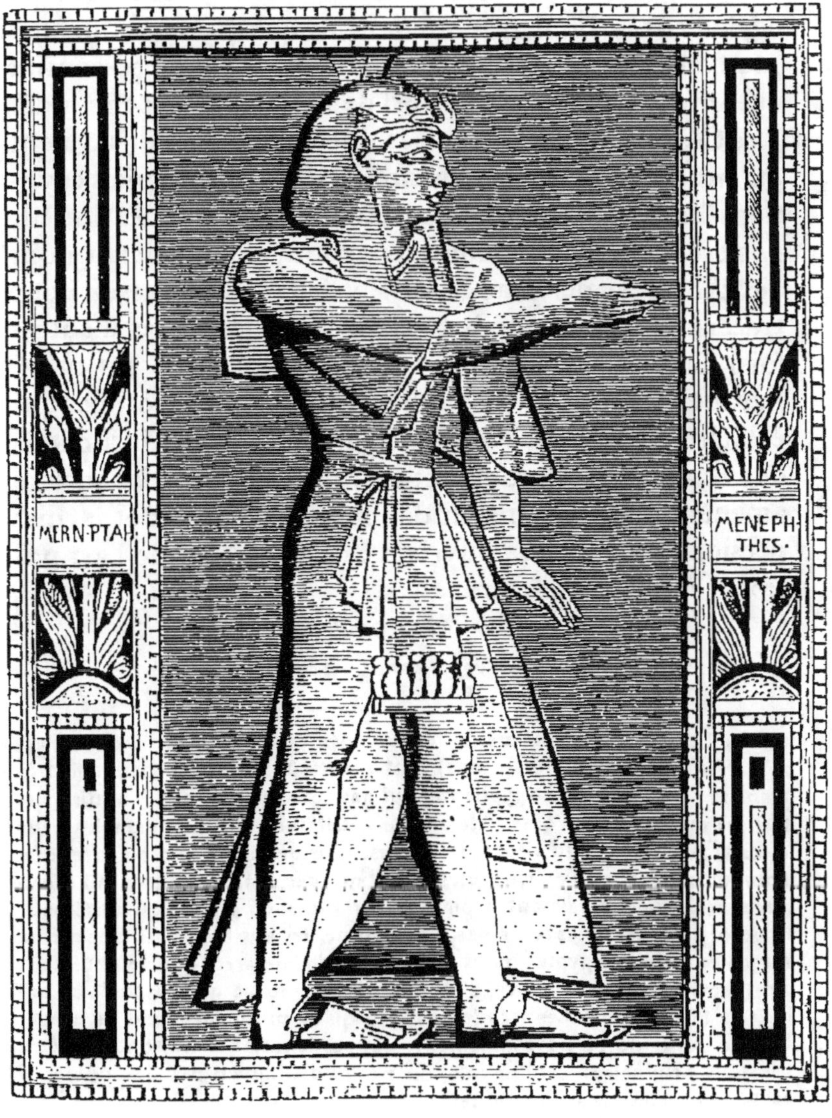

MÉNEPTAH.

drine du musée de Boulaq a encore le costume de l'Isis

pharaonique : elle n'en a plus la sveltesse et le maintien guindé. Une effigie mutilée d'un prince de Siout, qui est également à Boulaq, pourrait presque passer pour une mauvaise statue grecque. L'école égyptienne se soutint quelque temps encore à l'abri de la domination romaine. Les Césars, non moins avisés que les Ptolémées, savaient qu'en flattant les sentiments religieux de leurs sujets égyptiens ils assuraient leur domination sur la vallée du Nil. Les escouades de manœuvres qu'on employait au nom de Tibère et de Claude en savaient encore assez pour tracer des milliers de bas-reliefs selon les règles d'autrefois. Ce qu'ils faisaient est mou, disgracieux, ridicule : la routine seule guidait leur ciseaux (1). Les troubles qui éclatèrent au milieu du troisième siècle, les incursions des Barbares, les progrès et le triomphe du christianisme amenèrent la suspension des derniers travaux et la dispersion des derniers ouvriers : ce qui restait de l'art national mourut avec eux.

D'après G. Maspero.

(L'Archéologie égyptienne, p. 214-233, passim.)

---

(1) « Les figures saïtes, même les plus médiocres, écrit M. Georges Perrot (*Hist. de l'art*, t. Ier, p. 722), ont encore un caractère national très tranché : c'est une âme égyptienne qui habite ce corps; elle y a mis partout sa marque dans l'ensemble et dans le détail des formes, dans les traits et dans l'expression du visage. Il n'en est plus de même de ces figures que l'on pourrait appeler *égyptisantes* plutôt qu'égyptiennes, figures qui d'Auguste à Hadrien paraissent avoir été fabriquées en grande quantité pour la décoration des villas romaines. Le costume, les attributs, l'attitude même rappellent bien l'Égypte; mais c'est d'un modèle grec que le sculpteur s'est servi; pour mieux dire, c'est une statue grecque qu'il a posée et habillée à l'égyptienne. Les archéologues, jusqu'au commencement du siècle, ont été dupes de ce travestissement; ces pastiches, qui ne sont peut-être pas tous originaires de l'Égypte, on ne les distinguait pas des ouvrages égyptiens vraiment authentiques. »

3. — *Le Scribe accroupi.*

Il fut trouvé dans le tombeau de Skhemka, en 1851, par Mariette, pendant les fouilles qui précédèrent la découverte du Sérapéum. Il est aujourd'hui au Louvre, au milieu de la *Salle civile* du Musée égyptien.

Représente-t-il le grand seigneur dans le tombeau duquel il fut trouvé? D'autres statues, conservées au Louvre comme la sienne, portent le nom de Skhemka, et passent pour être le portrait fidèle de ce personnage. Si cette prétention est justifiée, comme le fini et la beauté semblent l'indiquer, le scribe accroupi du Louvre n'était qu'un des nombreux parents ou domestiques nommés dans l'inscription du tombeau. Les gens de l'ancien empire avaient l'habitude de mettre dans le *serdâb*, à côté de l'image du mort, les images d'autres individus appartenant à sa famille ou à sa maison. Ce sont des pleureurs ou des pleureuses accroupis, une main pendante ou posée sur le sol et crispée pour ramasser la poussière en signe de deuil, l'autre levée devant la figure est enfoncée dans les cheveux; des femmes qui écrasent du grain sur la pierre; des serviteurs qui plongent le bras dans une amphore, probablement pour l'enduire de poix avant d'y verser la bière ou le vin. Le nôtre est un scribe : les jambes repliées sous lui et posées à plat sur le sol dans une de ces positions familières aux Orientaux. mais presque impossibles à garder pour les Européens (1), le buste droit et bien d'aplomb sur les

---

(1) Ailleurs M. Maspero observe que les Orientaux ont, à se délasser, des postures qui seraient des plus fatigantes pour nous. « Ils passent, dit-il, des heures entières agenouillés ou assis comme les tailleurs, les jambes croisées et à plat contre le sol ; ou bien ils se mettent à cropetons, les genoux réunis et pliés, le gras du mollet appliqué au revers de la cuisse, sans

hanches, la tête levée, la main armée du calame et déjà en place sur la feuille de papyrus étalée sur ses genoux, il attend encore à six mille ans de distance que le maître veuille bien reprendre la dictée interrompue.

Ce qu'il se préparait à écrire, les peintures des tombeaux contemporains nous le montrent plutôt cent fois qu'une. Pour vivre dans l'autre monde, le grand seigneur égyptien recevait à jour fixe les offrandes que lui devaient les domestiques attachés à sa tombe : qui lui apportait le pain, qui la viande, d'autres le vin, les gâteaux, le fruit. C'était toute une comptabilité qu'il devait tenir, comme il avait eu l'habitude de le faire pendant sa vie. Les scribes de chair enregistraient la réalité des revenus au fur et à mesure qu'ils arrivaient; le scribe de pierre rendait le même service au maître de pierre à qui il tenait compagnie pour jamais.

On ne saurait dire que le nôtre fût beau de son vivant, mais son portrait est d'une vérité et d'une vigueur qui compensent largement ce qui peut manquer à l'œuvre en beauté idéale. La figure est presque carrée, les traits fortement accentués indiquent l'homme dans la force de l'âge; la bouche, large et garnie de lèvres minces, se relève un peu vers les coins et disparaît presque dans la saillie des muscles qui l'encadrent, les joues sont plutôt osseuses et dures les oreilles détachées de la tête sont épaisses et lourdes, le front bas est couronné d'une

---

toucher le sol autrement que la plante des pieds ; ou bien, ils s'assoient à terre, les jambes accolées, les bras croisés sur les genoux » De ces quatre poses, les sculpteurs memphites avaient écarté de la statuaire, comme disgracieuses, les deux dernières, et s'étaient attaché de préférence, ainsi que le prouvent le scribe accroupi du Louvre et le scribe agenouillé de Gizeh, à tirer parti des deux autres. Les artistes de l'époque saïte n'eurent pas les mêmes scrupules que leurs prédécesseurs : par exemple, la statue de Pedishashi (Gizeh) est dans une posture qui la fait ressembler, dit M. Maspero, à un paquet cubique surmonté d'une tête humaine. »

chevelure drue et coupée ras (1). L'œil grand et bien ouvert doit une vivacité toute particulière à un artifice du
sculpteur antique. L'orbite de pierre qui l'enchâsse en
a été évidé et le creux rempli par un assemblage d'é-
mail blanc et noir; une monture en bronze accuse le

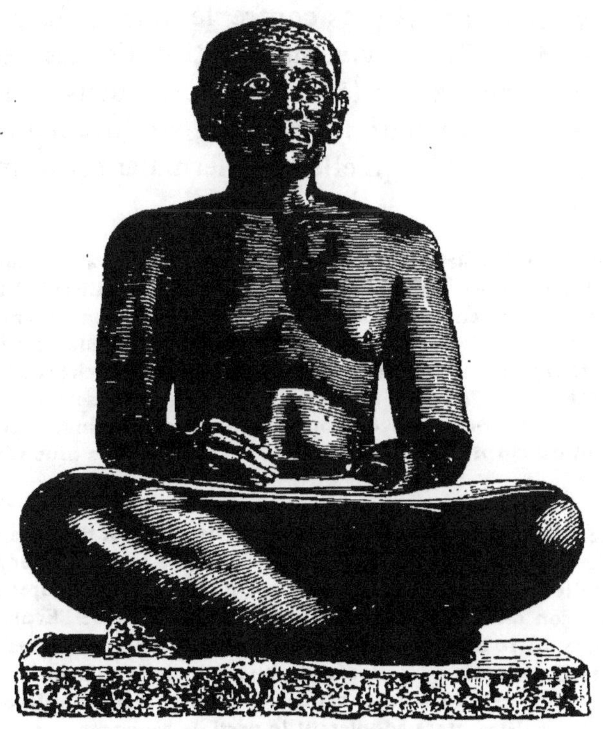

rebord des paupières, tandis qu'un petit clou d'argent
placé au fond de la prunelle, y reçoit la lumière et, la

(1) On remarquera que la physionomie du Scribe accroupi, sèche et maigre, avec des yeux qui pétillent d'intelligence, est très différente de celle
du Scribe agenouillé, si humble et si niaise (v. p. haut, page 126), très différente aussi de la bonhomie souriante de ce personnage bien nourri que
nous connaissons sous le titre de *Cheik-el-beled*. En somme, il est aisé

renvoyant, simule la pupille d'un œil véritable (1). On
a peine à s'imaginer l'effet saisissant que cette combinaison peut produire dans certaines circonstances. Lorsque M. Mariette ouvrit le tombeau de Râhotpou (2),
à Meydum, le premier rayon de jour qui entra dans la
tombe, fermée depuis six mille ans, tomba sur le front
de deux statues appuyées contre le mur de la première
salle, et fit jaillir si vivement l'étincelle des yeux que
les fellahs épouvantés lâchèrent leurs outils et s'enfui-
rent : revenus de leur frayeur, ils voulurent briser les
statues, persuadés qu'elles renfermaient un mauvais

d'observer que les statues de l'ancien empire sont vivantes comme des
portraits; mais est-ce à dire que le sculpteur était réaliste? Nullement.
Son réalisme apparent était commandé par le but profondément religieux
qu'il poursuivait : il exprimait l'individu, non pour le plaisir de faire admirer cette expression, qui devait rester éternellement cachée au fond d'une
tombe, mais pour garantir l'homme contre l'anéantissement posthume.
Sa mission n'était-elle pas de fournir un fac-simile indestructible, un
équivalent du corps, le plus solide et en même temps le plus ressemblant
qu'il pût?

(1) Cet artifice, grâce auquel la figure prend une réalité si saisissante,
offre encore un autre intérêt : il peut servir de point de départ à toute
une série d'observations sur les procédés différents employés par les sculpteurs à telle ou telle époque de l'histoire de l'art. pour figurer les yeux.
Dans la leçon d'ouverture de son cours d'archéologie de l'École du Louvre (séance du 10 décembre 1890), M. E. Pottier a présenté à ses auditeurs
une suite d'exemples d'où il résulte que jamais depuis lors, en aucun
temps, on n'a rien pu faire à cet égard d'aussi vivant que le *Scribe*. On
sait que les artistes grecs adoptèrent le parti de renoncer à rendre la chaleur et l'éclat de l'œil : les sculpteurs égyptiens eux-mêmes, dès le temps
de Chéphren (voy. sa statue) ne cherchaient plus à dessiner la prunelle
et à faire briller la pupille par l'insertion de matières colorées. Les Romains inventèrent le système qui consiste à inciser le globe de l'œil pour
marquer la forme de l'iris et de la pupille; mais c'est là un procédé contraire à la nature. Il a retrouvé pourtant de nos jours quelque faveur, et
ceux de nos artistes qui n'en font pas usage sont réduits à laisser plates et
vides les prunelles de leurs personnages : on dirait un peuple d'aveugles.
En somme, c'est ici la technique la plus vieille qui est sans contredit la
plus habile, la plus heureuse, et la plus féconde en enseignements.

(2) Ou Râ-hotep. (Cette statue est au Musée de Gizeh.)

génie, et l'on dut mettre le revolver au poing pour les
en empêcher. Plus d'une statue de l'ancien empire, de-
meurée intacte jusqu'au moment de la découverte, a été
mutilée pour le même motif qui faillit devenir funeste
au monument de Meydoum. Dans la lumière fausse qui
enveloppe au musée du Louvre le Scribe accroupi (1), la
prunelle ne brille point d'un éclat aussi fort; elle donne
cependant à la physionomie un aspect de vie des mieux
caractérisés. La force semble être animée réellement et
suivre le visiteur du regard.

Le reste du corps n'est pas moins expressif. Les chairs
sont un peu molles et pendantes, comme il convient à
un homme d'un certain âge, à qui ses occupations ne
permettent point des exercices violents. Les bras et le
dos sont d'un bon détail; les mains osseuses et sèches ont
des doigts de longueur plus qu'ordinaire, le rendu du
genou est d'une minutie et d'une exactitude qu'on trouve
rarement ailleurs que dans l'art égyptien (2). Tout le
corps est entraîné pour ainsi dire, par le mouvement de
la figure et sous l'influence du même sentiment d'attente
qui domine dans la physionomie : les muscles du bras,
du buste et de l'épaule sont dans un demi-repos seulement,
prêt à reprendre au premier signal le travail commencé.
Aucune œuvre ne dément mieux le reproche de raideur
qu'on adresse d'ordinaire à l'art égyptien. Ajoutons qu'elle

(1) M. Maspero a toujours déploré vivement la place qui a été assignée,
d ans le musée, au *Scribe accroupi* : « La lumière des deux fenêtres, dit-il,
s e croise sur lui et l'enveloppe de manière à rendre presque invisible le
mo delé des épaules et de la poitrine. » Il avait aussi exprimé avec force le
regret de voir ce chef-d'œuvre « sans abri et comme nu entre deux larges
portes toujours ouvertes, » qui, en entretenant autour de lui des courants
d'air perpétuels, l'exposaient à de graves dégradations. Mais le *Scribe*, depuis plusieurs années déjà, est enveloppé d'une cage de verre bien close,
et les ravages de l'humidité ne sont plus à redouter pour lui.

(2) En revanche, les pieds, cachés sous les jambes repliées, sont d'un dessin négligé.

est unique en Europe, et qu'il faut aller jusqu'à Boulaq
pour trouver quelque morceaux de sculpture assez beaux
pour soutenir la comparaison sans désavantage.

O. RAYET ET G. MASPERO.

(*Monuments de l'art antique*, tome 1. *Le Scribe accroupi*, notice. Paris.
Quantin, 1880.)

§ V. — CARACTÈRES ET PROCÉDÉS DE L'ART.

1. — *Le dessin et la composition.*

Les conventions de leur dessin diffèrent sensiblement
de celles du nôtre. Homme ou bête, le sujet n'était jamais qu'une silhouette à découper sur le fond environnant. On cherchait donc à démêler, parmi les formes,
celles-là seules qui offrent un profil accentué, et que le
simple trait pouvait saisir et amener sur une surface
plane. Pour les animaux, le problème n'offrait rien de
compliqué : l'échine et le ventre, la tête et le cou, al-
longés parallèlement au sol, se profilent d'une seule venue,
les pattes sont bien détachées du corps. Aussi les animaux sont-ils pris sur le vif, avec l'allure, le geste, la
flexion des membres, particulière à chaque espèce. La
marche lente et mesurée du bœuf, le pas court, l'oreille
méditative, la bouche ironique de l'âne, le trot menu et
saccadé des chèvres, le coup de rein du lévrier en chasse,
sont rendus avec un bonheur constant de ligne et d'expression. Et si des animaux domestiques on passe aux
sauvages, la perfection n'est pas moindre. Jamais on
n'a mieux exprimé qu'en Égypte la force calme du lion
au repos, la démarche sournoise et endormie du léo-
pard, la grimace des singes, la grâce un peu grêle de la
gazelle et de l'antilope. Il n'était pas aussi facile de

projeter l'homme entier sur un même plan, sans s'é-
carter de la nature. L'homme ne se laisse pas reproduire
aisément par la ligne seule, et la silhouette supprime
une part trop grande de sa personne. La chute du front
et du nez, la coupe des lèvres, le galbe de l'oreille,
disparaissent quand la tête est dessinée de face. Il faut,
au contraire, que le buste soit posé de face pour que
la ligne des épaules se développe en son entier, et pour
que les deux bras soient visibles à droite et à gauche
du corps. Les contours du ventre se modèlent mieux
lorsqu'on les aperçoit de trois quarts, et ceux des jambes
lorsqu'on les prend de côté. Les Égyptiens ne se firent
point scrupule de combiner, dans la même figure, les
perspectives contradictoires que produisent l'aspect de
face et l'aspect de profil (1). La tête, presque toujours
munie d'un œil de face, est presque toujours plantée de
profil sur un buste de face, le buste surmonte un tronc
de trois quarts, et le tronc s'étaye sur des jambes de
profil. Leurs hommes et leurs femmes sont donc de
véritables monstres pour l'anatomiste, et cependant ils
ne sont ni aussi laids ni aussi risibles qu'on est porté
à le croire, en étudiant les copies malencontreuses que
nos artistes en ont fait souvent. Les membres défectueux
sont alliés aux corrects avec tant d'adresse, qu'ils paraissent être soudés comme naturellement. Les lignes
exactes et les fictives se suivent et se complètent si in-

(1) « On ne persuadera pas à un connaisseur, écrit M. G. Tarde (*L'Art
et la Logique*, *Revue philosophique*, fév. 1791) que des artistes assez fins
pour dessiner les délicates silhouettes que l'on sait, pour reproduire avec
une incomparable perfection, quand ils l'ont voulu, les moindres nuances
des traits, ont pu rester des milliers d'années sans s'apercevoir que leurs
poitrines sont toujours représentées de face, alors qu'elles devraient être,
suivant nous, de profil comme les têtes et le reste du corps. S'ils ont com-
mis cette prétendue faute, c'est en connaissance de cause, et parce qu'ils
jugeaient la vue de face plus propre à caractériser la poitrine, de même
que la vue de profil plus propre à donner du visage une idée précise. »

génieusement qu'elles semblent se déduire nécessairement les unes des autres. La convention une fois reconnue et admise, on ne saurait trop admirer l'habileté
technique dont témoignent beaucoup de monuments. Le
trait est net, ferme, lancé résolument et longuement
mené. Dix ou douze coups de pinceau suffisent à établir
une figure de grandeur naturelle. Un seul trait enveloppait la tête de la nuque à la naissance du cou, un seul
marquait le ressaut des épaules et la tombée des bras.
Deux traits ondulés à propos cernaient le contour extérieur, du creux de l'aisselle à la pointe des pieds, deux
arrêtaient les jambes, deux les bras. Les détails du costume et de la parure, d'abord indiqués sommairement,
étaient repris un à un et achevés minutieusement : on
peut compter presque les tresses de la chevelure, les
plis du vêtement, les émaux de la ceinture ou des bracelets. Ce mélange de science naïve et de gaucherie
voulue, d'exécution rapide et de retouche patiente,
n'exclut ni l'élégance des formes, ni la grâce et la vérité
des attitudes, ni la justesse des mouvements. Les personnages sont étrangers, mais ils vivent, et, pour qui
veut se donner la peine de les regarder sans préjugé,
leur étrangeté même leur prête un charme que n'ont
pas des œuvres plus récentes et plus conformes à la
vérité (1).

Les Égyptiens ont donc su dessiner. Ont-ils, comme
on le dit souvent, ignoré l'art de composer un ensemble? La même maladresse, ou le même parti pris, qui
obligeait l'Égyptien à emmancher une tête de profil sur

______

(1) On ne saurait se faire une idée plus juste de la hardiesse et de la liberté des esquisses égyptiennes qu'en considérant ces ébauches des hypogées de Biban el-Molouk, où, par suite de l'inachèvement des travaux,
la couleur n'est jamais venue recouvrir et cacher les lignes. (V. plus haut
page 89.)

un buste de face, l'a empêché de disposer ses plans en fuite l'un derrière l'autre ; et l'a réduit à inventer des procédés plus ou moins ingénieux pour remédier à l'ab-sence presque complète de perspective.

Et d'abord, la plupart des personnages qui concourent à une même action étaient rabattus sur un même plan, isolés autant que possible, pour éviter que la sil-houette de l'un recouvrît celle de l'autre ; sinon, on les superposait à plat, comme s'ils n'avaient eu que deux dimensions et point d'épaisseur. Un bouvier qui marche au milieu de ses bœufs repose directement sur la ligne de terre aussi bien que la bête qui lui cache le ventre et la cuisse. Le soldat le plus lointain d'une compagnie qui s'avance en bon ordre au son de la trompette a la tête et les pieds au même niveau que le soldat le plus voisin du spectateur. Lorsque des chars défilent devant Pharaon, on jugerait que leurs roues s'emboîtent exac-tement dans la même ornière, si la caisse du premier ne masquait en partie l'attelage du second. Dans ces exemples, les personnes et les choses sont, par accident ou par nature, placées assez près l'une de l'autre pour que le défaut ne paraisse pas trop choquant, et l'artiste égyptien a usé du même procédé qu'ont employé plus tard les sculpteurs grecs. Ailleurs, il a cherché à s'ap-procher davantage de la vérité. Les archers de Ram sès III à Médinet-Habou font un effort presque heureux pour se tenir en perspective : la file des casques s'abaisse et celle des arcs se relève régulièrement, mais tous les pieds s'appuient sur une seule raie du sol, et la ligne qu'ils tracent ne suit pas, comme elle devrait, le mou-vement des autres lignes. Ce mode de représentation n'est pas rare à l'époque thébaine. On l'adoptait de pré-férence lorsqu'on voulait figurer des troupes d'hommes ou d'animaux placées sur un rang et entraînées au même acte d'une même impulsion ; mais il avait l'inconvénient, grave aux yeux des Égyptiens, de supprimer presque entièrement le corps des personnages, le premier excepté, et de n'en laisser subsister qu'un contour insuffisant. Lors donc qu'on ne pouvait ramener toutes les figures sur le devant du tableau, sans risquer d'en cacher une partie, on décomposait l'ensemble en plusieurs groupes, dont chacun représentait un épisode, et qu'on distribuait l'un au-dessus de l'autre dans le même plan vertical. La hauteur de chacun d'eux ne dépend en rien de la place qu'ils occupaient dans la perspective normale, mais du nombre d'étages superposés dont l'artiste pensait avoir besoin pour rendre complètement sa pensée. Elle équivaut d'ordinaire à la moitié du registre principal, s'il se contentait de deux étages, au tiers s'il en voulait trois, et ainsi de suite. Cependant, lorsqu'il s'agit de simples accessoires, le registre qui les contient peut être plus bas que les autres ; ainsi, au festin funèbre d'Harmhabi, les amphores sont entassées dans un moindre espace que celui où siègent les convives. Les scènes secondaires étaient séparées le plus souvent par une barre horizontale, mais le trait de division n'était pas indispensable, et, surtout quand on avait à figurer des masses profondes d'individus rangés régulièrement, les plans verticaux s'imbriquaient, pour ainsi dire, l'un sur l'autre, dans des proportions variables au caprice du dessinateur. A la bataille de Qodshou, les files de la phalange égyptienne se dominent successivement de toute la hauteur du buste, et celles des bataillons hittites se dépassent à peine de la tête. Et les déformations que subissent les groupes d'hommes et d'animaux ne sont point parmi les plus fortes qu'on se soit permises en Égypte : les maisons, les terrains, les arbres, les eaux, ont été défigurés comme à plaisir. Un rectangle posé de champ sur un des côtés longs et rayé de rubans ondulés, représente un canal; si vous en doutez, des poissons et des crocodiles sont là comme enseigne, pour bien montrer que vous devez voir de l'eau et non autre chose. Des bateaux sont en équilibre sur le bord supérieur, des troupeaux plongés jusqu'au ventre passent à gué, un pêcheur à la ligne marque l'endroit où le Nil cesse et où la berge commence. Ailleurs, le rectangle est comme suspendu à mi-tronc de cinq ou six palmiers; on comprend aussitôt que l'eau coule entre deux rangs d'arbres. Ailleurs encore, au tombeau de Rekhmiri, les arbres sont couchés proprement le long des quatre rives, et le profil d'une barque et d'un mort, hâlés par des profils d'esclaves, se promènent naïvement sur l'étang vu de face. Les hypogées thébains de l'époque des Ramessides fournissent aisément chacun plusieurs exemples d'artifices nouveaux et, quand on les a relevés, on finit par ne plus savoir ce qu'on doit admirer le plus, l'obstination des Égyptiens à ne pas trouver les lois naturelles de la perspective, ou la fécondité d'esprit dont ils ont fait preuve pour inventer tant de relations fausses entre les objets (1).

G. MASPERO.

(L'Archéologie égyptienne, ch. IV, pages 168 à 172 et 175 à 179. Paris.
maison Quantin, 1887.)

(1) Ces procédés de composition, si singuliers, sont moins choquants, quand ils s'appliquent à de vastes étendues : l'œil est plus indulgent alors, pour les défauts de perspective, et d'ailleurs, M. Maspero l'observe, les motifs qu'on donnait à traiter dans d'aussi grands cadres n'offrent jamais une unité rigoureuse. Tantôt les scènes sont répandues irrégulièrement sur la muraille sans séparation matérielle, tantôt, comme à l'intérieur des temples et dans les tombeaux, les parties diverses d'un même tableau sont distribuées en registres, qui montent et s'étagent du soubassement à la corniche. Cette façon de détailler, par exemple un combat en autant de tableaux distincts et enchaînés qu'il y avait eu non seulement de phases consécutives, mais encore de parties d'actions particulles, simul-

2. — *Les procédés de la sculpture et de la peinture.*

Les Égyptiens traitaient le bas-relief de trois façons principales (1) : ou bien c'était une simple gravure à la pointe, ou bien ils abattaient le fond autour de la figure et la modelaient en saillie sur la muraille, ou bien ils réservaient le champ et levaient le motif en relief dans le creux. Le premier procédé a l'avantage d'aller vite et l'inconvénient d'être peu décoratif. Ramsès III s'en est servi dans quelques endroits, à Médinet-Habou (2); mais on l'appliquait de préférence aux stèles et aux petits monuments. Le dernier diminuait les chances de destruction de l'œuvre et de peine de l'ouvrier : il supprimait en effet le dressage des fonds, ce qui était une réelle économie de temps, et ne laissait subsister aucune saillie à la face du parement, ce qui mettait l'image à l'abri des chocs accidentels (3).. Le procédé intermé-

tanées, montre bien que la peinture ou la ciselure des Égyptiens était une véritable écriture. Chaque tableau narratif jouait le rôle d'une phrase dont l'ensemble était destiné à susciter dans l'imagination du spectateur le spectacle total intellectuel et non visuel. A l'inverse, un artiste français ayant à reproduire une grande bataille, s'évertue à présenter simultanément, sous un même regard, toutes les parties d'une action générale et même dans une certaine mesure, les péripéties successives qui l'ont composée.

(1) Avant tout, les surfaces à couvrir étaient préparées ainsi qu'il suit. Si la décoration devait être peinte, on dégrossissait la paroi, puis l'on appliquait sur la surface encore rugueuse un crépi d'argile noire et de paille hachée menu. Quand il s'agissait d'une décoration sculptée, on s'efforçait d'éviter les inégalités [de la pierre et l'on répandait] partout une couche mince de plâtre fin, gâché avec du blanc d'œuf qui formait un champ lisse et poli, sur lequel le pinceau du dessinateur pouvait glisser librement.

(2) Pour ces vastes pages de scènes narratives qui couvrent les murailles.

(3) C'est ainsi qu'on a traité d'ordinaire les figures qui décorent les cuves de sarcophage en granit ou en basalte. Nous avons même au Louvre, une stèle en calcaire, d'une rare finesse de travail, qui représente Amasis en

diaire était le plus usité, et on paraît l'avoir enseigné dans les écoles de préférence aux autres (1). Les modèles étaient de petites dalles carrées ou rectangulaires, quadrillées pour permettre à l'élève d'augmenter ou de réduire son sujet sans rien changer aux proportions traditionnelles. Quelques-unes sont ouvrées sur les deux plats ; la plupart n'ont de sculpture que d'un côté. C'est alors un bœuf, une tête de cynocéphale, un bélier, un lion, une divinité ; de temps en temps, le même motif y est répété deux fois, à peine dégrossi sur la gauche, fini à droite jusque dans ses moindres détails. Dans aucun cas, la figure n'est très élevée au-dessus du fond : elle ne dépasse jamais les cinq millimètres et se maintient ordinairement plus bas. Ce n'est pas que les Égyptiens n'aient su fouiller profondément la pierre à l'occasion. La décoration atteint jusqu'à seize centimètres de saillie, à Médinet-Habou et à Karnak, sur le granit et sur le grès, dans les parties hautes du temple et dans celles qui sont exposées directement au plein jour ; si elle était moindre, les tableaux seraient comme absorbés par la lumière répandue sur eux et offriraient une masse de lignes confuses au spectateur. Les modèles consacrés à l'étude de la ronde-bosse sont plus instructifs encore que les précédents. Plusieurs de ceux que nous possédons sont des moulages en plâtre d'œuvres connues dans l'école. La tête, les bras, les jambes, le tronc, chaque partie du corps était coulée séparément. Voulait-on une figure complète ? On assemblait les morceaux et on avait, selon

adoration devant un Apis ; la tête d'Amasis est martelée. Sur une autre belle dalle de calcaire, du même musée, est ciselée une tête de Ramsès II.

(1) C'est le procédé du bas-relief grec. Il convenait surtout pour le calcaire, substance tendre qui permet de dresser le fond sans aucune difficulté. Sur cette question des procédés de la sculpture égyptienne, consulter Soldi : *La Sculpture égyptienne*, et *les Arts méconnus*.

le cas, une statue d'homme ou de femme, agenouillée ou debout, assise sur un siège ou accroupie sur les talons, le bras tendu en avant ou en repos le long du buste. Cette collection curieuse a été découverte à Tunis et date probablement du temps des Ptolémées (1). Les modèles d'époque pharaonique sont en calcaire tendre et représentent presque tous le portrait du souverain régnant (2). Ce sont de vrais dés à base rectangulaire, hauts de vingt-cinq centimètres en moyenne. On commençait par établir sur une des faces un réseau de lignes croisées à angle droit, et qui réglaient la position relative des traits du visage; puis on attaquait la face opposée, en se guidant d'après l'échelle inscrite au revers. L'ovale seul est dessiné nettement sur le premier bloc : un saillant au milieu, deux rentrants à droite et à gauche indiquent vaguement la position du nez et des yeux. La forme s'accuse à mesure qu'on passe d'un bloc à l'autre, et le visage sort à peu près de la masse où il était enfermé. L'artiste en limite les contours, au moyen de tailles menées parallèlement de haut en bas, puis

(1) Il y en a vingt-sept au musée de Gizeh. Mariette (*Notice du Musée*) et M. Perrot citent pour la franchise de leur exécution, les plaques qui représentent des têtes de cynocéphale, de lion, de lionne.

(2) On a trouvé à Sakkarah quinze têtes royales. « Il faut les voir rangées l'une près de l'autre. De la première, qui est une ébauche à peine dégrossie, on arrive par des transitions plus ou moins ménagées, à la dernière, qui nous offre une tête finie. L'un de ces modèles est même coupé par le milieu pour mieux accuser le profil. Quelques-uns d'entre eux sont quadrillés, pour établir des échelles de proportion; mais il ne faut pas demander à ces carreaux le secret du prétendu *canon*. » (*Hist. de l'art*, t. I). M. G. Perrot ne croit pas au *canon* égyptien. Il se refuse à admettre que les Égyptiens aient choisi dans le corps humain une certaine partie qui aurait été dans un rapport constant soit avec l'ensemble de la figure, soit avec ses divisions naturelles. Charles Blanc, Ebers, Prisse, Lepsius ont soutenu l'opinion contraire. D'après Charles Blanc (*Grammaire des arts du dessin*), le médius de la main étendue aurait été adopté en Égypte comme unité canonique.

abat les angles des tailles et les fond de manière à pré-

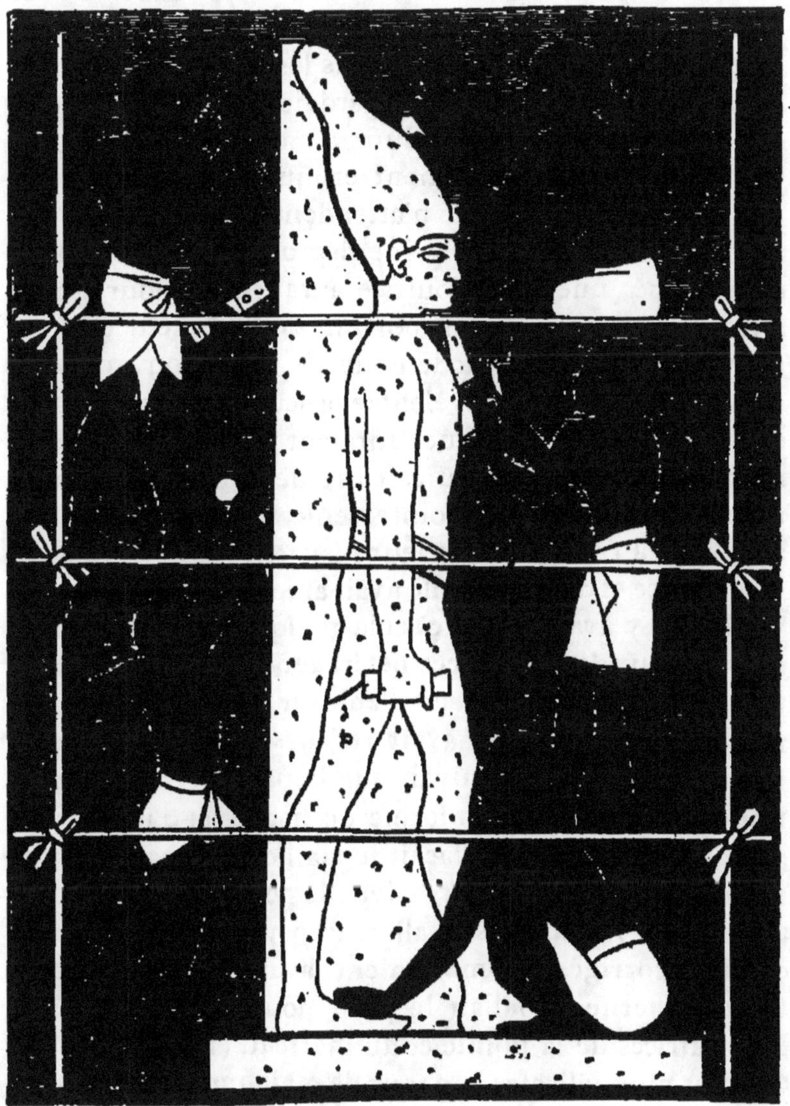

OUVRIERS ÉGYPTIENS SCULPTANT ET POLISSANT.

ciser le modèle : les linéaments se dégagent, l'œil se

creuse, le nez s'affine, la bouche s'épanouit. Au dernier
bloc, il ne reste plus rien d'inachevé que l'uræus et le
détail de la coiffure. Nous n'avons aucun morceau d'é-
cole en granit ou en basalte ; mais les Égyptiens, comme
nos marbriers de cimetière, gardaient toujours en magasin des statues de pierre dure, à moitié prêtes, et qu'ils
pouvaient terminer aisément en quelques heures. Les
mains, les pieds, le buste n'attendent plus que la touche
finale, mais la tête est à peine dégrossie et l'habit n'est
qu'ébauché ; une demi-journée aurait suffi pour transformer le masque en un portrait de l'acheteur et pour
mettre le jupon à la mode nouvelle. Deux ou trois statues de ce genre nous révèlent le procédé aussi clairement
que les modèles théoriques auraient pu le faire. La taille
régulière et continue du calcaire ne convenait pas aux
roches volcaniques, la pointe seule parvenait à les assouplir et à triompher de leur résistance. Lorsqu'à force
de patience et de temps, elle avait amené l'œuvre au point
voulu, s'il y avait encore çà et là quelques aspérités, quelques noyaux de substances hétérogènes, qu'on n'osait at-
taquer résolument de peur d'enlever avec elles les parties environnantes, on avait recours à un instrument
nouveau. L'artiste appuyait sur la parcelle superflue le
tranchant d'un galet en forme de hache, et d'un second
galet arrondi, qui remplaçait le maillet, frappait à coups
mesurés sur cet engin grossier : le point ainsi traité s'é-
crasait sous le choc et s'en allait en poussière. Les menus
défauts corrigés, le monument avait encore l'aspect
fruste et terne. Il fallait le polir pour faire disparaître
les cicatrices de la pointe et du marteau (1). L'opération
était des plus délicates : un tour de main malheureux, une

(1) Les peintures de Thèbes nous font assister à ce travail de polissage,
pour lequel l'ouvrier se servait d'un outil en forme de disque. L'abus du
polissage avait parfois pour conséquence, en émoussant toutes les arêtes,

distraction d'un moment, et l'œuvre de longues semaines
était gâtée sans retour. La dextérité des praticiens rendait
un accident assez rare. Examinez le Sovkoumsaouf de
Boulaq ; examinez le Ramsès II colossal de Louxor. Si
vous vous placez dans un jour favorable, le détail du
genou et de la poitrine, de l'épaule et du visage, n'est pas
moins finement exprimé sur le granit qu'il ne l'est sur
le calcaire. Le poli à outrance n'a pas plus gâté les statues égyptiennes qu'il n'a fait celles des sculpteurs italiens de la Renaissance.

Au sortir des mains du sculpteur, l'œuvre tombait
entre celles du peintre. Elle aurait été jugée imparfaite
si on lui avait laissé la teinte de la pierre dans laquelle elle
était taillée. Les statues étaient peintes des pieds à la tête.
Dans les bas-reliefs, le fond était nu, les figures étaient
enluminées. Les Égyptiens avaient à leur disposition
plus de couleurs qu'on n'est disposé à leur en prêter
d'ordinaire. Les plus anciennes de leurs palettes, — et
on en connaît qui sont de la cinquième dynastie, —
ont des compartiments séparés pour le jaune, le rouge,
le bleu, le brun, le blanc, le noir et le vert. D'autres, à
la dix-huitième dynastie, comptent trois variétés de
jaune, trois de brun, deux de rouge et de bleu, deux de
vert, en tout quatorze ou seize tons différents (1). On ob-
tenait le noir en calcinant les os d'animaux. Les autres
matières employées à la peinture existent naturellement
dans le pays. Le blanc est du plâtre mêlé d'albumine
ou de miel, les jaunes sont de l'ocre ou du sulfure d'ar-

en arrondissant toutes les surfaces, de priver la sculpture égyptienne des
accents justes et fins que seul le ciseau peut donner.

(1) Prisse, dans le texte de son *Histoire de l'art égyptien*, donne sur la
composition de ces couleurs, de nombreux détails. On peut consulter
aussi une *Dissertation sur l'emploi des couleurs, des vernis et des émaux
dans l'ancienne Égypte*, par le père de Prosper Mérimée, qui était secrétaire perpétuel de l'École royale des Beaux-Arts.

senic; l'orpiment de nos peintres, les rouges de l'ocre, du cinabre ou du vermillon, les bleus du lapis-lazuli ou du sulfate de cuivre broyés. Si la substance était rare ou coûteuse, on lui substituait les produits de l'industrie locale. On remplaçait le lapis-lazuli par du verre coloré en bleu au sulfate du cuivre et qu'on réduisait en poussière impalpable. La couleur, conservée dans des sachets, était délayée, au fur et à mesure des besoins, avec de l'eau additionnée légèrement de gomme adragante. On l'étalait au moyen d'un calame ou d'une brosse en crin plus ou moins grosse. Bien préparée, elle était d'une solidité remarquable et s'est à peine modifiée au cours des siècles. Les rouges ont foncé, le vert s'est terni, les bleus ont verdi ou grisé, mais ce n'est qu'à la surface; dès qu'on enlève la couche extérieure, les dessous apparaissent brillants et inaltérés. Jusqu'à l'époque thébaine, on ne prit aucune précaution pour défendre la peinture contre l'action de l'air et de la lumière. Vers la vingtième dynastie, l'usage se répandit de la couvrir d'un vernis transparent, soluble dans l'eau, probablement la gomme d'une sorte d'acacia. L'emploi n'en était point le même partout : certains peintres l'étendaient également sur le tableau entier, d'autres se contentaient d'en glacer les ornements et les accessoires, sans toucher aux nus ni aux vêtements. Il s'est craquelé sous l'influence du temps, ou a noirci au point de gâter ce qu'il aurait dû protéger. Les Égyptiens reconnurent sans doute les mauvais effets qu'il produisait, car on ne le rencontre plus à partir de la vingtième dynastie.

De grandes teintes plates, uniformes, juxtaposées, mais non fondues : on enluminait, on ne peignait pas au sens où nous prenons le mot. De même qu'en dessinant, on résumait les lignes et on supprimait presque le modelé interne, en mettant la couleur, on la simplifiait

et on ramenait à une seule teinte, non rompue, toutes
les variétés de tons qui existent naturellement sur un
objet ou qu'y produisent les jeux de l'ombre et de la
lumière. Elle n'est jamais ni entièrement vraie ni entièrement fausse. Elle se rapproche de la nature autant que
possible, mais sans prétendre à l'imiter fidèlement, l'atté-
nue tantôt, tantôt l'exagère et substitue un idéal, une
convention à la réalité visible. L'eau est toujours d'un
bleu uni ou rayé de zigzags noirs. Les reflets fauves et
bleuâtres du vautour sont rendus par du rouge vif et
du bleu franc. Tous les hommes ont le nu brun, toutes
les femmes l'ont jaune clair. On enseignait dans les ateliers la couleur qui convenait à chaque être ou à chaque
objet, et la recette une fois composée, se transmettait
sans changement de génération en génération. De temps
à autre quelques peintres plus hardis que le commun se
risquaient à rompre avec la tradition. Vous trouverez
des hommes au teint jaune comme celui des femmes,
à Sakkarah sous la Ve dynastie, à Ipsamboul sous
la XIXe, et des personnages aux chairs roses, dans les
tombeaux de Thèbes et d'Abydos, vers l'époque de
Thoutmos IV et d'Harmhabi. Ces nouveautés ne du-
raient guère, un siècle au plus, et l'école retombait dans
ses anciens errements. N'allez pas imaginer cependant
que l'ensemble produit par ce coloris factice soit criard
ou discordant. Même dans des ouvrages de petite dimension, manuscrits du *Livre des morts* (1), ornements des
cercueils ou des coffrets funéraires, il y a de l'agrément

(1) Le *Livre des morts*, dont un exemplaire, sorte de passe-port du défunt dans l'autre vie, était placé près de chaque momie à l'intérieur du
sarcophage, comportait des développements d'autant plus longs et une ornementation d'autant plus compliquée que la famille du mort était plus riche. Les vignettes, souvent très soignées, que renfermaient les exemplaires
de luxe, représentaient la navigation souterraine de l'âme, la pesée des
actions devant le tribunal d'Osiris, etc.

et de la douceur. Les tons les plus vifs y sont juxtaposés
avec une hardiesse extrême, mais avec la pleine connaissance des relations qui s'établissent entre eux et des
phénomènes qui résultent nécessairement de ces relations. Ils ne se heurtent, ne s'exaspèrent, ni ne s'étei-
gnent : ils se font valoir naturellement et donnent naissance, par le rapprochement, à des demi-tons qui les
accordent. Passez du petit au grand, du feuillet de papyrus ou du panneau en bois de sycomore à la paroi des tombeaux et des temples, l'emploi habile des teintes plates,
loin d'y blesser l'œil, le flatte et le caresse. Chaque mur
y est traité comme un tout, et l'harmonie des couleurs
s'y poursuit à travers les registres superposés ; tantôt
elles sont réparties avec rythme ou symétrie, d'étage
en étage, et s'équilibrent l'une par l'autre, tantôt l'une
d'elles prédomine et détermine une tonalité générale, à
laquelle le reste est subordonné. L'intensité de l'ensemble est toujours proportionnée à la qualité et à la
quantité de lumière que le tableau devait recevoir. Dans
les salles entièrement sombres, le coloris est poussé
aussi loin que possible ; moins fort, on l'aurait à peine
aperçu à la lueur vacillante des lampes et des torches.
Aux murs d'enceinte et sur la face des pylônes, il atteignait la même puissance qu'au fond des hypogées ; si
brutal qu'on le fît, le soleil en atténuait l'éclat. Il est
doux et discret dans les pièces où ne pénètre qu'un
demi-jour voilé, sous le portique des temples et dans
l'antichambre des tombeaux. La peinture en Égypte
n'était que l'humble servante de l'architecture et de la
sculpture. La comparer à la nôtre ou même à celle des
Grecs, il n'y faut point songer : mais si on la prend
pour ce qu'elle est dans le rôle secondaire qui lui était
assigné, on ne pourra s'empêcher de lui reconnaître
des mérites peu communs. Elle a excellé au décor

monumental, et si jamais on en revient à colorer les façades de nos maisons et de nos édifices publics, on ne perdra rien à étudier ses formules ou à rechercher ses procédés (1).

G. MASPERO.

(*L'Archéologie égyptienne*, ch. IV, pages 192 à 199.)

3. — *La religion et la plastique.*

Dans la plupart des types qu'il a créés, quand il a voulu figurer les dieux, l'art égyptien a mêlé les membres de l'homme et ceux de la bête. Tantôt, c'est une tête d'animal qui surmonte un corps d'homme ou de femme; tantôt, quoique plus rarement, on a l'arrange-ment contraire; c'est ce qui arrive notamment pour le sphinx et pour cet oiseau à tête humaine qui figure l'âme du mort. Voici comment on explique d'ordinaire le principe et l'esprit de ces combinaisons. Lorsqu'il s'agit de traduire pour les yeux les idées que l'on se faisait des puissances divines, on adopta comme fonds commun de toutes ces personnifications, celle des formes suivantes qui a le caractère le plus noble, la figure humaine; mais il fallait marquer les différences

(1) Outre les bas-reliefs colorés, les Égyptiens nous ont laissé des pein-tures proprement dites, de simples fresques. Ici l'artiste avait un autre office que d'étendre ses couleurs sur des formes préparées par le ciseau. Quand il s'agissait de la décoration intérieure des tombes, de cette décora-tion qui « n'était faite, dit M. G. Perrot, que pour les yeux du mort et pour ceux d'Osiris, » on renonçait à la combinaison du relief et de la couleur et tout le travail se faisait au pinceau. Champollion, Lepsius et Prisse ont publié de belles copies en couleur des plus importants de ces tableaux. Quant à ceux qui se déployaient sur les parois des temples, les Égyptiens préféraient ciseler les figures dans la pierre, ou les faire saillir sur le fond avant d'y appliquer la couleur : l'effet était ainsi plus franc et les change-ments de température, la brûlure du soleil, etc. étaient moins à redouter.

qui distinguent les unes des autres toutes ces personnes imaginaires; il fallait donner à chaque dieu une physionomie qui lui fût propre et qui permît, à première vue, de l'appeler par son nom. Ce résultat, on l'obtint d'une manière très simple, en ajoutant à cet élément constant un élément variable, celui que fournissait la faune de l'Égypte. On choisit pour déterminer chaque divinité, l'animal qui lui était le plus particulièrement consacré, qui lui servait d'attribut ou plutôt de symbole, et l'on en détacha le corps ou la tête pour les faire entrer dans la composition d'un être factice, de nature

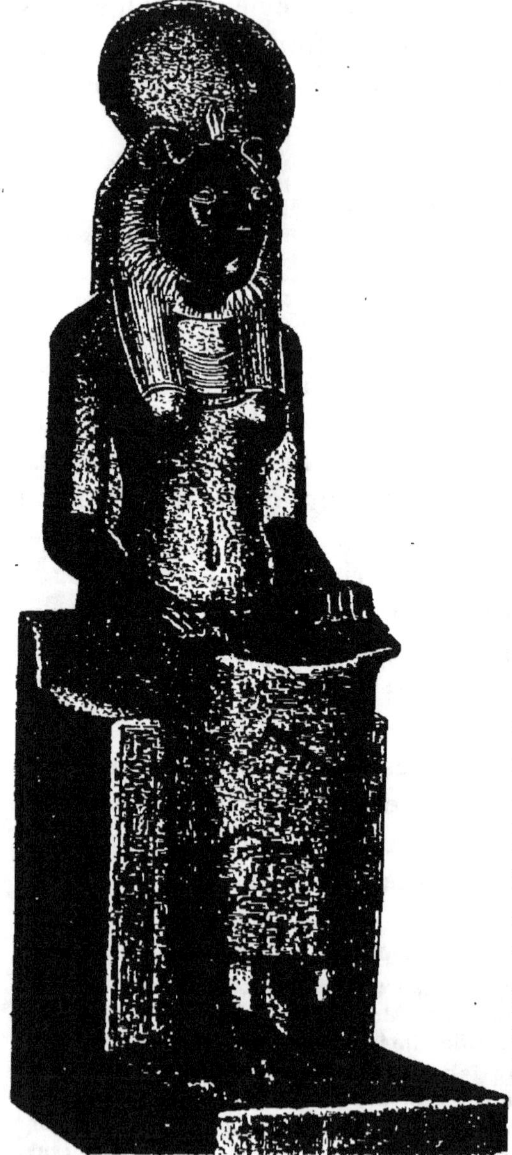

STATUE DE SEKHET.

mixte et complexe. Celui-ci ne pouvait se confondre

avec nul autre personnage divin, tant les caractères spécifiques de l'animal étaient accusés avec franchise. Entre Sekhet, la déesse de lionne ou de chatte, et Hathor, la déesse aux cornes de vache, l'œil même d'un enfant percevait aussitôt la différence.

Nous n'y contredisons pas; mais il peut paraître singulier que l'Égypte, qui, dès le temps de l'ancien empire, porte dans ses statues royales un sentiment de la forme si pur et si vraiment élevé, n'ait jamais été choquée par ce qu'il y a d'étrange dans cet amalgame, par l'extrême bizarrerie et par l'effet désagréable de quelques-uns de ses mélanges. On peut bien trouver une certaine beauté dans des créations comme celle du sphinx, dans d'autres encore, qui allient au visage humain les ailes de l'oiseau ou le tronc et les membres postérieurs des plus élégants et des plus puissants parmi les quadrupèdes; mais est-il rien de moins heureux que l'idée de superposer au buste de l'homme ou de la femme la tête lourde et disgracieuse du crocodile ou le corps grêle et la tête effilée du serpent?

Ce même problème s'est posé devant tous les peuples polythéistes, et chacun l'a résolu à sa manière. Les Hindous ont multiplié la figure humaine par elle-même, ils ont peint ou sculpté des divinités à trois têtes et à plusieurs paires de bras et de jambes, procédé dont on trouverait des traces dans l'Asie Antérieure et chez les Grecs mêmes et les Latins. Les Grecs ont représenté tous leurs dieux sous la forme humaine (1) et cependant ils sont

(1) Est-ce à dire que le mélange des formes animales et humaines dans la plastique n'ait jamais été une conception grecque? M. François Lenormant ne le pensait pas, lui qui dans un article de la *Gazette des Beaux-Arts* (1876) sur les antiquités de la Troade, écrivait : « Des exemples monumentaux tout à fait positifs nous prouvent que les Grecs des âges les plus anciens qui copièrent leurs premières œuvres d'art sur des modèles asiatiques, puisèrent dans ces modèles et représentèrent à leur tour des

arrivés à les distinguer très clairement les uns des autres par la finesse et la netteté des nuances qu'ils ont
introduites dans le rendu de cette forme; ils y ont tout
employé, les caractères du sexe et ceux de l'âge, l'expression de la physionomie et le modelé des chairs. Le

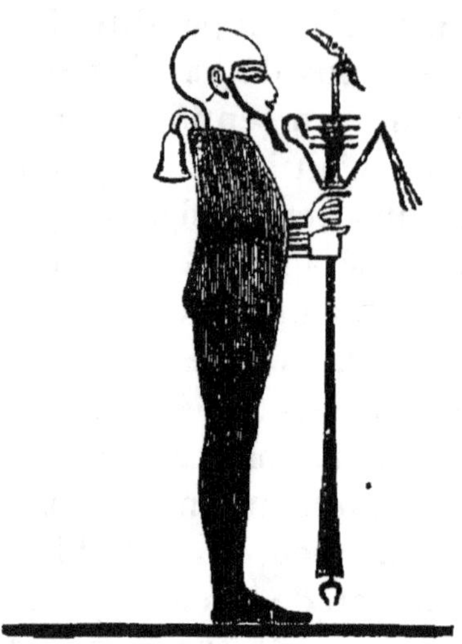

LE DIEU PTAH DE MEMPHIS.

costume et les attributs
concourent bien à marquer
les différences et à définir
les personnes; mais, là
même où ils font défaut,
l'esprit n'hésite pas. Sur
tel fragment de torse, vous
mettez tout d'abord le nom
de Zeus, d'Apollon ou de
Bacchus; vous ne confon-
dez pas une tête de Dé-
méter ou d'Héra avec une
tête d'Artemis ou de Pal-
las.

Les artistes égyptiens,
dira-t-on, n'étaient pas assez habiles ou plutôt ils
avaient donné à la forme un caractère trop abrégé
et trop sommaire pour être capables de marquer avec
précision ces nuances délicates. Cependant il y a dans

figures à têtes d'animaux sur des corps humains. » Quelque chose de cette
tradition subsistait encore à des époques moins lointaines, car le savant
archéologue cite, à l'appui de son dire : un vase peint archaïque de Ca-
mirus (au Louvre) sur lequel on voit un homme à tête de lièvre; une statue de Déméter Melæna, exécutée pour les gens de Phigalie au commencement du V° siècle avant J.-C. par Onatas, le grand sculpteur d'Égine,
et qui reproduisait le type consacré de l'ancien simulacre de cette déesse ;
une tête de cheval sur un corps de femme, etc. M. Lenormant observe
aussi que le Minotaure, qui est originairement le Baal, taureau de l'ancien culte phénicien de la Crète, garda toujours sa tête d'animal dans les
œuvres des plus beaux temps de la sculpture grecque.

leurs plus anciennes statues une liberté de travail qui semblait les mettre à même de tout exprimer à l'aide du ciseau. S'ils n'ont pas fait cet effort, s'ils se sont contentés d'une traduction plastique si gauche, on pourrait presque dire si grossière, ne convient-il pas d'en chercher la raison surtout dans quelque disposition de leur âme, dans quelque habitude contractée de bonne heure et fortifiée par une longue transmission héréditaire?

Le fait qui a eu le plus d'influence sur le choix du mode de représentation adopté par les Égyptiens pour figurer leurs dieux, c'est ce culte fétichiste des animaux bienfaisants ou redoutables qui a été la première et

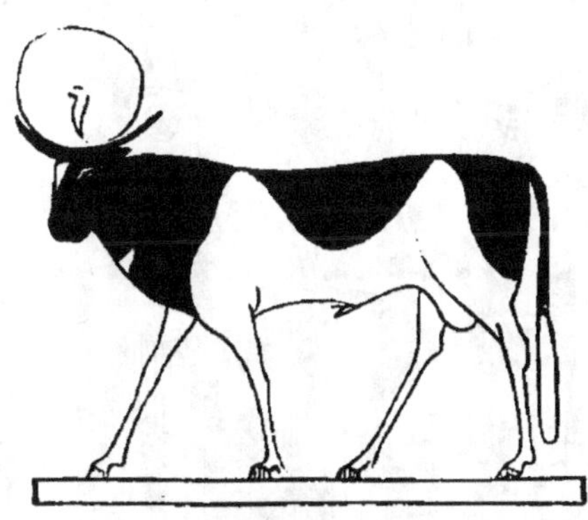

LE BŒUF HAPI.

pendant de longs siècles la seule religion de l'Égypte (1). Ce culte avait jeté dans les âmes des racines trop profondes pour disparaître, alors même qu'une partie de la nation s'était élevée par degrés à de plus hautes conceptions religieuses; ses pratiques n'étaient jamais tombées en désuétude, son empire était resté assez grand pour que, dans la décadence du peuple, il ait repris le dessus et que les observateurs superficiels n'aient plus aperçu, n'aient plus voulu voir en Égypte que cette adoration des plantes et des animaux sacrés. L'imagination et les yeux étant ainsi façonnés, par une lente accoutumance,

(1) En Égypte comme ailleurs, les fétiches ont précédé les dieux proprement dits. De plus, ce genre de conceptions garda toujours un empire très marqué sur l'esprit égyptien.

est-il étonnant que personne n'ait été blessé de voir les dieux représentés tantôt par l'animal lui-même (l'épervier est souvent le symbole d'Horus), tantôt par une figure composite où la forme humaine se fond, en différentes manières, avec celle de l'animal?

Prenons, par exemple, l'oiseau auquel nous venons de faire allusion. L'épervier ainsi que le vautour jouent un assez grand rôle dans la plastique égyptienne. C'est le vautour qui caractérise Maut, l'épouse d'Ammon; il fournit le signe à l'aide duquel on écrit son nom, et quelquefois un vautour, symbole de la maternité, montre sa tête sur le front de la déesse; les ailes forment sa coiffure. La déesse Nekheb, qui symbolise la région du Sud, est représentée

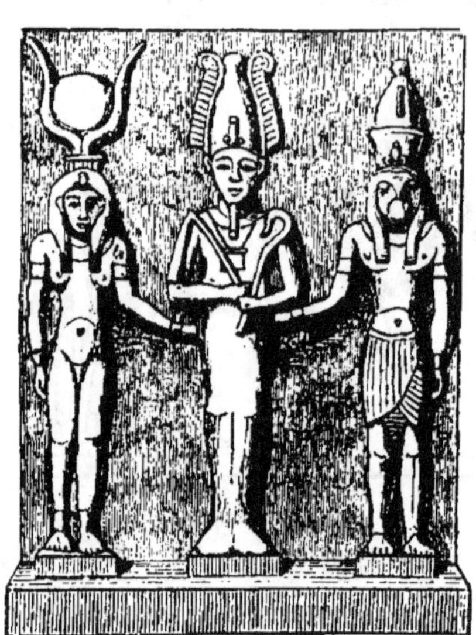

ISIS, OSIRIS, HORUS.

par un vautour. Il en est de même pour l'ibis; il sert à écrire le nom de Thoth, et ce dieu est figuré avec une tête d'ibis. Si tel est le rôle que jouent ces oiseaux dans la figuration par l'écriture des noms de la divinité comme dans la composition plastique des types divins, ne le durent-ils pas surtout aux sentiments de reconnaissante et religieuse vénération dont ils étaient l'objet, sentiments qui s'expliquent par les services rendus?

Quand vinrent s'établir sur les rives du Nil les pre-

miers pères des Égyptiens, ils trouvèrent, dans ces car-
nassiers voraces, de puissants alliés, dont le concours ne
fit jamais défaut à leurs descendants. Après l'inondation
annuelle, crapauds et grenouilles, lézards et serpents,
insectes de toute sorte grouillaient et pullullaient sur la
terre humide. Oublié par le fleuve dans des flaques d'eau
que le soleil ne tardait point à dessécher, le poisson mourait et pourrissait; il rendait l'air infect et malsain. En
toute saison, les cadavres des animaux sauvages et domestiques, les débris de toute sorte qui s'accumulent
autour des habitations s'altéraient rapidement sous un
soleil de feu. Les abandonner aux progrès de la décom-
position, c'était s'exposer à des miasmes délétères, et,
d'autre part, on ne pouvait encore compter, pour net-
toyer le sol, sur l'effort constant et réglé de la pré-
voyance humaine, sur des prescriptions de voirie. Cet
office d'élimination et de transformation, ce furent les
oiseaux de proie qui s'en chargèrent; c'est encore eux
qui le remplissent dans les villes et les villages de l'A-
frique. Grâce à leur appétit, servi par l'aile qui les porte
en un clin d'œil partout où leur présence est nécessaire,
la multiplication des animaux inférieurs est arrêtée, elle
est contenue dans de justes limites, les matières putrides
sont ressaisies par les forces organiques; la mort se
change en vie. Si ces intrépides épurateurs, si ces ba-
layeurs sans salaire prenaient la moindre vacance, la
peste, comme dit Michelet, serait bientôt le seul habitant
du pays.

Le culte de l'épervier, du vautour, de l'ibis a donc
précédé de bien des siècles celui de ces dieux qui répondent aux personnages principaux de l'Olympe hellénique. Enraciné par l'habitude jusqu'au fond des âmes, il
n'indignait pas les sages d'Héliopolis ou de Thèbes; la
doctrine des émanations et des incarnations successives

de la divinité permettait à leur théologie de tout expliquer et de tout accepter, même ce qui sembla plus tard une grossière aberration de la superstition populaire. Il s'est donc maintenu de tout temps à côté du culte des dieux supérieurs, et c'est ainsi que ces animaux ont pu, sans étonner le regard ni blesser la raison, soit représenter ces dieux dans l'écriture et la plastique égyptienne, soit s'y combiner et s'y fondre avec les éléments de la forme humaine. Aujourd'hui ces figures nous surprennent, accoutumés que nous sommes par toute notre éducation artistique et littéraire, aux procédés de l'anthropomorphisme hellénique et aux types qu'il a créés. Les Égyptiens étaient dans de tout autres dispositions; rien ne leur semblait plus naturel que de retrouver, dans les images proposées à leurs hommages, les traits caractéristiques de ces animaux qu'ils aimaient, qu'ils respectaient, qu'ils avaient adorés de tout temps...

L'art égyptien a donc été la traduction très fidèle et très habile des idées de la race; ce qu'ils voulaient dire, les Égyptiens l'ont dit avec un accent très ferme et un rare bonheur d'expression. Les accuser, comme on l'a fait parfois, d'avoir manqué de goût, ce serait montrer qu'on se fait de l'art une idée bien étroite, ce serait pécher contre l'esprit et la méthode de la critique moderne. Celle-ci sent et cherche à faire sentir l'originalité partout où elle la rencontre; tout style puissant et sincère l'intéresse.

Nous ne saurions pourtant nier que cette manière de concevoir et de représenter la divinité n'ait été moins favorable que l'anthropomorphisme grec aux progrès de la plastique. Rien de plus simple que de distinguer les dieux en attribuant à chacun d'eux une tête ou un corps d'animal, toujours les mêmes pour chaque dieu. L'emploi d'un pareil déterminatif mettait l'artiste trop à l'aise en lui donnant la certitude qu'il serait compris à première vue.

Le résultat obtenu est toujours en rapport avec la difficulté vaincue. Pour créer autant de formes distinctes et fixes qu'il y a de grands dieux, le sculpteur grec ne disposera que du corps et du visage de l'homme ; ce sera donc dans des nuances finement saisies et marquées d'une touche délicate qu'il devra chercher le principe de cette détermination. Cette nécessité même sera pour lui le plus utile des aiguillons ; elle le provoquera à des études et à des efforts passionnés dont l'artiste égyptien avait pu se dispenser, à son grand détriment.

Georges Perrot.

(*Histoire de l'art dans l'antiquité*, tome Ier, p. 58-68, Paris, Hachette, 1882.)

4. — *L'art dans la maison : Le travail du bois.*

Avant d'être arrivée à demander au métal et à la faïence émaillée (1) tous les services qu'elle en obtient à l'époque où sa richesse et son luxe se sont le plus développés, l'Égypte avait tiré un grand parti du bois. C'était le bois qui lui fournissait, dès l'ancien empire, tous les éléments de son architecture légère ; à l'aide de la cou-

(1) Sur les arts industriels en Égypte, v. Wilkinson, *The manners and customs of the ancient Egyptians* (1837-1841), et G. Maspero, l'*Archéologie égyptienne* (chapitre V). Le bronze était employé à toutes sortes d'usages domestiques ; l'or, l'argent, les pierres fines, l'ivoire étaient ciselés par les sculpteurs en renom : les objets conservés au musée de Gizeh et au musée du Louvre ne nous laissent aucun doute sur les hautes qualités d'ampleur et de savante noblesse des bijoux de l'ancienne Égypte (colliers, pectoraux, bagues, etc.) ; les plus beaux que l'on possède appartiennent au temps des trois grandes dynasties thébaines. La faïence égyptienne était composée d'un sable blanc, légèrement fondu, que recouvrait une glaçure d'émail coloré, faite de silice et de soude, avec addition d'une matière colorante.

leur, elle y répandit tout d'abord beaucoup de variété et
de gaieté. Dès lors aussi, l'ébéniste s'attache à donner
au moindre de ses ouvrages un caractère artistique : les
meubles et les sièges ont les pieds taillés en forme de
pied de lion ou de pied de bœuf. A en juger par certains
monuments de pierre, que nous ont conservés les mastaba, le bois, plus facile à travailler, devait fournir déjà
la matière de ces meubles d'une composition savante
et compliquée dont les types nous ont été conservés par
les peintures de l'époque thébaine.

Nous ne possédons guère, dans nos musées, que des
meubles assez communs ; ils sont intéressants parce
qu'ils nous montrent comment les menuisiers assemblaient leurs pièces de bois ; mais ce sont surtout les
peintures qui nous permettent de deviner jusqu'où avait
été poussée, vers le temps des Ramsès, la recherche et
la richesse de l'ameublement. On sait combien étaient
richement décorés les instruments de musique ; la harpe
du chanteur paraît toute couverte d'incrustations et se
termine par un buste d'un dessin très élégant. Dans ce
siècle du grand luxe, l'art de l'ébéniste avait été poussé
très loin. L'intérieur de la maison égyptienne n'était pas
vide et nu comme celui de la maison orientale moderne ;
on y voyait partout des sièges avec ou sans bras, des
tables de formes variées, des pliants, des tabourets où
poser les pieds, des consoles sur lesquelles étaient placés
des vases pleins de fleurs, des cabinets où l'on serrait les
objets de prix. La vie de la haute société égyptienne
n'était pas seulement une vie civilisée, c'était une vie
élégante et raffinée. Le grand seigneur contemporain
des Thoutmès et des Ramsès ne se serait pas contenté,
comme le pacha et le bey turcs, de divans et de tapis, de
matelas que l'on serre pendant le jour dans les armoires,
et que la nuit on étale sur le sol ; il avait son lit, souvent

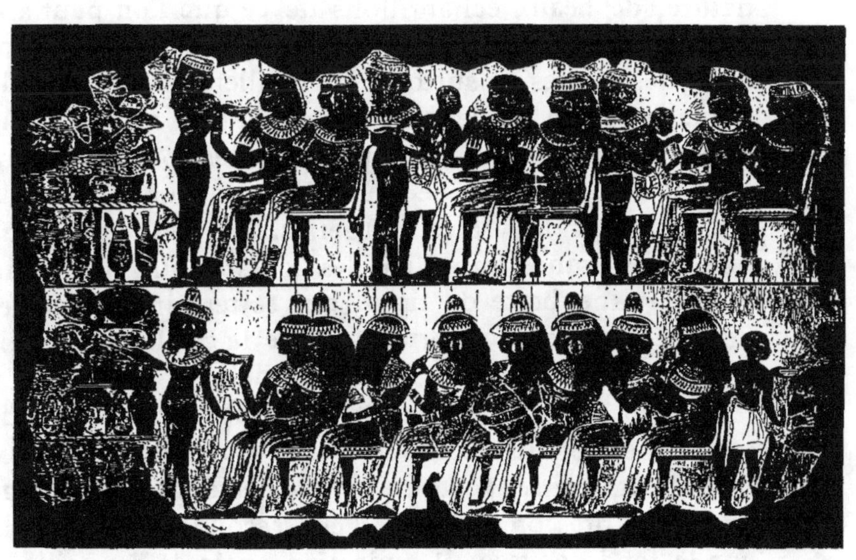

UNE RÉUNION MONDAINE EN ÉGYPTE.

(Gravure tirée de l'*Égypte*, par G. Ebers, trad. Maspero, Firmin-Didot et Cⁱᵉ.)

incrusté de métal ou d'ivoire; il avait, comme nous, son mobilier. Plusieurs tableaux nous représentent des réceptions, nous introduisent dans ce que l'on pourrait appeler un salon égyptien. On n'est pas, comme aujourd'hui en Orient, accroupi par terre, sur des nattes ou sur des tapis; tout le monde, hommes et femmes, est assis, sur des chaises ou sur des fauteuils qui ont leurs coussins et leurs dossiers capitonnés.

Ces meubles de prix, nous ne les connaissons que par les peintures; au contraire, nous possédons en nature, de beaux échantillons de ce que l'on peut appeler la bimbeloterie thébaine. Ce sont des jouets d'enfant, des boîtes et surtout des cuillers à parfum; le manche de ces cuillers offre souvent des motifs d'une invention charmante. Les plus simples sont ornés seulement de boutons et de fleurs de lotus; mais il y en a que décorent de vraies statuettes. Ici, c'est une jeune fille qui s'avance au milieu des lotus et qui cueille un bouton; une botte de tiges, qui se terminent par des fleurs épanouies, supporte le col de la cuiller, dont l'ovale tourne sa partie ronde au dehors, sa pointe à l'intérieur. Il y a dans cette figurine une justesse de mouvement et un accent de vérité qui font plaisir. Le pied droit, qui se porte en avant, ne touche la tête que par la pointe; on sent que l'eau recouvre et cache à la vue le fond de vase; il pourrait y avoir là des cailloux ou des racines ligneuses qui déchireraient la peau; en personne avisée, l'enfant n'appuiera donc le talon sur le sol qu'après avoir tâté du bout des orteils et choisi une place sûre. Si ses jambes sont nues jusqu'au genou, c'est qu'elle vient de se retrousser pour entrer dans le marais. Elle est de bonne condition, comme l'indiquent sa chevelure nattée avec soin et sa jupe plissée; vêtue de long, suivant la mode des dames thébaines, elle a voulu mouiller et salir le moins possible sa robe.

Une autre cuiller (du Louvre) nous montre une musicienne entre des tiges de papyrus; elle est debout sur une de ces barques dont on se servait pour naviguer dans les fourrés de plantes aquatiques. Son instrument est la guitare à long manche. Ici le bol de la cuiller n'est plus ovale, mais rectangulaire.

Ailleurs, c'est un motif différent : c'est une svelte adolescente dans l'attitude de la nage; l'artiste l'a représentée au moment où elle vient d'achever sa brasse; étendue sur la nappe liquide, elle s'effile et s'allonge pour mieux fendre l'eau. Dans la même vitrine (Louvre) vous voyez une boîte à parfums supportée par une figure qui offre un contraste marqué avec la légère nageuse; la boîte a l'aspect d'un sac pesant que, de son épaule droite et de ses deux bras levés soutient à grand'-peine un esclave, à demi courbé sous le faix. Aux lèvres épaisses, au nez plat, à la mâchoire lourde et bestiale, au front déprimé, à la tête en pain de sucre, tout entière rasée, on reconnaît une de ces caricatures de prisonniers étrangers qui se rencontrent fréquemment dans l'art égyptien.

PETITE CUILLER A TOILETTE.

Ce désir de tout parer, même les plus insignifiants, en apparence, des objets qui servent aux usages domestiques, on le retrouve partout (1). Les Égyptiens des hautes classes tenaient presque toujours une de ces cannes, un de ces bâtons qu'on leur voit en main sur les bas-reliefs ; or, ces bâtons étaient d'ordinaire munis d'une tête plus ou moins richement ornée. Les plus simples étaient pourvus d'une crosse qui paraît copiée sur la feuille du lotus, quand, avant de s'ouvrir, cette feuille se dresse au-dessus de la nappe des eaux tranquilles, et, roulée en cornet, fait avec la tige un angle légèrement obtus. La crosse, dans d'autres bâtons, est décorée d'un œil peint sur le bois. Quelquefois elle a la forme d'une fleur de lotus que surmonte un prolongement ovoïde. On a aussi des épingles de bois qui se terminent par la tête d'un chacal ou de quelque autre animal.

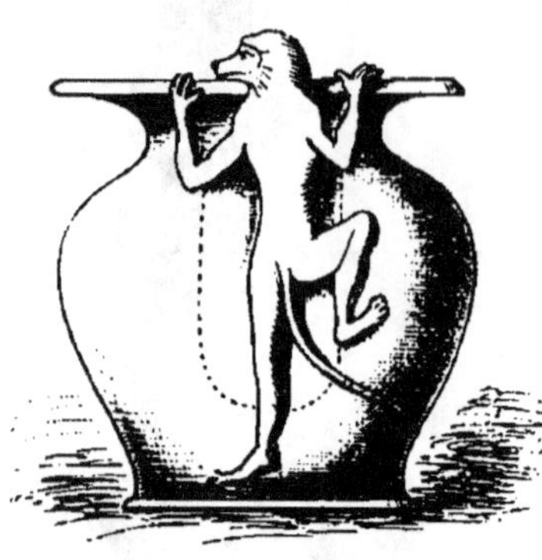

FIOLE A PARFUMS.

GEORGES PERROT.

(Hist. de l'art dans l'antiquité, tome Ier, p. 841-847.)

(1) L'Égyptien des classes riches avait le goût du beau et l'amour du luxe ; il voulait que tous les objets à son usage unissent la pureté de la forme à la richesse de la matière : non content de se parer de bijoux pendant la vie, il chargeait d'ornements, les bras, les doigts, le cou, les oreilles, le front, les chevilles de ses morts. La diversité des petits monuments de l'industrie égyptienne est infinie.

5. — *Caractères généraux de l'art égyptien.*

Les caractères par lesquels se définit, en architecture
et en sculpture, le style égyptien, ces caractères originaux et constants étaient arrêtés pour toujours, avant
le temps où il y eut dans le monde oriental, près de
l'Égypte, des peuples assez avancés pour exercer sur
elle une influence quelconque. Il n'en est déjà plus tout
à fait de même de la Chaldée et de l'Assyrie, dont
l'œuvre ne nous est d'ailleurs connue que par fragments.
L'Égypte est donc à peu près le seul pays où nous
puissions observer dans toutes ses phases un développement complet qui s'accomplit par l'unique effet des
aptitudes et des énergies d'une race richement douée.
Partout ailleurs les exemples des prédécesseurs ou des
voisins ont agi, de manière ou d'autre, sur la marche
de l'art; ils l'ont sans doute hâtée et favorisée, mais en
même temps ils en contrariaient et en changeaient le
cours naturel; on faisait mieux peut-être que l'on n'eût
jamais fait sans ces secours et sans ces leçons; mais, en
tout cas, on faisait autre chose. Le but que l'on visait,
on l'atteignait bien plus vite qu'on n'y fût arrivé par
ses propres forces; mais c'était par des chemins différents de ceux que l'on aurait suivis si l'on n'avait pas
eu de guide. Sur les bords du Nil, rien de pareil; là,
mais là seulement, l'évolution de la faculté plastique a
gardé, presque jusqu'à son terme, un caractère vraiment normal, et, comme dirait un physiologiste, tout
organique.

De cette situation, très particulière, il résulte que
l'histoire de l'art égyptien comporte des remarques et
des conclusions qui présentent ici plus de certitude ou
tout au moins plus de vraisemblance que nulle part

ailleurs. Cette histoire est, si l'on peut ainsi parler, plus transparente qu'aucune autre. Ailleurs, voyez-vous naître une forme ornementale ou s'introduire et prévaloir un certain style, il y a toujours lieu de vous demander si cette forme et si ce style ne sont pas d'importation étrangère. Avez-vous lieu de soupçonner un emprunt, il vous faut remonter jusqu'à la source première; or, cette recherche n'est pas chose aisée et mène souvent fort loin. Pour l'Égypte, les problèmes se posent tout autrement; afin d'en trouver la solution, il n'est pas nécessaire de porter ses regards au delà des limites de cette vallée où, pendant des suites d'années dont personne ne saura jamais le compte, les Égyptiens ont vécu comme enfermés dans une île heureuse et inaccessible, perdue au milieu d'un vaste océan de barbarie. Les autres civilisations s'expliquent, au moins en partie, par leurs devancières et par leurs voisines; l'Égypte ne s'explique guère que par elle-même (1), par les lois qui président au mouvement régulier de l'esprit humain et par l'influence qu'exercent sur cet esprit les circonstances et le milieu. Tous les éléments que met en œuvre le génie égyptien sont indigènes; aussi nulle part ne remontez-vous aussi sûrement qu'ici du fruit à la racine, de la forme développée au germe d'où l'a fait sortir la lente action des causes naturelles.

Un autre attrait de cette étude, c'est que, sans vous laisser jamais perdre le fil de la succession historique, elle vous transporte dans des temps qui, chez les autres peuples, sont en dehors de l'histoire. A plonger le regard dans les profondeurs de ce passé qui, sur tous les

(1) Une opinion longtemps accréditée consistait à penser qu'il fallait chercher en Éthiopie le berceau de la civilisation égyptienne. Mais il est prouvé que les Égyptiens, au contraire, ont remonté le Nil pour fonder en Éthiopie des villes, des forteresses et des temples.

autres points du monde, est enveloppé d'impénétrables
ténèbres (1), vous éprouvez un plaisir mêlé d'une sorte
d'étourdissement et d'effroi ; c'est un peu ce que ressent
le voyageur quand, dans les Alpes, d'un haut sommet
tout entouré de précipices, il se penche sur les abîmes,
sur les gorges profondes, toutes noires de forêts, et que
son œil sonde la brume qui monte du torrent lointain
et l'ombre épaisse qui tombe des rocs et des sapins.

Bien avant les siècles les plus reculés dont les autres
nations aient conservé quelque souvenir, l'Égypte, quand
elle nous apparaît avec ses premiers monuments, possède
un art déjà si avancé qu'il semble non pas un commencement, mais le terme d'un long mouvement ascen-
sionnel. C'est alors que l'Égypte construit les tombeaux
et les pyramides de Meidoum, de Sakkarah et de Gizeh;
or, les bas-reliefs qui décorent ces sépultures, avec les
statues qu'on y recueille, sont peut-être les chefs-d'œuvre de la sculpture égyptienne, ét, comme l'a dit Am-
père, « la pyramide de Chéops est, de tous les monuments humains, le plus ancien, le plus simple et le plus
grand. »

Le premier empire thébain n'est pas moins étonnant.
« Vingt-cinq siècles environ avant notre ère, les rois
d'Égypte accomplissent des travaux d'utilité publique
si grandioses et si profitables, qu'on ne peut les comparer, dans les temps modernes, qu'aux percements de
l'isthme de Suez et du mont Cenis. Vers l'époque pré-
sumée de l'Exode et de la guerre de Troie, au treizième
siècle, alors que la Grèce est à peu près dans la situation

---

(1) M. Renan a pu comparer la vieille Égypte à « une espèce de phare au
milieu de la nuit profonde de la très haute antiquité ». Toutefois on verra
plus loin que des découvertes récentes nous ont rendu les vestiges d'une
civilisation chaldéenne primitive dont l'âge égale presque celui de la civilisation memphite.

de l'Albanie contemporaine, divisée en petits clans ennemis, cinq siècles avant que Rome existe même de nom, ce peuple en arrive déjà au point où l'on verra plus tard les Romains au temps de César et des Antonins ; il lutte contre les barbares qui, combattus et refoulés depuis mille ans, cherchent alors à l'envahir de toutes parts. » (A. Rhôné.)

Ce n'est pas seulement par son originalité et par son antiquité prodigieuse que l'art égyptien mérite d'intéresser l'historien et même l'artiste ; c'est aussi par sa puissance, et, on peut le dire, sans exagération, par sa beauté...

Ce qui donne la meilleure et la plus haute idée du génie de l'Égypte, c'est le temple, le temple thébain, tel que nous le connaissons par les ruines du Ramesséum et de Médinet-Abou, de Louqsor et de Karnak. Involontairement, sans doute, l'on songe toujours au temple grec ; cette comparaison s'impose à l'esprit... Les différences sont sensibles et tout à l'avantage du temple grec. La noblesse en est plus aimable et plus souriante ; le génie de l'homme y a mieux su donner à son œuvre ce caractère que la nature imprime à ses plus hautes créations, l'unité, cette unité qui résulte de l'étroite liaison des organes et qui ne comporte ni le retranchement d'une partie quelconque, ni l'addition d'un élément que n'auraient pas fourni, dès la naissance, la formule et la loi même de l'espèce à laquelle appartient l'être vivant. On ne saurait guère contester la supériorité du temple grec ; mais après lui, le temple égyptien est certainement ce que l'art antique a produit de plus imposant et de plus majestueux. Nous n'avons conservé que de bien faibles débris des édifices religieux de la Chaldée et de l'Assyrie, de la Perse, de la Phénicie et de la Judée ; les renseignements que nous possédons sur leurs proportions et sur leurs dispositions sont obscurs et incomplets ; nous en savons pourtant assez à ce sujet pour esquisser tout au moins un parallèle qui est tout à l'honneur de l'Égypte. De tous ces temples du monde oriental, les uns, pour être composés tout entiers de matériaux de médiocre qualité, n'ont jamais eu la richesse et la variété d'effets que présentaient les monuments de Memphis ou de Thèbes ; les autres n'ont été que des imitations plus ou moins libres des types égyptiens. Supposez que nous voyions encore debout, au milieu de l'immensité des plaines de la Chaldée, ce temple de Bel qui était une des merveilles de Babylone ; malgré sa hauteur et l'énormité de sa masse, malgré la diversité des couleurs dont il était revêtu, cet édifice nous paraîtrait froid et lourd auprès de Karnak rétabli dans sa splendeur première, auprès des magnificences de sa salle hypostyle.

Jusqu'au jour où l'art grec aura pris son essor, les maîtres égyptiens resteront donc les plus grands artistes de l'antiquité. Leur architecture, par les belles matières qu'elle emploie, par ses proportions, par sa richesse et par sa variété, est sans rivale, tant que n'est pas né le temple dorique. Dans la représentation des individus et dans celle des races, leur sculpture témoigne d'une aptitude singulière à saisir et à rendre les traits particuliers qui distinguent les êtres qu'elle observe ; elle sait créer des types qui s'élèvent à la vérité générale sans devenir étrangers à la réalité ; ses statues royales s'imposent à l'esprit et sont vraiment grandes, moins encore par leurs dimensions souvent colossales que par leur style, que par leur expression de calme et de gravité pensive. Ne vous arrêtez pas à certaines conventions naïves dont l'Égypte n'a jamais su s'affranchir. Dans ses bas-reliefs et dans ses peintures, vous admirerez, avec un sentiment pénétrant des diversités de la vie, la pureté du contour, la justesse et la liberté du dessin. Dans sa décoration, partout une invention féconde et un heureux choix de motifs; partout une harmonie de tons qui charme encore l'œil jusque dans les lambeaux déchirés et ternis de cette tenture sans fin dont elle avait revêtu ses tombes et ses maisons, ses palais et ses sanctuaires. Les moindres ouvrages de ses plus humbles ouvriers se distinguent par une recherche de l'élégance qui répand sur eux comme un reflet d'art et de beauté; sur quelque plage lointaine qu'ils fussent jetés par les trafiquants étrangers qui trouvaient leur profit à ce commerce, ils y portaient quelque chose de l'Égypte et de sa brillante civilisation.

Pendant toute la première partie des âges antiques, cette civilisation exerça donc, sur l'art naissant des peuples voisins et même de peuples assez éloignés, une influence analogue à celle que la Grèce devait exercer plus tard, dans tout le bassin de la Méditerranée. Durant de longs siècles, le style égyptien fut partout à la mode; il offrit ainsi comme un prélude de la fortune universelle à laquelle le style grec devait parvenir, quand, après deux ou trois mille ans de fécondité et d'éclat, l'Egypte épuisée aurait achevé son rôle et se serait endormie dans sa gloire.

GEORGES PERROT.

(*Histoire de l'art dans l'antiquité*, tome Ier, *l'Égypte*, p. 853-858.)

CHAPITRE II.

ART CHALDÉO-ASSYRIEN.

§ I. — LA CHALDÉE.

I. — *Les fouilles récentes en Chaldée.*

Nommé vice-consul de France à Bassorah et rendu à
mon poste dans les premiers jours de janvier 1877, je
résolus de profiter de mon séjour dans ce pays pour parcourir les régions célèbres que traverse le cours inférieur
du Tigre et de l'Euphrate et pour y tenter, si l'occasion
s'en présentait, des recherches archéologiques (1). Plusieurs années passées en Égypte m'avaient vivement intéressé aux monuments et aux ruines des époques anti-

(1) Déjà les explorateurs anglais Loftus et Taylor avaient pratiqué, sur
les tertres de Mughéir, de Warka, d'Abu-Sharein, quelques fructueux sondages, qui avaient apporté à la science une importante moisson de débris
d'un haut intérêt, appartenant aux âges les plus reculés; mais il était réservé à M. de Sarzec de jeter, par des fouilles beaucoup plus considérables
et méthodiques, une lumière toute nouvelle sur le degré de culture où
était parvenu le peuple qui fonda Babel et les autres villes chaldéennes de
la Genèse. Cette grande civilisation du bassin inférieur du Tigre, morte
depuis vingt-quatre siècles, et bien autrement ancienne que celles de Babylone et de Ninive, nous a rendu enfin les premiers feuillets du grand
livre de pierre dont Botta, il y a quarante ans, avait exhumé une des dernières pages.

ques; plus tard, une mission remplie auprès du Négous d'Abyssinie m'avait familiarisé avec la vie du désert et avec les explorations où l'imprévu, qui ne va pas toujours sans péril, est comme un aliment de plus pour la curiosité.

Après avoir visité Bagdad, le Birs-Niroud, Hillah et les ruines de Babylone (1), revenant vers le golfe Persique, je réalisai le projet de pénétrer dans une partie de l'ancienne Chaldée considérée comme inabordable, à cause de l'humeur indisciplinée des Arabes Montéfiks, qui en ont fait leur domaine. Les relations personnelles que j'avais trouvées à Bassorah me donnaient l'espérance de trouver parmi eux un accueil moins inhospitalier que nos devanciers.

Il me fut possible, en effet, sans trop de difficultés, de m'engager sur le Chatt-el-Haï, grand canal antique, qui va du Tigre à l'Euphrate et qui pénètre au cœur de ce district. Sur ses deux rives, bien des points me furent signalés successivement comme répondant à d'anciennes cités, mais sans que rien de sérieux vînt confirmer les indications de mes guides. Aussi n'est-ce pas avec grande confiance que je m'arrêtai au lieu appelé *Tello,* malgré tout ce que j'en avais entendu dire sur la route et malgré les promesses qui semblaient attachées à un pareil nom (2).

Cette fois, fort heureusement, la réalité dépassa mon attente. A peine m'étais-je approché des *tells* que j'apercevais devant moi, que je reconnus aux nombreux ves-

(1) Les trois ou quatre grandes ruines qui se dressent sur le site de Babylone n'ont jamais été sondées à fond, et aucun vestige des anciens édifices de la grande capitale asiatique ne nous a été rendu.

(2) *Tell-Loh* : ce nom a été donné par les Arabes à toute la contrée environnante, à cause de la série de *tells* ou monticules qui s'y élèvent, en plein désert, au milieu des marais.

tiges qui jonchaient le sol, tessons de poteries, cônes et briques à inscriptions, débris de sculptures, un champ d'exploration encore vierge, où les fouilles ne pouvaient manquer de donner d'heureux résultats. Dès ma première tournée à cheval, je rencontrais à fleur de terre, au pied du principal monticule, un magnifique fragment de statue colossale, portant une inscription à l'épaule. Il avait roulé là, de la hauteur voisine, qui contenait certainement les ruines d'un important édifice. Ce fut comme le point de départ de mes découvertes et le premier jalon qui me montrait dans quelle direction je devais porter mes recherches.

Malgré l'insécurité du lieu, mes mesures furent bientôt prises pour établir mon campement aussi près que possible de Tello et pour mettre au travail tout ce que je pus réunir d'ouvriers. Pendant trois mois, du 5 mars au 11 juin 1877, je conduisis une première campagne de fouilles, et les résultats répondant à mes efforts, je revins l'année suivante, du 18 février au 9 juin, continuer l'exploration des ruines, avant mon premier retour en France.

En fouillant un ravin creusé sur les pentes du principal *tell* et aboutissant au point où gisait le fragment de statue, nous reconnûmes d'abord la nature de cette colline artificielle, formée de briques crues, et nous atteignîmes bientôt le mur extérieur d'un grand édifice de briques cuites qui la couronnait. Le ravin nous conduisait directement à une sorte de couloir, que je pris d'abord pour une porte d'entrée, mais qui n'était qu'un réduit extérieur, au fond duquel j'eus le bonheur presque invraisemblable de trouver, couchée sous les terres, la partie inférieure de la grande statue. Elle représentait un personnage assis, d'un magnifique travail, avec une longue inscription gravée sur le devant de son vêtement.

Les moyens dont je disposais ne me permettant pas d'enlever un bloc de ce poids, je l'enterrai de nouveau dans la fouille après avoir pris l'estampage de l'inscription.

Le temps me manquant pour pousser à fond mes recherches, je me contentai de reconnaître sur plusieurs points l'étendue et les limites de l'important édifice que j'avais découvert. Je désirais cependant me rendre compte des richesses archéologiques que pouvaient contenir la plaine environnante et les *tells* plus petits qui, à des distances variables, entouraient le principal monticule. J'espaçai mes travailleurs en longues files, en leur ordonnant de pratiquer, de mètre en mètre, avec la pioche, des sondages d'une profondeur suffisante. Par ce moyen expéditif, je réussis à découvrir déjà un assez grand nombre d'objets précieux. C'est ainsi que je mis à jour plusieurs pierres de seuil, puis toute une série de massifs construits en briques, contenant des statuettes de bronze et des tablettes inscrites; mais le résultat le plus important de cette rapide reconnaissance fut la découverte des deux gros barils de terre cuite, que je trouvai enfouis au pied de l'un des tells.

Après les deux premières années de fouilles, j'obtins un congé et je quittai Bassorah, emportant avec moi ces premières dépouilles, au nombre desquelles était compris le fragment supérieur de la grande statue. Quant au fragment inférieur, beaucoup plus important, pouvais-je espérer ressaisir, à un second voyage, cette précieuse conquête? Ce fut pendant de longs mois l'objet de mes fiévreuses préoccupations. Je sais qu'une tentative fut faite pour la ravir : un de ces entrepreneurs de fouilles qui ne savent pas respecter le travail d'autrui, conduit par les révélations des Arabes, qui avaient surnommé cette figure « le vieux Tello », la déterra après moi; mais il avait mal calculé les difficultés de l'entreprise, et le sort devait plus tard me favoriser une seconde fois, en me permettant de l'enlever définitivement.

J'arrivai en France le 28 juillet 1878. M. Waddington, alors ministre des affaires étrangères, s'intéressa vivement aux détails que je lui donnai sur mes recherches et il m'adressa, pour l'examen de ma collection, à l'un de ses confrères de l'Académie des Inscriptions et Belles-Lettres, M. Léon Heuzey, alors conservateur-adjoint des Antiques au Musée du Louvre. Dès la première vue de ces fragments, M. Heuzey me déclara que c'était une découverte d'une grande valeur scientifique, qui promettait de combler, dans l'archéologie orientale, une lacune grave, celle de la haute antiquité chaldéenne. Il fut surtout frappé du haut intérêt qu'il y avait pour la France à ne pas abandonner un terrain où le moindre débris révélait des richesses inestimables, et il s'engagea à me soutenir de tous ses efforts dans l'achèvement de l'œuvre que j'avais commencée. Sur le rapport qu'il en fit à M. Waddington, il fut convenu d'un commun accord que la possession des premiers objets découverts serait d'abord assurée au Louvre, et que des dispositions seraient prises, avec tout le secret possible, pour me permettre de continuer mes fouilles et de leur donner le développement nécessaire.

C'est avec ces assurances que je regagnai Bassorah, en passant par Constantinople, où j'obtins de la libéralité du sultan Abdul-Hamid, grâce à l'appui de M. Fournier, ambassadeur de France, et à l'amitié du colonel Dreyssé, les confirmations dont j'avais besoin. Le 21 janvier 1880, je me retrouvai à Tello, ayant cette fois un plan bien arrêté et m'étant muni de moyens d'exécution suffisants. Les conditions extérieures s'étaient, il est vrai, quelque peu modifiées. Les tribus des Montéfiks, étaient plus agitées que lors de ma première campagne. Je dois ajouter que, m'étant marié pendant mon séjour en France, je n'avais pu résister au courageux désir de Mme de Sarzec de partager avec moi les péripéties d'une expédition qui n'était pas sans péril. Cependant, grâce à une vigilance redoublée et malgré bien des alertes, notre établissement sous la tente près du village de Mantar-Karaghoul, sur la rive du Chatt-el-Haï, à une heure de Tello, ne fut pas trop sérieusement menacée.

Il me fut possible, pendant trois mois consécutifs, de dégager presque complètement le grand édifice (1), d'en reconnaître la distribution intérieure et d'y faire une ample moisson d'objets antiques. Outre la partie inférieure de la statue colossale, je fus assez heureux pour déposer à bord de mon bateau de transport neuf autres statues ou fragments de statues et quantité d'autres antiquités chaldéennes. Le résultat allait bien au delà des espérances que cette reprise des fouilles nous avait fait concevoir. Il me restait pourtant un certain nombre de points à explorer, surtout dans les tells environnants, lorsque la saison avancée et les eaux dé croissantes me forcèrent à interrompre mes travaux.

Après être revenu à Bassorah et m'être rendu ensuite à Bagdad, où ma santé, sérieusement atteinte par les fièvres paludéennes, nous contraignit à passer l'époque des plus fortes chaleurs, je n'hésitai pas à entreprendre, du 12 novembre 1880 au 15 mars 1881, une quatrième campagne de fouilles sur l'emplacement de Tello. Plusieurs constructions anciennes, distinctes de l'édifice principal, furent alors mises au jour. Une nouvelle statue sortait du sol, et (trouvaille inappréciable, ardemment

____

(1) V. l'extrait suivant.

poursuivie par nous) deux têtes détachées venaient compléter à nos yeux le type de la sculpture chaldéenne, que les statues décapitées ne faisaient qu'imparfaitement connaître. En même temps, l'exploration du palais était poussée, d'après le conseil de M. Heuzey, jusque sous les dallages et donnait lieu à la découverte d'un grand nombre de petits objets et de débris intéressants. Ces fouilles profondes me révélaient aussi des constructions plus anciennes, cachées dans les soubassements du grand tell. Cependant, l'agitation croissante du pays et l'apparition de partis hostiles plus nombreux et plus menaçants qu'à l'ordinaire me déterminèrent à quitter brusquement la place et à revenir à Bassorah pour y préparer mon second retour en France... (1)

E. DE SARZEC.

(Découvertes en Chaldée, Paris, Émile Leroux, 1884, 1re livraison.)

2. — L'architecture : Le palais de Tello.

Bien que porté sur un soubassement de briques crues (2), qui atteint la hauteur exceptionnelle de 12

---

(1) C'est le 27 juillet 1881 que le public apprit, par une communication faite à l'Académie des Inscriptions et Belles-Lettres, les trouvailles de M. de Sarzec : M. Oppert n'hésita pas à déclarer que c'était le fait le plus considérable qui se fût produit depuis vingt ans dans l'histoire des études assyriennes. M. de Longpérier, dont la dernière joie scientifique a été la vue des monuments rapportés par M. de Sarzec, alla jusqu'à dire que c'était la plus grande découverte archéologique de notre temps. Ce qui fait surtout la supériorité des fouilles chaldéennes, c'est qu'elles dissipent avec éclat les doutes qui pesaient sur l'étude de l'art oriental primitif; c'est qu'elles nous transportent aux origines de l'histoire, au delà du vingtième, peut-être du trentième siècle avant notre ère, à une époque où le Tigre et l'Euphrate, aujourd'hui réunis, se jetaient séparément dans la mer, à plus de quarante lieues en arrière du point où se trouve actuellement leur commune embouchure.

(2) Ce soubassement ou terre-plein en briques crues sur lequel on posait

mètres au-dessus de la plaine, le palais de Tello (1) ne frappe tout d'abord ni par ses dimensions ni par ses dispositions extraordinaires. On peut dire que, s'il est intéressant, c'est par sa simplicité même. Le plan se rapproche beaucoup de la forme d'un parallélogramme, de 53 mètres de long sur 31 mètres de profondeur, dont toutes les divisions intérieures se recoupent à peu près à angle droit. Les murs, d'une grande épaisseur, sont construits en briques cuites, en larges briques carrées à joints de bitume, sans aucun revêtement sculpté ni aucun enduit de couleur.

Ces briques, dépourvues de décoration, portent toutes, en revanche, sur leur face supérieure, engagée dans la maçonnerie, le nom du patési *Goudéa* (2), avec une formule de consécration au grand dieu local, appelé *Nin-Ghirson*. Il ne faut pas voir uniquement dans ce luxe épigraphique une précaution prise par la vanité du constructeur en vue de la postérité. C'était proba-

l'édifice, se rencontre partout : dans les substructions de Mughéir, de Warka, de Tello, comme plus tard à Ninive et à Babylone.

(1) Les ruines de Tello, à quinze heures au nord de Mughéir, à douze heures à l'est de Warka, s'étendent sur un espace de sept kilomètres et forment, comme on l'a vu plus haut. une série de monticules, dont le principal renfermait les substructions du palais. Comment s'appelait cette ville, un des centres les plus antiques où la civilisation ait commencé de fleurir? L'histoire est muette sur ce point et le nom lu *Sirtella* ou *Sirpulla* dans les inscriptions reste douteux. Mais ce qu'il est permis d'affirmer, c'est qu'il y avait là une des nombreuses cités, indépendantes et rivales, qui furent en Orient, comme plus tard dans la Grèce antique et ensuite. dans l'Italie de la Renaissance, le multiple berceau des arts.

(2) Dans un article de la *Revue archéologique* de novembre 1882, intitulé: *Les rois de Tello et la période archaïque de l'art chaldéen*, M. Heuzey a établi que la ville chaldéenne de Tello, après avoir eu, à l'origine, des rois particuliers, était, à l'époque de son plus grand développement, gouvernée par des chefs qui ne portaient plus le titre royal, mais le titre de *patési*, dont la valeur exacte n'a pas été encore expliquée. Il faut probablement reconnaître en eux les plus hauts dignitaires de la classe sacerdotale et savante des Chaldéens.

blement aussi une précaution religieuse, un acte de superstition. On sait que les Chaldéens avaient une grande
terreur des mauvais esprits et que leur religion était en
grande partie organisée pour les combattre. Toutes les
briques du palais proclamaient ainsi le nom du Dieu
protecteur, et, par la puissance de ce nom béni, on était
garanti contre les influences funestes qui auraient pu
s'infiltrer jusque dans les joints des murailles (1).

Des murs de briques, sans autres ornements que l'alternance régulière de leurs assises, voilà certes un système de construction qui n'est pas fait pour récréer les
yeux! On doit croire que cette nudité, par trop primitive et par trop sévère, était dissimulée à l'aide de boi-
series et de tentures. Tout nous porte à supposer un large
emploi de ces tapisseries dont la fabrication a eu de tout
temps pour centre principal la Babylonie et la Chaldée.
Dans une conférence faite au Congrès des architectes
français, M. de Ronchaud a montré l'usage de ce genre
de décoration partant de l'Asie centrale pour se propager jusque dans les temples grecs et jusque dans le
Parthénon d'Athènes. D'un autre côté, M. Müntz, au
commencement de son *Histoire de la Tapisserie*, a
émis l'idée que les grandes décorations sculpturales des
palais assyriens n'avaient fait que remplacer l'usage des
tentures historiées. Notre palais chaldéen devait appar-

(1) Sur la religion chaldéenne, v. *la Magie chez les Chaldéens*, par Fr. Lenormant, et l'*Histoire de l'art dans l'antiquité*, de G. Perrot et Ch. Chipiez, tome II, p. 56 et suiv. — « L'univers apparaissait aux Chaldéens
comme peuplé d'esprits sans nombre, dont les uns habitaient les profondeurs de la terre ou celles des eaux, tandis que les autres volaient sur l'aile
des vents ou qu'ils allumaient dans le ciel les feux du jour et les clartés
de la nuit. » (Perrot.) L'impression habituelle et constante, chez eux, c'était
celle de la crainte : ainsi s'expliquent les images de démons si fréquentes
dans l'art chaldéo-assyrien; et cette croyance au pouvoir des sortilèges qui
persista toujours en Chaldée comme en Assyrie et s'imposa même chez
les Grecs et les Romains, à l'imagination populaire.

tenir encore à la période de la décoration par les tentures.

On peut même se figurer jusqu'à un certain point l'aspect de ces très anciennes tapisseries. Il suffit de considérer le revêtement de terre cuite polychrome, dessinant des chevrons et des losanges que l'on à retrouvé sur l'une des façades du palais de *Wouswas* (1). Il est curieux de voir certaines tentures de Caramanie, qui nous viennent aujourd'hui des mêmes régions, conserver des treillis géométriques d'un caractère analogue. Elles nous donnent encore aujourd'hui une lointaine idée des tissus antiques qui pouvaient cacher les murs de briques du palais de Goudéa.

Du reste, si la sculpture ne formait pas, comme dans les palais assyriens, une décoration d'ensemble, directement appliquée sur les murs, elle n'en contribuait pas moins pour une part à l'embellissement du palais. Il faut y rétablir par la pensée les nombreux ouvrages dont les débris jonchent le sol : statues et statuettes, stèles et tablettes sculptées, figures décoratives d'animaux, margelles et vasques de pierre portant des bas-reliefs, comme le remarquable bassin de l'esplanade extérieure, où M. de Sarzec a reconnu les traces d'une danse de

---

(1) Ce palais que Loftus (*Travels and researches in Chaldæa and Susiana* (Londres, 1857), désigne par le nom de *Wouowas*, sous lequel il est connu dans le pays, a été déblayé par lui, incomplètement, à Warka, sur l'emplacement de l'ancienne Ouronkh. Williams Kennett Loftus était attaché entre 1849 et 1852, à la mission anglaise commandée par le colonel depuis général Williams, et chargée de délimiter la frontière turco-persane. Cette circonstance lui permit de parcourir, dans les meilleures conditions, la contrée inhospitalière très redoutée des voyageurs qui s'étend de Hillah à Bassorah. Après lui, M. J. E. Taylor, vice-consul d'Angleterre à Bassorah, parcourut avec des facilités analogues. la région d'Abou-Sharéin (Éridu). de Mougheïr (Our, la patrie d'Abraham). et publia la relation de son voyage dans le *Journal of the royal asiatic Society*.

femmes, tenant des vases d'eau jaillissante (1). La sculpture ne s'unissait pas à l'architecture jusqu'à faire corps avec elle : cependant, elle avait son rôle et sa place au milieu de ces antiques constructions de briques ; on était chez un peuple déjà très sensible à son attrait.

Dans sa simplicité apparente, l'édifice que nous étudions présente cependant diverses particularités qui méritent d'attirer l'attention ; il soulève aussi plus d'un problème dont la solution n'est pas facile à découvrir.

Sa distribution générale lui imprime un caractère d'unité, dont toute personne sachant lire un plan aura été frappée dès l'abord. Les quarante-six chambres ou salles du palais forment trois corps de logement distincts, groupés autour de trois cours, deux petites et une grande (les cours *A, B, C* du plan). Chacune de ces divisions ne communique avec la division voisine que par un

---

(1) Ce bassin de pierre est un monument tout à fait à part dans l'ancienne architecture chaldéenne. « C'est, écrit M. de Sarzec (*Découvertes en Chaldée*, p. 16), comme une auge en pierre calcaire d'un grain dur et jaune. Elle portait sculptée sur chacune de ses plus longues faces une suite de figures de femmes. Ces femmes sont représentées debout, les bras étendus, tenant de chaque côté, dans leurs mains réunies, un vase d'où s'échappe un double flot de liquide, qui retombe ensuite en bouillonnant jusqu'à terre... Ce curieux bassin sculpté, qui ornait l'entrée du palais, était élevé sur un socle, formé par deux berges superposées. Chacune d'elles par son retrait, dessinait autour de la piscine une marche de $0^m,35$ de largeur sur $0^m,15$ de hauteur. » On trouvera dans la notice très intéressante que M. Heuzey, à son tour, a spécialement consacrée au bassin sculpté de Tello (*Un palais chaldéen*), des explications complémentaires détaillées. Il en résulte que cette sorte d'auge étroite et longue était probablement moins faite pour les hommes que pour les animaux, surtout pour ceux qui faisant partie des caravanes et des escortes de voyage, stationnaient en dehors des portes. Quant au sujet sculpté sur les longues faces du bassin, le savant archéologue y voit, sous une forme très originale et tout à fait imprévue, le développement d'un des thèmes favoris du symbolisme chaldéo-assyrien ; il montre que les monuments de la Chaldée comme ceux de l'Assyrie offrent toute une classe de représentations où figure comme motif caractéristique le même vase miraculeux, laissant échapper en deux jets symétriques le liquide qu'il contient.

couloir unique, qui s'étrangle brusquement à ses deux extrémités, de manière à ne laisser passer qu'une seule personne. On reconnaît là, comme on l'avait déjà fait dans les palais assyriens, les trois parties constitutives de toute habitation en Orient. La partie la plus retirée, sans communication avec la grande cour, est l'habitation privée, ce que les Orientaux nomment le *harem*. Puis vient une partie intermédiaire répondant au *sélamlik,* c'est-à-dire aux appartements de réception, où le maître donne audience aux visiteurs étrangers. Enfin le carré de constructions qui environne la grande cour est la partie commune, accessible à tous, où devaient être établis les services du palais.

Les grandes divisions concordent ainsi parfaitement avec celles des immenses demeures des rois d'Assyrie, telles que le palais du roi Sargon à Khorsabad. Le caractère pratique de ces dispositions y apparaît même plus clairement que dans les gigantesques constructions de Ninive et de Babylone (1).

Les traces de décoration que l'on observe sur les façades extérieures sont aussi tout à fait conformes aux traditions les plus anciennes de l'architecture orientale. On y distingue deux éléments d'un caractère très primitif: ce sont d'abord de longs panneaux, sortes de pilastres, formant un double ressaut; puis des saillies demi-cylindriques, semblables à de gros tores disposés verticalement. Le dernier ornement est d'autant plus curieux qu'il ne résulte pas de l'usage de la brique : il ne peut rappeler que les troncs de palmier ou peut-être même les bois de grume employés à l'origine de cette architecture. L'usage simultané des deux systèmes, par groupes

(1) Il faut que cette disposition architecturale, inventée par les Chaldéens, ait été bien appropriée aux besoins de la vie orientale, puisqu'elle n'a jamais varié depuis quatre mille ans.

alternants, caractérise la décoration chaldéo-assyrienne. On n'a pas rencontré cette alternance seulement à Khorsabad, mais encore dans le palais beaucoup plus antique et tout chaldéen de *Wouswas* (1). Les constructions des Parthes présentent une disposition déjà très différente. C'est donc une preuve de l'antiquité de l'architecture de Tello.

Il y a toutefois, dans la répartition de ces ornements, un défaut de symétrie qui dérange nos habitudes. Ils ne sont pas distribués également sur toutes les faces de l'édifice, mais seulement sur deux faces contiguës, une grande et une petite ; les deux autres restent complètement nues. Pour la grande façade nord-est, qui était la façade d'honneur du palais, cette recherche particulière s'explique facilement. Quant à la petite façade adjacente, également décorée, il faut la considérer aussi comme une façade d'honneur, puisqu'elle répondait aux appartements du maître, à ceux que nous avons reconnus pour le harem et le sélamlik. On comprend dès lors que la décoration architecturale se soit étendue aussi de ce côté. Il faut en conclure que l'antique architecture chaldéenne se laissait guider par des raisons de convenance, plutôt que par des idées de symétrie et de parallélisme.

Voici une autre anomalie plus étonnante encore et plus difficile à expliquer. Les grandes façades de l'édifice ne sont pas exactement parallèles : elles présentent vers le milieu un léger renflement, et les ailes se dérobent par des lignes obliques, qui vont en se rapprochant vers les petits côtés. Il est vrai que cette obliquité, à peine sensible sur le plan (2), n'est pas appréciable sur

____

(1) C'est Loftus qui a, le premier, deviné et indiqué l'origine de ces saillies en forme de demi-cylindres, qui constituent la seule moulure, si on peut l'appeler ainsi, de l'art chaldéo-assyrien.

(2) Elle suffit, cependant, à donner au plan de l'édifice, ainsi que l'a ob-

le terrain ; mais M. de Sarzec l'a constatée à l'aide d'un jalonnage rigoureux.

Je ne pense pas qu'il y ait à songer ici à rien qui rappelle les courbes savantes du Parthénon (1). Comme ces résidences aux épaisses murailles étaient toujours un peu des forteresses, on pourrait voir dans le renflement central un artifice de défense, un moyen de mieux surveiller les murs extérieurs. Ne serait-ce pas tout simplement un procédé primitif pour obtenir une solidité plus grande, pour donner plus d'assiette à ces longues façades, posées sur des terrasses artificielles de briques crues, où des tassements et des crevasses pouvaient facilement se produire ? Prenez une carte à jouer et posez-la sur sa tranche, elle se trouvera dans un équilibre instable : coudez-la si peu que ce soit, et les deux plans, s'appuyant l'un sur l'autre, lui donneront une base suffisante. Il y a là un fait curieux et qui mérite d'être noté dans l'histoire de la construction.

En considérant avec attention le plan (2) on y remarque encore un autre trait original et unique. C'est l'emploi des *fausses entrées*, de ce que M. de Sarzec a appelé des *rentrants*. Dans le voisinage des principales portes, extérieures ou même intérieures, on voit s'ouvrir d'autres baies, donnant accès à un couloir qui s'engage profondément dans les constructions ; mais ce couloir est fermé au fond, comme une impasse (*Voir* les numéros *N* et *T* du plan.). Une pareille disposition ne me pa-

---

servé M. Ernest Babelon (*Manuel d'archéologie orientale*), un aspect qui rappelle un peu celui d'un baril ou de deux trapèzes rapprochés par leur base.

(1) On sait, par les études de MM. Pennethorne, Penrose et Paccard, que l'architecte du Parthénon, Ictinos, avait corrigé les erreurs de la vision en renflant légèrement les lignes horizontales du temple.

(2) M. Heuzey, qui a bien voulu nous autoriser a reproduire ce plan du palais de Tello. nous prie de déclarer qu'il n'est pas définitif et qu'il pourra conformément à des données nouvelles, être rectifié ultérieurement.

rait pouvoir s'expliquer que par le climat exceptionnel
de ces contrées. C'est la conséquence du terrible soleil
que les anciens nous montraient déjà foudroyant jusqu'aux lézards sur les terrasses des palais. On avait dû

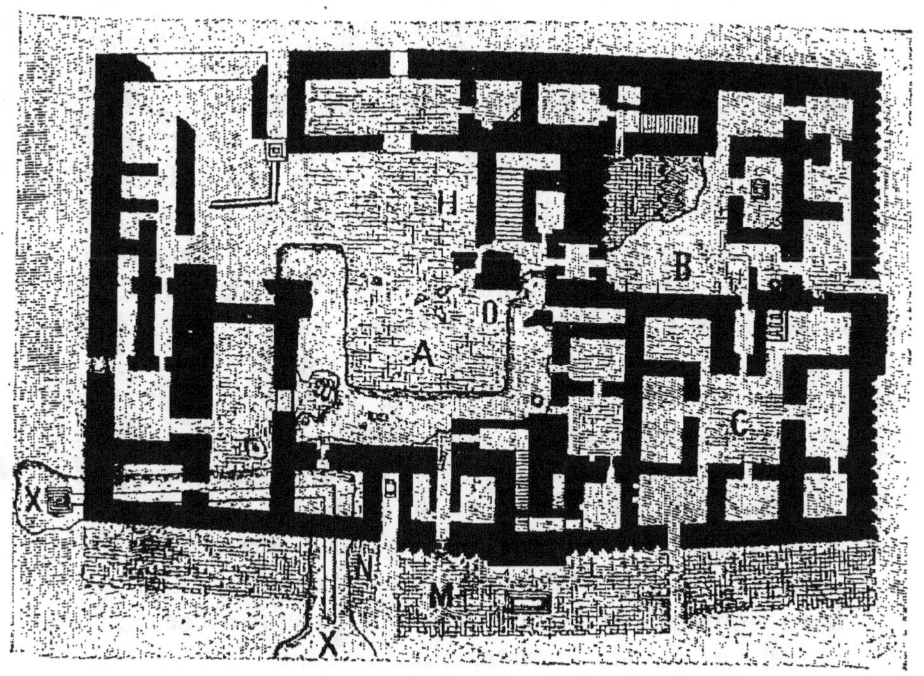

PLAN DU PALAIS DU TELLO, D'APRÈS LES LEVÉS DE M. DE SARZEC
(Gravure tirée de l'ouvrage de M. Heuzey : *Un palais chaldéen*).

réserver des refuges, des abris sombres et frais, soit pour
les gardes qui faisaient le service extérieur, soit pour les
visiteurs qui venaient demander audience ou même pour
les voyageurs de passage. Sous ce ciel torride, il y a une
hospitalité que les palais des puissants doivent offrir,
même avant celle de l'eau et celle du pain : c'est l'hospitalité de l'ombre. Une des fausses entrées aboutit même

à un réservoir. De toute manière, c'est là un caractère bien oriental et qui, par sa répétition, marque à la fois l'unité et l'antiquité du plan...

.... Seuls les débutants dans l'art de faire des fouilles croient trouver la vérité au fond de leur première tranchée! Ceux qui ont l'expérience de ce genre de travaux savent, au contraire, que les fouilles posent souvent plus de questions qu'elles n'en résolvent. Ces obscurités, ces complications valent mieux cependant que l'ignorance antérieure : car, si elles ne sont pas encore la certitude, elles sont les éléments qui la contiennent.

Or, dans ces plaines d'alluvion, où la pierre manque absolument, les archéologues ont à redouter un terrible ennemi, un ennemi d'autant plus à craindre qu'il est insidieux et trompeur : cet ennemi, c'est le *remploi*. Les massives constructions des temps antérieurs sont devenues des carrières de briques, où de longues générations d'hommes, des périodes entières sont venues chercher des 'matériaux tout prêts pour leurs édifices. L'excellent Goudéa a vainement pris la précaution de faire graver ou estamper partout son cartouche; il a eu beau signer ses murailles brique par brique : il se pouvait encore que des constructions qui portent ainsi son nom ne fussent pas de lui!

Toutefois cet emploi à nouveau des matériaux d'un autre âge ne paraît pas avoir été pratiqué aux époques antiques de l'architecture orientale, telles que l'époque assyrienne ou celle du nouvel empire de Babylone. On a exploré en Chaldée plusieurs édifices restaurés ou complétés par des rois comme Nabuchodonosor ou Nabonid : en pareil cas, les nouveaux constructeurs prennent toujours grand soin de faire fabriquer d'autres briques à leur nom, pour distinguer leurs travaux des parties plus anciennes de la construction.

Un exemple plus récent de cette précaution nous est fourni par le palais même de Tello. M. de Sarzec y a trouvé plusieurs briques portant une inscription en deux langues, en grec et en araméen, avec le nom d'un chef appelé *Adadnadinachès,* qui est certainement postérieur à la conquête d'Alexandre. Faut-il en conclure que le palais de Tello, dans son état actuel, ne date que du IIe siècle avant notre ère et n'est qu'une construction de l'époque gréco-parthe? Assurément non. En effet, l'emploi de ces briques est limité à quelques remaniements de basse époque, comme le remplissage d'une porte bouchée après coup et l'addition d'un vestibule à l'entrée du sélamlik (1). Leur présence prouve, au contraire, l'antiquité du reste.

Des difficultés plus graves se sont présentées à la suite des fouilles profondes que M. de Sarzec a commencées sous les fondations du palais, dans l'épaisseur du massif de briques crues. Seulement cette exploration est venue naturellement la dernière : elle n'a pu être poussée très loin.

Ce n'est pas sans étonnement, par exemple, que vers l'angle oriental, M. de Sarzec a constaté la présence d'un curieux mur à hauteur d'appui, qui passe en équerre sous les palais et qui va se terminer au dehors, par un pilier surmonté d'un pyramidion. L'assise supérieure de ce mur est inclinée partout dans un seul sens, en forme de pupitre, ce qui n'empêche pas que les fondations du palais ne cherchent à s'appuyer dessus, comme sur une construction plus ancienne, à l'aide de petites piles soigneusement agencées.

---

(1) Dans un temps voisin de l'ère chrétienne, les rois gréco-parthes de la Characène (partie de la Susiane) eurent l'idée de restaurer Tello et de s'y installer. C'est alors que fut murée, en effet, la plus grande des deux portes percées dans le côté principal (nord-est) du palais.

Autre motif de surprise : les briques du mur souterrain sont beaucoup plus grandes que celles de Goudéa (0^m,5o de côté, au lieu de 0^m,3o) et elles portent un autre nom, celui du patési *Our-Baou*. Mais cet Our-Baou n'est pas pour nous un inconnu : une statue portant son nom a été retrouvée, sur un autre point du palais (1). Elle est de proportions très ramassées et d'un style qui la fait paraître plus ancienne que les statues de Goudéa. Ainsi la difficulté n'est pas réelle : on s'explique parfaitement que le palais de Goudéa se soit élevé au-dessus de quelque antique enceinte, construite par l'un de ses prédécesseurs. Nous acquérons même la preuve, par le niveau comparé des deux fondations, que, précédemment à Goudéa, le grand soubassement de briques crues avait déjà été porté sur ce point à la hauteur d'une dizaine de mètres. Ces faits confirment donc à la fois l'antiquité du palais et celle du massif artificiel sur lequel il repose.

Vers le milieu du palais, on remarque aussi une partie qui ne se raccorde pas bien nettement à la distribution générale. Les massifs y sont plus épais que partout ailleurs, et ils ont conservé une élévation plus grande. Or, c'est justement le point où les briques de Goudéa, jointes avec du bitume, présentent l'appareil le plus homogène. Entre la cour principale et le sélamlik, ces massifs forment une véritable tour carrée, où l'on montait intérieurement par un escalier en pente douce. (L'ensemble de ces marches est indiqué par la lettre H.) Une décoration de pilastres à ressauts, disposée sur la face qui regarde le sélamlik, achève de montrer l'importance exceptionnelle de cette construction. Il y avait sur ce point

____

(1) V. plus loin, page 201. Ourbaou est le plus ancien des rois chaldéens dont le nom soit parvenu jusqu'à nous.

au moins deux terrasses superposées, et c'était une véritable *tour à étages* (1).

L'existence d'une pareille construction en relation avec le palais est trop conforme aux traditions de l'architecture chaldéo-assyrienne pour paraître en elle-même extraordinaire. Ce qui est plus grave, c'est que l'étage inférieur de la tour a été découvert au-dessous du pavage actuel, et que le mur de cet étage, faisant sur l'autre une saillie de 4 mètres et décoré aussi de pilastres à ressauts, s'enfonce dans la profondeur du tell; M. de Sarzec l'y a suivi jusqu'à plus de 2 mètres en contre-bas du sol du palais, sans en trouver le pied. (*La fouille est figurée dans la cour B*.) Interrompu, à ce moment si palpitant de ses recherches, par l'insurrection des tribus environnantes, il s'est vu forcé de renvoyer à la reprise de ses fouilles la solution de l'important problème dont il avait découvert les prémisses.

Ces faits méritent la plus grande attention. On pourrait induire de là que la construction à étages était la seule partie du palais remontant à Goudéa. Cependant, quelque sérieuse que paraisse la difficulté, il semble qu'elle ne puisse prévaloir contre tant d'autres caractères qui montrent, sur d'autres points, l'originalité, l'unité de plan et la haute antiquité du palais de Tello. En attendant que la continuation des fouilles apporte à M. de Sarzec des éclaircissements sur ce point, on peut supposer que Goudéa lui-même, après avoir commencé à édifier dans cette partie une tour à étages, a été amené à surélever et

---

(1) Ainsi les Chaldéens de l'époque la plus reculée avaient déjà inventé un des éléments les plus intéressants et les plus caractéristiques de leur architecture : la *ʒigural* ou tour à étages. Il est vrai que la tour à étages de Tello n'avait pas l'importance de celles des palais ninivites. « Elle était même, observe M. E. Babelon (*Archéologie orientale*) à beaucoup près moins considérable que celle, pourtant aussi ancienne, que Taylor a signalée à Abou-Sharéin.

à développer l'assiette de son palais et qu'il a englobé dans ses constructions nouvelles la tour précédemment commencée par lui à un niveau inférieur. Ce ne serait pas le premier édifice qui se serait modifié et développé au fur et à mesure de sa construction (1).

LÉON HEUZEY.

(Un palais chaldéen, d'après les découvertes de M. de Sarzec, Paris, Ernest Leroux, 1888, p. 16-34.)

3. — *La sculpture : les statues de Tello.*

Ce sont peut-être les sculptures qui font la plus grande nouveauté de la découverte de M. de Sarzec, en nous donnant pour la première fois comme la vue de la très antique civilisation qui les a produites.

(1) Quelque intérêt de curiosité que présente le palais de Tello, M. Heuzey ne se dissimule pas qu'il ne donnerait en somme qu'une idée assez médiocre de la puissance d'invention des constructeurs chaldéens. Mais M. de Sarzec, dans un des monticules secondaires de Tello qu'il appelle le *Tell des piliers* et qui paraît représenter les ruines du temple du dieu Nin-Girsou a retrouvé des éléments architectoniques autrement hardis : ce sont des piliers dont chacun est formé d'un faisceau de quatre colonnes rondes étroitement assemblées et construites tout entières en briques. Il est donc prouvé que les architectes de cette époque reculée avaient trouvé dans l'élément si simple, si économique de la brique, tous les moyens de créer des supports d'une grande puissance. Si la nature leur eût fourni la matière première, nul doute qu'ils eussent taillé, eux aussi, des colonnes de pierre s'élançant fièrement dans l'espace comme la colonne égyptienne. et supportant les terrasses, les étages supérieurs des édifices. Il faut noter aussi la découverte par M. de Sarzec, dans plusieurs parties du palais même de Tello, de petits passages voûtés, hauts de 1 mètre et large de 0^m,60. Déjà Taylor avait constaté l'existence dans un caveau de la nécropole de Monghéir, d'une voûte en encorbellement. Ce seraient donc encore, suivant toute probabilité, les proto-Chaldéens qui auraient inventé la voûte, et M. Georges Perrot (*Histoire de l'art dans l'antiquité*, t. II, p. 245-246), et M. Ern. Babelon (*Manuel d'Archéologie orientale*), n'hésitent pas à adopter cette conclusion.

Le principal fait qui mérite d'attirer l'attention est l'existence d'un groupe de statues que l'auteur des fouilles nous apprend avoir été trouvées dans le grand édifice de Tello, presque toutes réunies sur le sol de la cour centrale, et qui portent toutes, comme les briques de la construction, le nom et les titres de Goudéa. Ces figures forment une série remarquable par l'unité de la technique et du style; elles représentent une époque nettement déterminée dans le développement de la sculpture chaldéenne. Bien que la distance de cette antique période ne puisse être calculée chronologiquement, c'est pourtant un point fixe, autour duquel viennent se classer les autres productions du même art.

L'art chaldéen est sorti des hésitations du premier âge, et, sans posséder encore tous ses moyens, il s'attaque à la pierre dure avec beaucoup de sûreté et de science. Cette pierre n'est pas le granit ou porphyre, comme on l'avait pensé d'abord. Les minéralogistes y reconnaissent des variétés de diorite et de dolérite, analogues à celles qu'employait la statuaire égyptienne; toutefois, la constitution géologique des montagnes de l'Asie a été encore trop peu étudiée pour que la question puisse être résolue. D'un autre côté, M. Oppert, dès la première lecture des inscriptions gravées sur les figures, a bien voulu me communiquer qu'il y déchiffrait un nom géographique, indiquant l'Égypte et la presqu'île du Sinaï comme l'un des pays d'où les Chaldéens avaient tiré la pierre de leurs statues (1).

On ne peut nier que les statues dont nous parlons ne présentent aussi, dans la simplicité de leurs attitudes, dans la sobriété du travail, qui procède volontiers par gran-

______

(1) M. G. Perrot (*Histoire de l'art dans l'antiquité*, t. II, p. 588, n. 1) a quelque peine à admettre que l'on se soit imposé la tâche de transporter à travers le désert des blocs aussi pesants.

des surfaces lisses, au moins un *faux air* de parenté avec l'art égyptien. Cette impression est surtout augmentée par l'aspect d'une tête complètement rasée à l'égyptienne, la seule qui se soit retrouvée sur le même point des fouilles, au milieu des statues décapitées. Il n'est certes pas impossible qu'il y ait eu, sur l'art asiatique, à cette époque reculée, une influence générale et lointaine des usages et des arts de l'Égypte. Cependant l'étude du détail atteste plutôt l'indépendance et l'originalité de la sculpture chaldéenne, et montre un esprit souvent opposé aux principes suivis par les artistes égyptiens.

Ainsi le sculpteur chaldéen se préoccupe moins que ceux-ci des proportions. Ses figures, robustes et trapues, sont d'un effet puissant, mais parfois d'une forme trop ramassée. Si l'on en juge par certains indices, le cou devait être court et la tête très forte pour le corps, comme on le voit dans une statuette d'albâtre, où M. de Longpérier a, le premier et depuis longtemps, reconnu un exemple de l'ancien art chaldéen. En revanche, le modelé des parties nues est déjà traité avec une recherche de la nature que la dureté de la matière ne rebute pas. L'épaule droite et le bras droit, laissés à découvert, sont des morceaux souvent remarquables; les mains, étudiées jusque dans le dessin minutieux de leurs ongles et de leurs phalanges, les pieds surtout, solidement appuyés sur le sol, montrent une vérité dans le détail, dont la sculpture égyptienne ne paraît jamais avoir eu qu'un médiocre souci.

La face aux yeux droits et largement ouverts, aux sourcils qui se joignent, au menton ferme et saillant, procède du même caractère. La structure en est carrée, comme celle du corps, et diffère du galbe arrondi des figures assyriennes. Je ne crois pas cependant qu'il y ait lieu de soulever à ce propos une question de race (1). Ce n'est qu'avec une extrême réserve qu'on peut faire de l'ethnographie avec les types créés par la sculpture, surtout avec les types archaïques, plus soumis que les autres aux conventions d'école. Or, c'est une habitude commune aux sculpteurs des anciennes époques de laisser subsister dans leur travail la trace des plans qui ont servi à le préparer. C'est aussi, en tout pays, la marche constante de l'art de passer des formes anguleuses et carrées aux formes coulantes et arrondies, des proportions courtes et fortes aux proportions plus élégantes.

En un mot, les statues chaldéennes du temps de *Goudéa*, malgré la simplicité encore presque égyptienne de l'enveloppe, possèdent les qualités de vérité et de force dont les figures assyriennes ne présenteront plus tard que l'exagération systématique. Si rien n'y fait pressentir les proportions élancées et la décoratien exubérante de l'époque des Sargonides, le lien qui les rattache aux robustes figures des bas-reliefs de Nimroud est cependant visible pour tout observateur exercé.

L'attitude et les costumes des mêmes figures donnent lieu à des observations intéressantes. Elles ont toutes, sans exception, les mains serrées contre la poitrine, la droite placée dans la gauche, geste que l'on retrouve sur les bas-reliefs assyriens et qui marque encore aujourd'hui en Orient l'immobilité respectueuse du serviteur attendant les ordres de son maître. On s'étonne que cette humble posture soit donnée même à la grande statue, qui, plus que les autres, paraît être l'image de Goudéa. Serait-ce une confirmation de l'opinion d'après laquelle

____

(1) L'auteur se montre sur ce point d'un avis opposé à celui de M. Ménant, qui avait incliné à reconnaître, dans les traits de ces têtes, le type d'une race touranienne, et non sémite, par laquelle aurait été fondée la civilisation chaldéenne.

le titre de *patési,* que les inscriptions donnent à ce personnage, n'était pas un titre souverain? L'explication que je proposerai est différente. Il faut remarquer que les inscriptions des statues, commençant toujours par un nom de divinité, ont un caractère votif. Si, comme tout le fait croire, ces figures étaient placées dans un lieu sacré, en face des images des dieux ou de leurs symboles, l'attitude de la soumission et du respect devenait une attitude religieuse (1). On s'explique alors qu'elle soit répétée si fréquemment, jusque dans les plus petites figurines de la Babylonie et de la Chaldée.

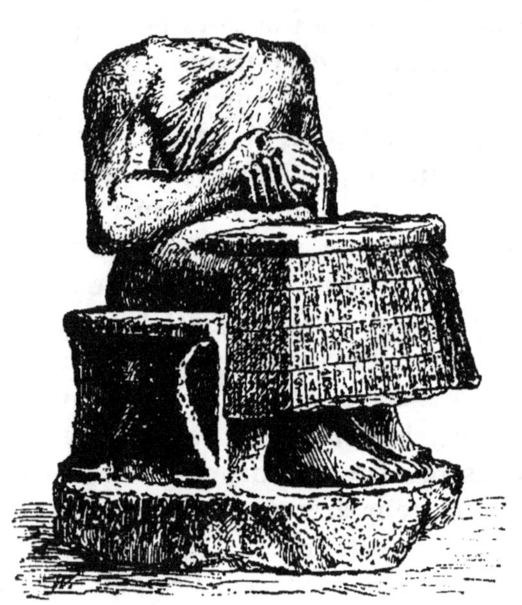

STATUE CHALDÉENNE.
(Musée du Louvre.)
(*Archéologie orientale*, maison Quantin.)

Dans ce cas, il n'y aurait même aucune impossibilité à reconnaître autant d'images de Goudéa dans les huit statues, de dimensions différentes, sur lesquelles on lit

(1) Cette attitude rappelle un peu celle des statues assises de la voie des Branchides, à Milet. On sait que dans certains cultes antiques, c'était un usage parmi les dévots de placer leur image dans le sanctuaire de la divinité, pour demeurer éternellement présents à ses regards et mériter par un perpétuel acte d'adoration sa bienveillance perpétuelle : la plupart des

ses incriptions. En effet, quatre de ces statues, deux debout et deux assises, portent en outre son cartouche gravé sur l'épaule droite. Dans le nombre est l'une de celles que nous avons désignées comme des figures d'architectes (1), en prenant ce mot dans le sens général que lui donnaient les anciens; mais Goudéa avait pu se faire représenter lui-même comme ayant tracé le plan des constructions qu'il avait élevées, particulièrement celui d'une enceinte fortifiée, absolument distincte de l'édifice de Tello. M. Oppert veut bien m'autoriser à dire que cette manière de voir paraît justifiée par les premières indications qu'il a tirées des textes gravés sur les statues.

Quant au vêtement, il garde quelque chose de la simplicité de l'ancienne vie pastorale et patriarcale. On y reconnaît cependant l'un des éléments caractéristiques du costume assyrien, le châle à franges; mais ce châle est

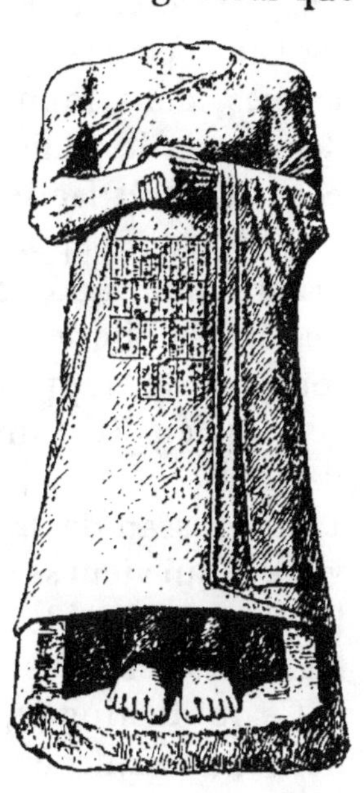

STATUE CHALDÉENNE.
(Musée du Louvre.)
(*Archéologie orientale.*
maison Quantin.)

employé seul, sans la tunique, qui n'est pas encore en usage. La pièce d'étoffe, pliée en deux, est roulée oblique-

statues trouvées dans l'île de Chypre par M. de Cesnola sont nées de cette coutume.

« Tenant des brahmes de l'Inde et des lettrés de la Chine, a écrit ailleurs M. Heuzey, instituteurs de la religion et des sciences sacrées, à la fois prêtres, astronomes, géomètres. les *patési* furent naturellement les conducteurs des grands travaux qui ont aménagé dans ce pays les premiers centres de la culture humaine. »

(1) Le patési porte sur ses genoux la tablette de l'architecte (sorte de plan-

ment autour du corps, de manière à couvrir le bras gauche et à revenir sous le bras droit, qui reste nu; l'angle extrême est simplement repassé dans le premier et il y tient aussi solidement que s'il était agrafé. J'ai cherché à reproduire cet ajustement sur le modèle vivant, en employant l'écharpe de l'Inde, qui me sert depuis longues années, dans mon cours de l'École des Beaux-Arts, à démontrer le principe du manteau assyrien, et je l'ai reconstruit très facilement.

Nos statues apportent donc un document précieux aux artistes qui ont à représenter l'ancien costume oriental des âges bibliques. Mais un fait historique curieux entre tous est le rapprochement que l'on peut faire entre cet ancien costume chaldéen et celui que porte, dans une célèbre peinture égyptienne des tombeaux de Beni-Hassan de la XII° dynastie, la tribu asiatique en voyage qui vient se présenter au gouverneur d'un nome de l'Égypte : c'est le même emploi du châle frangé, ajusté transversalement sur une seule épaule.

Ce qui distingue, au premier aspect, le manteau chaldéen du manteau babylonien ou assyrien des âges suivants, c'est que les franges, au lieu d'être sculptées en relief, avec tout le luxe et toute la complication de leurs passementeries, sont exprimées par de simples traits parallèles, gravés à la pointe. En revanche, le sculpteur chaldéen a cherché, avec beaucoup de naïveté et de justesse, à donner quelque idée du relief et de la direction des plis du vêtement. Cette première et timide étude des plis est d'autant plus remarquable que c'est une tentative

chette enduite probablement d'argile crue), avec un plan déjà tracé, avec le stylet à dessiner ou à écrire, enfin avec la règle graduée. Cette règle, M. Heuzey l'a fait mouler à part sur l'une des statues assises, et restaurer avec soin, et en a offert en 1886, au nom de M. de Sarzec, le premier exemplaire à la Société centrale des architectes.

isolée, qui ne se reproduit ni dans la statuaire égyptienne ni dans la suite de l'art assyrien. Elle témoigne d'un sentiment sculptural que l'art grec seul retrouvera, pour donner au jeu des draperies le magnifique développement que nous connaissons.

A propos du costume, nous ne pouvons passer sous silence l'étonnante tête à turban (1), découverte dans un des tells voisins du grand édifice. Cette coiffure est formée de plusieurs tours d'une étoffe semée de petits enroulements en relief, par lesquels on cherchait peut-être à rappeler de loin l'aspect d'une chevelure frisée, mais sans avoir la prétention de reproduire exactement la chevelure, comme le faisaient les Égyptiens. M. de Sarzec a observé que les prêtres chrétiens du rite chaldéen portaient encore aujourd'hui un turban noir, fait d'une étoffe tout à fait semblable : c'est un curieux exemple de la persistance des usages du costume dans l'Orient moderne.

J'ai défini sommairement les principaux caractères de la sculpture chaldéenne au temps de Goudéa; mais ce n'est pas la seule époque de l'art chaldéen qui soit représentée par les monuments découverts à Tello.

Je ne m'arrête pas à une petite statue, qui m'avait frappé tout d'abord par des différences de style assez sensibles, et sur laquelle j'ai relevé en effet un autre nom, celui que les assyriologues ont lu *Ourbaou* et qui se retrouve sur un grand nombre de cônes de terre cuite, jetés dans les fondations et dans les vides de la construction. C'est justement la figure que M. de Sarzec a dé-

---

(1) Cette tête n'est pas seulement remarquable par sa coiffure; le type de la physionomie est également très intéressant, et d'un aspect bien moins sévère que celui des autres têtes d'homme déterrées à Tello. Le menton est large et puissant, le nez épaté, le visage rond et presque souriant.

couverte isolément, dans un couloir voisin du massif à étages.

A côté des statues, nous avons une multitude de fragments calcinés par l'incendie ou martelés avec une volonté de destruction manifeste : on y reconnaît les débris de deux périodes très différentes. Celle que nous mentionnons la première montre une exécution très avancée, poussée jusque dans les moindres détails de la décoration et du relief, avec une délicatesse souvent merveilleuse.

L'existence de cette époque de perfection dans l'art chaldéen est un fait dont les petites figures de terre cuite chaldéo-babyloniennes m'avaient déjà donné le pressentiment. Après avoir décrit une première classe de figurines d'un travail très simple, un peu courtes de proportions, qui répondent exactement au caractère des statues de Tello, j'avais distingué une seconde série d'une rare finesse, dont je disais en propres termes :

« Nous arrivons maintenant à un fait qui n'a pas été « signalé et qui est de grande conséquence pour l'his-« toire de l'art : Les progrès de la même fabrique chal-« déenne de terres cuites ont produit des ouvrages d'un « style perfectionné et d'une rare délicatesse, où le pre-« mier réalisme s'est changé en une vérité charmante... « et l'on ne songe pas sans émotion à ce que pouvaient « être de grands ouvrages, de pierre ou de métal, exé-« cutés dans le même style. »

Grâce au soin consciencieux et à l'esprit vraiment scientifique avec lequel ont été conduites les fouilles de M. de Sarzec, nous possédons aujourd'hui un certain nombre de fragments de sculpture chaldéenne, où les mêmes qualités de finesse et de perfection se font remarquer. Je citerai particulièrement :

1° Une tête mutilée, qui n'était plus rasée, comme les

précédentes; toutes les fines torsades de la barbe et de
la chevelure y sont sculptées en relief avec une précision admirable, malgré la dureté de la pierre, qui est
une très belle sorte de diorite;

2° Plusieurs fragments de statues ou de statuettes, où
la décoration des franges et des bordures du vêtement
est traitée avec autant de variété que de finesse;

3" Plusieurs fragments de figurines d'un travail non
moins délicat, surtout une petite tête de stéatite, qui
reproduit le type des grandes statues avec une grâce et
une recherche qui en font un véritable bijou; c'est seulement dans ce type perfectionné que les yeux recom-
mencent à prendre une direction oblique;

4° Un débris de bas-relief, dont il ne reste plus qu'un
petit pied d'un modelé ravissant, avec un bout d'ornement représentant un vase d'où s'échappent deux gerbes
d'eau et des poissons; le relief à peine sensible et
l'extrême finesse de ce motif font penser aux prodiges
de la ciselure japonaise;

5" Un support entouré de petites figures accroupies, à
la barbe frisée, aux cheveux divisés en deux longues
boucles;

6° Un fragment calciné, qui provient d'un petit bas-
relief, non moins étonnant par la finesse exquise du
travail que par la familiarité du sujet : il représente deux
figures qui se tiennent enlacées et que leurs hautes
tiares chaldéennes désignent comme un couple royal ou
divin.

Nous passons maintenant à une autre classe de fragments, qui nous reportent au contraire à la période
archaïque, peut-être même aux premiers essais de la
sculpture chaldéenne, et qui doivent remonter par
conséquent à une antiquité très reculée. Cette haute
antiquité est attestée par la forme de l'écriture : les carac-

tères gravés sur ces débris sont dessinés par de simples traits, qui laissent entrevoir la forme des idéogrammes primitifs.

Il suffira de signaler, pour le moment, un seul exemple de cette première sculpture chaldéenne. Ce sont trois fragments d'une grande stèle de pierre blanche, couverte sur ses deux faces d'inscriptions du type archaïque et de bas-reliefs, qui représentent d'étranges scènes de guerre et de carnage : ici des troupes de vautours emportant des têtes et des membres humains; là des cadavres entassés, sur lesquels montent des hommes portant des corbeilles; ailleurs des personnages de proportion plus grande, coiffés du bonnet à double corne, si souvent figurés sur les cylindres, et tenant une sorte d'enseigne militaire, en forme d'aigle éployée (1).

L'inexpérience se trahit partout dans le dessin des figures : l'œil est presque triangulaire, l'oreille rudement indiquée; le nez aquilin est confondu avec le front par une seule courbe. On peut remarquer, à titre de rapprochement, qu'un type presque semblable se retrouve dans quelques maquettes de terre cuite très primitives de l'île de Chypre, et dans une classe de petites figures de bronze, servant à orner des vases et des ustensiles de style oriental très ancien, que l'on a rencontrées en

---

(1) C'est le monument connu sous le nom de *Stèle des vautours.* On le trouvera, comme les autres monuments de la collection de Sarzec, au Musée du Louvre. Mais si primitif qu'il soit, il semble, toutefois, appartenir à une époque sensiblement moins ancienne qu'un bas-relief en calcaire grisâtre, de 0^m,25 de large et 0^m,18 de haut, le premier, par rang d'antiquité, des fragments de sculpture trouvés à Tello. Un art plus avancé déjà caractérise un autre bas-relief que l'on a appelé « la tablette de l'aigle et du lion, » et qui est daté par une inscription relative au roi Our-Nina (2,500 ans av. J. C.). La stèle des vautours n'appartiendrait qu'à une troisième étape de la sculpture chaldéenne.

Italie, notamment dans la dernière trouvaille de *Palestrina*.

Plusieurs autres fragments représentent ce type originel de l'art chaldéen, où le profil dit sémitique est certainement plus accentué encore que dans l'âge suivant. Il faut observer aussi, à la même époque reculée, les têtes toujours rasées et sans barbe, ce qui montre la haute antiquité de cet usage en Chaldée. C'est seulement dans les figures de la troisième période que l'on voit s'introduire chez les Chaldéens le luxe de la chevelure et de la barbe, si remarquable dans les sculptures assyriennes.

Un autre rapprochement, que nous signalerons en terminant, doit être fait entre les scènes représentées sur cette curieuse stèle et les figurines de bronze découvertes aussi par M. de Sarzec. Plusieurs de ces statuettes, dont l'une nous a été décrite précédemment comme trouvée dans un tombeau chaldéen, représentent des hommes en jupon court, soutenant des deux mains sur leur tête une corbeille pleine. On trouve aussi des statuettes de femmes dans la même attitude; M. de Longpérier en a publié le premier un exemple, qui porte le nom du roi Koudour-Mapouk. Or, dans la scène qui représente des morts entassés, on voit des hommes, vêtus d'un court jupon frangé, qui escaladent le monceau de cadavres, en portant de même des corbeilles pleines sur leurs têtes. Tout fait croire que cette représentation a trait aux offrandes faites aux morts, et c'est un exemple précieux des usages funéraires, encore si peu connus, de l'ancienne Chaldée (1).

(1) Ces observations ont été pleinement justifiées par les études ultérieures dont cet art mésopotamien a été l'objet, et l'habileté technique que dénotent les antiquités de Tello a été mise en pleine lumière. Il y a moins de modelé dans les figures qui ornent la partie supérieure du *caillou Mi-*

En résumé, je crois pouvoir distinguer dès maintenant trois époque dans les monuments de l'ancienne Chaldée rapportés au Louvre par M. de Sarzec :

1° Un époque de rudesse et de naïveté primitives;

2" Une époque de sobriété déjà savante dans la technique et dans le style;

3° Une époque de recherche gracieuse et d'exécution raffinée.

LÉON HEUZEY.

(Les Fouilles de Chaldée. — Revue archéologique, novembre 1881.)

§ II. — L'ASSYRIE.

1. — Les découvertes françaises à Khorsabad.

N'ayant pour me guider dans mes recherches aucune exploitation précédente (1), et ne pouvant tenter d'ou-

chaux, sorte de borne babylonienne datée du règne de Marduk-nadin-aki (vers l'an 1120 avant notre ère) et dont l'inscription cunéiforme contient la donation d'un immeuble constitué en dot. Le caillou Michaux, ainsi appelé du nom de celui qui l'apporta en France, fut publié par Millin. Il appartient à notre Bibliothèque nationale.

(1) Une vague tradition plaçait Ninive sur les bords du Tigre, en face de Mossoul. Vers 1818, James Rich, résident de la compagnie des Indes Orientales à Bagdad, visitant les environs de Mossoul, observa les tumulus qui s'élèvent sur l'autre rive et pensa qu'ils pouvaient recéler les ruines du palais des rois de Ninive. Quelque temps auparavant, des ouvriers turcs avaient trouvé un immense bloc de pierre, couvert de sculptures d'hommes et d'animaux. Ce fragment était si remarquable que le pacha de Mossoul s'en était ému un instant; mais on finit par le tailler en pièces pour réparer les maisons de Mossoul. Vingt ans plus tard, le gouvernement français, ayant cru utile d'établir un consulat à Mossoul, nomma à ce poste M. Émile Botta. « Botta avait longtemps résidé en Orient, dans l'Égypte, le Yémen, la Syrie; il connaissait admirablement les mœurs et la langue des musulmans, et était pénétré d'un dévouement absolu aux intérêts de la science. Il était en rapports intimes avec M. Mohl, l'illustre secrétaire de la société asiatique, qui centralisait alors tout le mouvement des études

vrir le monticule de Nabi-Younès, je choisis, pour
commencer mes opérations, celui de Koyoundjouk, situé
au nord du village de Niniouah, auquel il est joint par
les restes d'une ancienne muraille de briques crues. Ce
vaste monticule est une masse évidemment artificielle,
et selon toute apparence il a dû supporter autrefois le
principal palais des rois d'Assyrie. A la face occidentale
et près de l'extrémité méridionale de cette colline,
quelques briques de grandes dimensions, cimentées avec
du bitume, semblaient indiquer des restes de constructions antiques, et c'est sur ce point qu'au mois de décembre 1842 je commençai mes fouilles.

Les résultats de ces premiers travaux furent peu
importants; mais ils ne manquent cependant pas d'intérêt, si on les rapproche des découvertes que je fis
plus tard; ils acquièrent alors une signification que
seuls ils n'auraient pas. Je me bornerai à dire ici que
mes ouvriers mirent au jour de nombreux fragments de
bas-reliefs et d'inscriptions, mais que rien de complet
ne vint me récompenser de mes peines et de mes dépenses (1). Je ne me décourageai pas cependant, et en
dépit des apparences défavorables je continuai pendant
trois mois ces recherches presques infructueuses.

Dans l'intervalle, mes travaux attirèrent l'attention.
Sans se rendre bien compte de leur but, les habitants
savaient cependant que je cherchais des pierres portant

orientales. M. Mohl appela son attention sur les indications de Rich, et
Botta, à peine arrivé à son poste, sans mission et sans secours du gouver-
nement, commença à ses frais l'exploration des ruines. » (*Essais orientaux,
L'orientalisme en France*, par James Darmesteter.)

(1) Ces fouilles de Koyoundjik ou Koyoundjouk, reprises et menées à fin
par l'Angleterre, devaient faire, quelques années plus tard, la gloire de
Layard et la fortune du British Museum. Le palais de Koyoundjik avait été
élevé par le restaurateur de Ninive, le fils de Sargon, Sennachérib, et
agrandi plus tard par le roi Assourbanipal.

des inscriptions, et que j'achetais toutes celles que l'on m'offrait. C'est ainsi que, dès le mois de décembre 1842, un habitant de Khorsabad avait été conduit à m'apporter deux grandes briques à inscriptions cunéiformes, trouvées auprès de son village, et m'avait proposé de m'en procurer autant que je le désirerais. Cet homme était teinturier, et construisait ses fourneaux avec les briques que le monticule sur lequel son village est situé lui fournissait. Comptant toujours sur la réussite de mes premières fouilles, je ne suivis pas immédiatement cette faible et unique indication; mais trois mois plus tard, c'est-à-dire vers le 20 mars 1843, fatigué de ne rencontrer dans le monticule de Koyoundjouk que des débris sans valeur, je me rappelai les briques de Khorsabad, et j'envoyai quelques ouvriers pour tâter le terrain dans cette localité. Telle est la manière dont je fus conduit à une découverte qui dépassa mes espérances, et justifia pleinement les prévisions de M. Mohl, le véritable instigateur de mes recherches. Si j'insiste sur ces détails, c'est parce que cette découverte a été racontée d'une manière certainement plus dramatique, mais complètement inexacte.

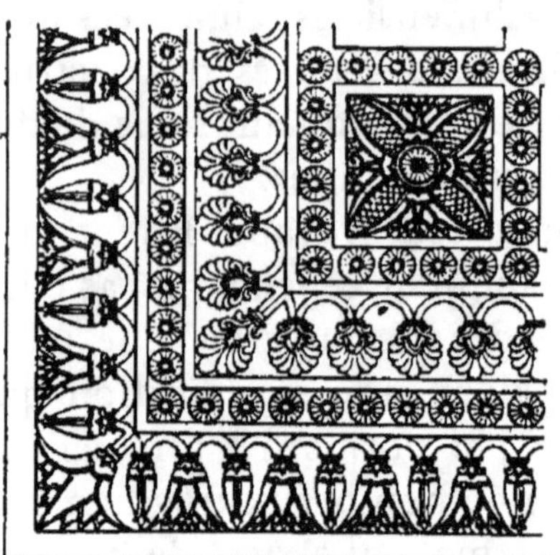

ORNEMENT DE KOYOUNDJIK.

Trois jours après, un de mes ouvriers revint de Khorsabad pour me dire qu'on y avait déterré des figures et des inscriptions. La description qu'il m'en fit était si confuse, et je me méfiais tellement des rapports exagérés, que je ne voulus pas risquer un voyage inutile, et aller vérifier moi-même ce dont je doutais encore. Je me contentai d'envoyer un de mes domestiques, avec ordre de me copier quelques caractères des inscriptions. J'acquis ainsi la certitude que ces inscriptions étaient cunéiformes, et je n'hésitai plus alors à aller moi-même à Khorsabad, où, avec un plaisir que l'on comprendra sans peine, j'eus la première révélation d'un nouveau monde d'antiquités.

Mes ouvriers avaient eu le bonheur de commencer les fouilles précisément dans la partie du monticule où le monument était le mieux conservé, de manière qu'il n'y avait plus qu'à suivre les murailles déjà découvertes pour arriver infailliblement à déblayer l'édifice tout entier (1).

... Par une lettre datée du 5 avril 1843, je m'empressai d'annoncer mes premiers succès à M. Mohl, et de lui envoyer un plan de ce qui avait déjà été déblayé.

(1) « De jour en jour, à mesure que la pioche avançait, de nouveaux pans de murs s'allongeaient, avec leurs scènes vivantes, leurs guerriers, leurs rois, leurs prêtres, leurs dieux, leurs batailles, leurs adorations et les longs récits en langue mystérieuse, qui déroulaient les files interminables de leurs caractères étranges, profondément enfoncés dans la pierre comme par une main cyclopéenne... L'éblouissement de Mariette entrant dans le Sérapéum peut donner à peine une idée de ce que sentirent Botta, et l'Europe après lui, en voyant émerger après tant de siècles ce vieil empire englouti, cette civilisation dont il ne restait qu'un souvenir douteux, objet de disputes entre les savants... » (James Darmesteter, *ouvr. cit.*) Botta se figura à tort avoir exhumé la capitale historique de l'Assyrie, la Ninive des écrivains classiques et des prophètes: les fouilles de Place (*v. p. loin*) ont démontré qu'il se trompait. C'est cette erreur qui explique le titre que Botta a donné au grand ouvrage dont le passage ci-dessus est extrait : *Monument de Ninive.* Le monument que Botta a retrouvé n'était point compris dans l'enceinte de Ninive : on sait aujourd'hui que le palais et la ville créés par une royale fantaisie de Sargon, la douzième année de son règne, à la fin du huitième siècle avant notre ère, étaient situés en réalité à quelques lieues de la grande capitale. « Ce fut, a dit M. G. Perrot, comme le Versailles de ce Louis XIV assyrien. »

J'y joignis des copies d'inscriptions, et des dessins bien imparfaits sans doute, mais ayant au moins le mérite de la naïveté. Cette lettre fut communiquée le 7 juillet 1843 à l'Académie des inscriptions et belles-lettres, puis insérée dans le *Journal de la Société Asiatique* de Paris.

Malgré quelques difficultés causées par la mauvaise volonté du pacha de Mossoul et par les craintes des habitants du village, je fis continuer les fouilles avec une activité excitée de plus en plus par l'abondance de leurs produits; et le 2 mai 1843 je pus adresser à M. Mohl une seconde lettre plus importante que la première, et accompagnée de nouvelles inscriptions et de nouveaux dessins...

Cette seconde lettre fut, comme la première, communiquée à l'Académie des Inscriptions, et insérée dans le *Journal de la Société Asiatique.*

Jusque-là les fouilles de Khorsabad, comme celles du monticule de Koyoundjouk, avaient été exécutées à mes frais; et la modicité de mes ressources personnelles m'aurait bientôt forcé à les interrompre; mais, par décision du 24 mai 1843, M. le comte Duchâtel, ministre de l'Intérieur, mit à ma disposition une somme de 3000 francs, et je pus dès lors donner plus d'activité et d'étendue à mes travaux (1).

Ce ne fut cependant pas sans rencontrer des obstacles sans cesse renaissants; les environs marécageux du village de Khorsabad ont une réputation proverbiale d'insalubrité, qui fut bien justifiée par mon expérience personnelle et par celle des ouvriers que j'employais. Nous en éprouvâmes tour à tour les dangereux effets, et je

____

(1) En même temps, un dessinateur de talent, M. Flandin, était envoyé à Mossoul pour dresser les plans et dessiner les sculptures.

faillis une fois en devenir la victime. Mais ce fut la moindre de mes difficultés, et la mauvaise volonté de l'autorité locale en était une bien plus inquiétante et bien plus difficile à vaincre. Les musulmans, trop ignorants pour comprendre les vrais motifs de nos recherches scientifiques, les attribuaient toujours à la cupidité. Ne pouvant s'expliquer les dépenses que nous faisions pour déterrer des débris antiques, ils croyaient que nous cherchions des trésors. Les inscriptions que nous copiions avec tant de soins, étaient à leurs yeux des talismans qui gardaient ces trésors, ou qui nous indiquaient où ils se trouvaient; d'autres, qui se croyaient plus habiles sans doute, avaient recours, pour expliquer nos recherches, à une supposition plus bizarre encore; ils s'imaginèrent que leur pays avait appartenu anciennement aux Européens, et que ceux-ci cherchaient dans les inscriptions des titres constatant leurs droits, à l'aide desquels ils pussent un jour revendiquer la possession de l'empire ottoman.

Ces absurdes préjugés ne pouvaient manquer d'influencer le caractère cupide et soupçonneux de Mehmed Pacha, alors gouverneur de la province de Mossul; et il ne tarda pas à s'inquiéter de mes recherches, qu'il avait cependant d'abord autorisées. Préoccupé de l'idée de trésors cachés dans les ruines que je déterrais, il se contenta d'abord de faire surveiller mes ouvriers par des gardiens, et de se faire apporter les moindres objets de métal que les fouilles mettaient à découvert; il soumettait ces débris à toutes les épreuves possibles pour s'assurer qu'ils n'étaient pas d'or; puis s'imaginant que malgré cette surveillance les hommes que j'employais pouvaient lui soustraire des objets précieux, il menaçait de les mettre à la torture pour les forcer à lui révéler l'existence de ces trésors imaginaires; aussi plusieurs fois mes ouvriers furent-ils sur le point de m'abandonner, malgré les assurances de protection que je pouvais leur donner, tant ils connaissaient bien le caractère cruel de Mehmed Pacha. Ce fut une lutte de tous les jours, des négociations sans cesse à recommencer; et le dégoût m'aurait peut-être forcé à tout abandonner, si je n'avais pas été encouragé par la certitude que j'avais acquise de l'intérêt extrême de ma découverte. Les travaux, souvent interrompus par ces tracasseries, avancèrent cependant peu à peu jusqu'au commencement du mois d'octobre 1843, époque à laquelle le pacha, obéissant peut-être à des insinuations parties de Constantinople, m'interdit formellement de continuer les fouilles. Il lui fallait un prétexte, mais un gouverneur turc n'en manque jamais, et voici celui qu'il inventa. Avec sa permission expresse, j'avais fait bâtir à Khorsabad une petite maison pour m'y loger quand j'allais visiter les ruines. Le pacha prétendit que cette maison était une forteresse élevée par moi pour dominer le pays; il informa son gouvernement de cette grave circonstance, et mes innocentes recherches prirent subitement les proportions d'une question internationale.

Je ne perdis pas de temps pour faire lever cette interdiction; par un courrier expédié le 15 octobre 1843, j'informai M. le baron de Bourqueney, ambassadeur à Constantinople, de ce qui se passait, et je le priai de demander à la Porte les ordres nécessaires pour que je pusse continuer librement des travaux exécutés alors par ordre et aux frais du gouvernement français; en attendant le succès des démarches de l'ambassade, j'eus beaucoup de peine à obtenir de Mehmed Pacha qu'il ne fît pas démolir ma maison de Khorsabad, ni remplir les excavations, qu'il affectait de considérer comme les fossés de ma prétendue forteresse. Il finit cependant par m'accorder un délai, espérant que ses mensonges obtiendraient du crédit à Constantinople, et que la Porte approuverait sa conduite. Les moyens qu'il employa pour parvenir à ce but étaient très curieux, et me donnèrent l'occasion d'apprendre comment il se fait que le gouvernement turc soit constamment trompé sur ce qui se passe dans les provinces de l'Empire. Par une longue expérience les habitants de Mossul savaient que Mehmed Pacha ne reculait devant aucun moyen pour arriver à ses fins; aussi la crainte les rendait-elle dociles à ses volontés. Il força d'abord le cadi de Mossul à aller à Khorsabad, et à rédiger un rapport mensonger sur l'étendue de ma forteresse; ce rapport fut envoyé à Constantinople, accompagné d'un plan imaginaire propre à donner l'idée la plus effrayante de cette humble chaumière. Puis il fit rédiger une pétition contre la continuation de mes recherches, et força les habitants de Khorsabad à la signer; cette pétition fut également envoyée à Constantinople. Pendant tout ce temps Mehmed Pacha ne cessait de protester devant moi de sa bonne volonté, m'assurait qu'il était étranger aux difficultés que je rencontrais, et me donnait par écrit les ordres les plus favorables, tout en menaçant ensuite les habitants du bâton s'ils avaient le malheur d'y obéir. Un trait seul de cette longue comédie peindra la manière dont Mehmed Pacha jouait son rôle. Je lui dis un jour que les premières pluies de la saison avaient fait tomber une partie de la maison bâtie à Khorsabad. Il se mit à rire de l'air le plus naturel, et s'adressant aux nombreux officiers qui l'entouraient, il leur dit : « Voyez quelle est l'impudence des habitants de Khorsabad; ils prétendent que le consul de France a fait construire une redoutable forteresse, et un peu de pluie suffit pour la démolir! Je vous assure, monsieur le Consul, que si je n'avais peur de vous faire de la peine, je les ferais tous mourir sous le bâton; ils le méritent bien pour avoir osé vous accuser. » Et c'était lui qui avait inventé ce conte, et ses menaces seules empêchaient les habitants de le démentir.

Mais il restait à obtenir le consentement de la Porte; et l'on aura peine à s'imaginer toutes les difficultés que l'ambassade de France eut à vaincre pour décider le Divan à ne plus faire semblant de croire à ce fantôme de fortifications soi-disant élevées par le consul de France à Mossul. Quelques obstacles plus réels, et fondés sur des particularités de la loi musulmane, s'ajoutaient d'ailleurs à ce ridicule prétexte. Le village de Khorsabad était bâti sur le monument qu'il s'agissait de déblayer; il fallait obliger les habitants à transporter ailleurs leur domicile, et à démolir leurs anciennes maisons. Or, la loi ne permet pas d'empiéter sur des terrains propres à la culture, et l'espace destiné au nouveau village ne pouvait par conséquent être pris sur les terrains de cette nature qui entouraient le monticule.

L'insistance de M. le baron de Bourqueney triompha des répugnances de la Porte. En vertu d'une convention spéciale, les habitants de Khorsabad furent autorisés à me vendre leurs maisons, et à aller s'établir momentanément au bas du monticule. On me permit de conserver la maison, cause de tant de débats, jusqu'à la fin des travaux. Les fouilles furent permises à condition de remettre ensuite le terrain dans son état primitif, pour que le village pût être rebâti sur le même emplacement; enfin un commissaire de la Porte fut envoyé à Mossul pour prévenir de nouvelles difficultés. Mais cette négociation, rendue interminable par le mauvais vouloir du Divan, avait pris plusieurs mois, et ce ne fut que le 4 mai 1844 que M. Flandin, arrivant

à Mossul, put m'apporter les firmans demandés par moi
en 1843.

Rien ne s'opposait donc plus à la reprise des travaux;
j'avais à ma disposition des fonds suffisants pour achever le déblai du monument tout entier; M. Flandin
était arrivé pour dessiner les bas-reliefs, et je pouvais
en outre compter sur son assistance active et cordiale.
Je pris en conséquence toutes les mesures nécessaires
pour commencer immédiatement et pousser activement
les travaux. Il fallait d'abord débarrasser le terrain des
maisons qui le couvraient; ce fut chose facile et je n'eus
point de peine à contenter leurs humbles propriétaires,
qui désiraient eux-mêmes le déplacement du village, et
se trouvaient heureux de l'opérer à mes dépens. Mais
il fallait encore désintéresser les propriétaires ou plutôt
les usufruitiers du terrain sur lequel devait être bâti le
nouveau village; et leurs prétentions étaient si exorbi-
tantes, qu'elles auraient absorbé une grande partie des
fonds qui m'avaient été alloués, si le pacha, en me rappelant par hasard une des singularités de la loi turque,
ne m'avait fourni lui-même un moyen de les forcer à
modérer leurs demandes.

Lorsque je traitais devant le pacha de l'achat des
maisons, le fondé de pouvoir des sept individus qui
se partageaient le terrain eut l'imprudence de réclamer
pour eux une indemnité; le pacha lui répondit qu'ils
n'y avaient aucun droit, parce que le Sultan était seul
maître de la terre, et en disposait comme il le voulait.
Ce fut un avis pour moi; et fort de cet argument, il
me fut facile de déterminer les propriétaires à accepter
avec reconnaissance une indemnité convenable, que
j'aurais eu le droit de leur refuser. Mais ils sentaient
si bien eux-mêmes combien leur demande était en
réalité mal fondée, qu'ils ne voulurent pas me donner

un reçu, et me prièrent de garder le silence, de peur que leur insistance ne parvînt jusqu'aux oreilles du pacha.

Toutes les difficultés étant levées vers le mois de mai 1844, je recommençai enfin les fouilles longtemps interrompues et ne m'arrêtai plus jusqu'à la fin du mois d'octobre de la même année.

A cette époque je considérai comme complète l'exhumation de ce qui restait du palais de Khorsabad, et je mis par conséquent un terme aux travaux d'exploitation (1).

M. Flandin avait terminé les dessins, ou du moins ceux qu'il était indispensable de terminer sur les lieux pour servir de modèles aux doubles qui se représentaient si souvent. Sa tâche dès lors était remplie. Le 9 novembre il put quitter Mossul, et aller à Paris soumettre son travail à l'Académie des Inscriptions et Belles-Lettres, et en faire admirer les résultats au public lui-même, en même temps que jouir d'un repos bien nécessaire après six mois de souffrances et de fatigues. Mais ma tâche n'était pas finie. J'avais d'abord à achever la copie des inscriptions, travail commencé un an avant l'arrivée de cet artiste, continué pendant tout son séjour, et qui m'occupa encore plusieurs mois après son départ. En outre, conformément aux ordres du Gouvernement, nous avions choisi de concert les morceaux de sculpture les plus remarquables et les mieux conservés pour les envoyer en France (2); et après le départ de M. Flandin je restai seul pour préparer et emballer

(1) Deux mille mètres de murs, couverts d'inscriptions et de sculptures, étaient déblayés : Flandin avait dressé le plan et dessiné cent trente bas-reliefs. Botta avait copié deux cents inscriptions.

(2) Deux géants étouffant un lion dans leurs bras, et deux taureaux ailés à tête royale.

ces précieux débris, les faire transporter à Mossul, et de
là les expédier à Bagdad. En effet, toutes les difficultés
qui s'opposaient à cette exportation avaient été levées.
La Porte avait d'abord mis quelques restrictions à l'en-
lèvement des sculptures ; mais elle avait fini par céder
à l'insistance de M. le baron de Bourqueney, qui n'avait
cessé de prendre le plus vif intérêt à l'exhumation de
Ninive. Il obtint les ordres nécessaires, et je restai libre
d'enlever tous les objets dont l'envoi en France me paraîtrait désirable.

J'eus alors à lutter contre un nouveau genre de difficultés : je n'avais à ma disposition ni machines ni
ouvriers habitués à de pareils travaux ; tout me manquait à la fois, et cependant je devais transporter, à
quatre lieues de distance, des blocs dont quelques-
uns pesaient jusqu'à 10 et 12,000 kilogrammes. Il
fallut tout inventer, tout enseigner, et surtout ne pas
désespérer du succès après bien des essais souvent in-
fructueux. La nécessité me força, bien contre mon gré,
à scier en plusieurs morceaux quelques pièces dont le
poids et les dimensions auraient rendu le transport,
sinon impossible, au moins trop dispendieux. Quant à
l'emballage, comme il n'y avait pas moyen de faire
construire des caisses assez solides, je fus obligé d'a-
dopter le système le plus simple ; je me contentai de
recouvrir la surface sculptée des bas-reliefs avec des
poutres reliées par des écrous à des pièces de bois cor-
respondantes, placées sur la face postérieure. L'expérience a prouvé que ces moyens de protection pouvaient
remplir leur but.

L'opération la plus difficile fut celle du transport ;
j'eus beaucoup de peine à faire construire un chariot
d'une solidité suffisante ; je dus même bâtir une forge,
afin de fabriquer des essieux assez forts pour supporter

une charge aussi lourde ; et l'on comprendra sans peine quels ouvriers j'avais à ma disposition, lorsqu'on saura que ces essieux exigèrent un travail de six semaines.

Je réussis pourtant à construire un chariot, mais j'eus tout autant de peine à trouver les moyens de le traîner. Le pacha de Mossul m'avait d'abord prêté quelques buffles habitués à ce travail, qu'il me reprit plus tard par un caprice inexplicable ; j'essayai alors, mais inutilement, d'employer des bœufs de labour, et en définitive je fus contraint d'avoir recours aux bras des Nestoriens. En outre, la route de Khorsabad à Mossul, détrempée par des pluies continuelles, n'offrait aucune résistance ; les roues du chariot, malgré leur épaisseur de près d'un mètre, enfonçaient dans la boue jusqu'aux essieux ; dans plusieurs endroits je fus obligé de faire paver la route, ou de la couvrir avec des planches ; deux cents hommes suffirent à peine pour traîner quelques-uns des blocs. Les difficultés étaient telles, que plus d'une fois j'eus lieu de craindre de ne pouvoir expédier cette année les pièces les plus lourdes, et en même temps les plus intéressantes.

Le temps pressait en effet ; si des pluies abondantes gênaient, à Mossul, mes travaux, par un contraste fâcheux il était tombé, pendant l'hiver de 1844 à 1845, très peu de neige dans les montagnes ; aussi non seulement le Tigre fut loin d'atteindre sa hauteur ordinaire, mais encore il commença à décroître bien avant l'époque accoutumée. Il fallait cependant profiter des hautes eaux pour envoyer à Bagdad les objets destinés à l'exportation ; car le transport des sculptures exigeait des radeaux d'une dimension inusitée, et quelques jours de retard pouvaient me mettre dans la nécessité d'attendre l'année suivante.

A force d'activité je parvins à surmonter les obsta-

cles et à terminer ces pénibles opérations avant que le
Tigre eût achevé de décroître. Au mois de juin 1845,
huit mois après l'achèvement des fouilles, toutes les
sculptures avaient été amenées sur le bord du fleuve,
et, au moyen d'un plan incliné pratiqué dans la berge,
embarquées sur des radeaux. Ce dernier travail fut malheureusement clos par un triste accident. On travaillait
à charger le dernier bloc, et déjà on l'avait placé sur
le plan incliné; pour le mettre en mouvement, un des
Nestoriens s'obstina, malgré des avertissements réité-
rés, à le tirer par devant; on ne put arrêter la course de
cette lourde masse déjà ébranlée, et le malheureux ouvrier fut écrasé contre les pièces précédemment chargées sur le radeau. Ce fut le seul accident grave que
j'aie eu à regretter pendant toute la durée des travaux.
.... A la fin du mois de mai toutes les sculptures extraites
du monticule de Khorsabad avaient été heureusement
débarquées à Bagdad, et confiées aux soins intelligents
de M. le baron Loewe de Veymars, consul général de
France, désormais chargé de les acheminer vers leur
destination définitive. Pendant un an il les eut en
quelque sorte sous sa garde; car les nécessités du service
ne permirent pas plus tôt l'envoi d'un bâtiment de l'État
et les rares navires de commerce qui fréquentent le golfe
Persique n'auraient pu se charger d'une semblable
cargaison. Ce fut seulement au mois de mars 1846 que
la gabare le *Cormoran*, commandée par M. le lieutenant
de vaisseau Cabaret, put arriver à Bassora. M. Loewe
de Veymars eut alors, pour charger ces masses à bord
des barques du pays, tout autant de peine que j'en avais
eu à les envoyer jusqu'à Bagdad; mais il réussit également à leur faire descendre le Tigre jusqu'au lieu où
le navire avait dû les attendre. Au commencement du
mois de juin M. Cabaret avait pu les embarquer sans

accident, et partait de Bassora pour revenir en France, où après une heureuse traversée il arriva au mois de décembre 1846. Après avoir touché à Brest, le *Cormoran* vint au Havre ; et dans les derniers jours de l'année, M. Cabaret put y débarquer la première collection d'antiquités assyriennes qui eût encore été apportée en Europe. Par ordre de M. le Ministre de l'intérieur, j'étais allé en surveiller le transbordement sur le chaland destiné à la porter à Paris, où elle a été débarquée sans accident, et placée au Louvre (1).

ÉMILE BOTTA.

(*Monument de Ninive*, découvert et décrit par P.-E. Botta, mesuré et dessiné par E. Flandin, publié aux frais de l'Etat. Paris, 1849, Imprimerie nationale, tome V, p. 4-16.)

2. — *La construction en Assyrie : les matériaux.*

Dans un genre spécial de construction, constituant un ordre d'architecture à part, la première question à con-

---

(1) L'Angleterre suivit la voie si brillamment ouverte par Botta. Le diplomate Henri Layard, qui s'était tenu au courant des fouilles de l'explorateur français, s'établit en 1846, au sud de Mossoul, au tumulus de Nimroud, et le monticule, en s'ouvrant, mit au jour un palais de même style que celui de Khorsabad, et comme lui couvert de sculptures et d'inscriptions. Ce n'est pas tout : M. Botta, nommé consul à Jérusalem (1849), ayant quitté le champ de ses découvertes, Layard s'en empara et poussa ses fouilles avec une décision et une sagacité qui furent splendidement récompensées ; tout un monde de palais trouvé sous la butte de Koyoundjik, fournit bientôt au musée assyrien du British Museum une collection d'une richesse incomparable. En 1853, sur les instances de M. Mohl et de l'Institut, le gouvernement français rendit son patronage à l'œuvre de Botta, dont le successeur à Mossoul, M. Place, reçut l'ordre de reprendre les fouilles à Khorsabad. M. Place découvrit de nouvelles salles, des souterrains voûtés, des corridors en briques émaillées, etc. En même temps une expédition dirigée par Fulgence Fresnel, assisté de MM. Oppert et Thomas, était envoyée dans la basse Mésopotamie ; mais, entreprise dans des conditions défavorables, elle ne donna pas des résultats comparables à ceux de la mission anglaise de Loftus.

sidérer est celle des matériaux, car ils sont la substance
et, en quelque sorte, l'étoffe dont les bâtisses sont faites.
Ils influeront sur toutes les parties de l'édifice : la solidité, la grandeur, la décoration, et même la distribution.
dépendront essentiellement du bon choix des matériaux;
et cette influence est rationnelle si l'architecte a la sa-
gesse de subordonner l'exécution du travail aux moyens
dont il dispose, sans les exagérer ou sans en fausser la
nature. Aussi, lorsque les hommes ont songé à élever
leurs demeures, ils ont dû se préoccuper d'abord des ressources que le territoire leur offrait. Bien peu de peuples, en effet, ont pu ou voulu tirer de l'étranger les substances lourdes propres à bâtir, et encore, dans ces
occasions, se sont-ils bornés aux marbres, aux albâtres,
c'est-à-dire, aux pièces d'ornement. Sous le rapport de
ces emprunts, les Assyriens se sont montrés absolument
exclusifs; ils ont même été si loin dans cette voie que,
ayant à leur disposition et à des distances peu considérables, des matériaux d'excellente qualité, ils ont préféré
user des éléments imparfaits fournis par le sol même où
ils posaient les palais et les villes. Cet exclusivisme systématique ne sera pas une des phases de la civilisation
ninivite les moins curieuses à observer.

De là résulte donc le petit nombre d'éléments dont la
présence a été constatée dans les bâtisses assyriennes;
on y compte seulement trois substances : l'argile crue,
les briques cuites au four (1) et la pierre calcaire (2). Il
n'en existe pas d'autres à Khorsabad; partout ailleurs où

---

(1) L'art de cuire la brique remontait en Chaldée jusqu'à la plus haute
antiquité; chez les Ninivites, c'était une pratique traditionnelle, et ils y apportaient un soin extrême, comme une rare habileté.

(2) La pierre calcaire mise en œuvre dans les constructions assyriennes
est de deux sortes : l'une fine, dure, à grains serrés, un peu coquilleuse;
l'autre plus tendre et plus friable, de qualité inférieure. La pierre calcaire
était employée dans les revêtements et les dallages.

des fouilles ont été faites, qu'elles aient été fructueuses comme à Koyoundjick et à Nemrod, ou bien qu'elles aient donné peu de résultats comme à Karamles, Bachéika, Karakouch et autres localités, les explorateurs n'ont aperçu aucune autre classe de matériaux dans les fabriques d'origine vraiment assyrienne. Les édifices, il est vrai, renferment d'autres matières : ce sont les briques émaillées, les plaques de gypse et de basalte (1); mais elles ont été utilisées uniquement dans les décorations intérieure sou extérieures et ne font jamais partie du corps même de la bâtisse. J'en dis autant du bois et des métaux, dont l'usage a été plus accessoire encore. Du moment que le système de toiture ne comportait ni chevrons, ni poutres, et que les murs droits et les planchers les comportaient moins encore, le bois ne pouvait avoir qu'une destination secondaire, pour les vantaux des portes et certains ornements. Quant au plomb et au bronze, on les rencontre comme gonds ou comme pivots, et ils n'avaient aucun emploi dans un mode de

(1) Notre Musée du Louvre contient de nombreux spécimens de cet albâtre gypseux que l'architecte assyrien préférait pour décorer les portes monumentales et pour garnir les parois des pièces les plus riches; cette matière, à cause de son peu de dureté, était spécialement réservée aux ornements intérieurs. L'albâtre assyrien se brise très facilement et s'altère très vite. Si la collection du Louvre ne laisse pas voir encore des traces trop apparentes de dégradation, il n'en est point de même à Londres, où le climat est plus humide et plus chargé de vapeurs salines. « Dans les riches galeries du British Museum, écrit M. Place, les sculptures ne m'ont pas paru avoir le même aspect que je leur avais vu dans le pays à leur sortie de terre : elles se sont recouvertes d'une couche jaunâtre qui enlève au travail artistique une partie de sa finesse et de sa fraîcheur. Aussi a-t-il fallu entourer de châssis de verre plusieurs bas-reliefs. Les Assyriens n'ont cependant pas craint de mettre en œuvre l'albâtre par grandes masses : témoin les taureaux monolithes que nous possédons au Louvre; en place, ils pesaient environ 32,000 kilogrammes. Or, il y en avait de plus énormes encore : les taureaux ailés qui étaient placés, à Khorsabad, aux portes des deux principales façades, pesaient plus de 40,000 kilogr.

construction qui n'admettait ni scellements, ni armatures de consolidation.

De toutes les architectures connues, aucune ne se présente donc avec un système de matériaux aussi simplifié, disons même aussi imparfait; et, si nous poussons cette question à ses dernières limites, nous arrivons à établir que la bâtisse ninivite se compose, en définitive, d'un seul élément, *l'argile*. Écartons le bois et les métaux, éléments purement accessoires, écartons également les matériaux secondaires, c'est-à-dire les briques émaillées, les plaques de gypse et les basaltes, consacrées à l'ornementation, il nous reste seulement l'argile, les briques et le calcaire; mais le calcaire lui-même ne fait pas, à la rigueur, partie intégrante de la construction : il constitue une fondation d'un mètre de hauteur à l'enceinte de la ville; le reste de cette muraille, haut de vingt-deux mètres, est exclusivement en argile. En ce qui concerne le Palais, le calcaire ne figure ni dans le monticule artificiel, ni dans les murs, ni dans les voûtes; on le voit seulement dans les dallages de quelques cours, ensuite au mur de soutènement, où il n'a d'autre objet que de maintenir et de décorer, à l'extérieur, le massif terreux. Quant aux briques cuites au four, si, après la cuisson elles forment une sorte de pierres artificielles, elles n'en sont pas moins, à bien prendre, de l'argile ordinaire, modifiée par l'action du feu. D'ailleurs, même à l'état de briques cuites, l'argile de la plaine de Khorsabad n'est guère employée qu'au carrelage des cours et des chambres, et, si ces briques font partie d'une véritable construction, c'est uniquement dans les conduits souterrains courant à travers l'épaisseur du monticule, en dessous des planchers et des aires. Que nous reste-t-il donc pour le corps visible de la bâtisse, si ce n'est l'argile?.....

Les murs du Palais atteignaient des hauteurs considérables, dépassant quinze à seize mètres en certains endroits; les épaisseurs vont parfois jusqu'à huit mètres; la muraille d'enceinte était haute de vingt-trois mètres et épaisse de vingt-quatre; les nombreuses tours qui la flanquent n'avaient pas moins de cent pieds d'élévation; et cependant ces énormes masses sont exclusivement en argile crue. Il y a là un fait unique dans l'histoire de l'architecture et qu'il est bon d'analyser à fond.

Cette analyse est d'autant plus utile que les expressions *argile crue, briques crues*, peuvent donner lieu à une équivoque. L'antiquité a fait un assez fréquent usage d'une catégorie de matériaux désignés habituellement sous le nom de briques crues; on en cite de nombreux exemples en Asie et en Grèce. A Athènes, un mur de la ville et plusieurs murs de temples étaient en briques crues; le palais de Crésus, celui du roi Mausole étaient bâtis de la même manière. En Égypte, où cependant l'on ne s'attendrait à voir que des constructions en granit, on a constaté l'existence d'une pyramide, remontant aux temps les plus reculés et tout entière de briques crues. Il n'est pas jusqu'aux Romains qui, au dire de Vitruve, n'en aient aussi connu l'emploi. Mais ces briques étaient crues, en ce sens seulement qu'elles n'avaient pas subi l'action du feu; en revanche, elles avaient été exposées à l'air et au soleil, et soumises à une dessiccation prolongée. Elles perdaient ainsi toute leur humidité primitive; elles devenaient des matériaux secs, durs, cassants et doués d'assez de consistance pour être appareillés comme des briques cuites. Pour que la pâte, d'abord humide et molle, acquît ces diverses qualités, il fallait laisser écouler un long intervalle, parfois même plusieurs années, entre le moment de la fabrication et celui de la mise en œuvre. Vitruve cite l'exemple de la ville d'Utique, où il n'était pas permis d'employer ces sortes de briques, si le magistrat n'en avait reconnu la dessiccation complète. Du reste, cette catégorie de matériaux n'est pas inconnue aux modernes; elle est utilisée dans les hauts fourneaux, et prend alors le nom de *brique réfractaire*. Tel n'est pas le cas de l'argile de Khorsabad. Après la malaxation de la terre et le moulage des briques, celles-ci ont été consacrées immédiatement à l'érection des murs. Elles conservaient encore un certain degré de mollesse et d'humidité au moment où elles ont été appareillées.

Pourquoi les Assyriens ont-ils adopté cette substance de préférence à toute autre (1)?

(1) M. Place se demande aussi d'où elle était tirée, et comment elle était traitée et préparée pour devenir propre à bâtir. Pour l'origine de l'argile, la réponse est fournie par la nature même du terrain, que M. Place a minutieusement étudiée, lorsque, pour le transport des grands monolithes, il lui a fallu créer une route : les déblais et les remblais exigés par ce genre de travail lui ont permis de se rendre compte du terrain à une certaine profondeur. Il explique que la plaine qui s'étend de Mossoul à Khorsabad sur une longueur d'environ 30 kilomètres et une largeur variable de 10 à 16, entre le Tigre et les montagnes du Kurdistan, se partage en deux parties bien distinctes. La première, plus voisine du fleuve, est rocailleuse : la terre végétale y est d'une faible épaisseur, et en plusieurs endroits le sol est déchiré par des masses de cailloux roulés. « Un mortier naturel lie ces cailloux entre eux et l'ensemble prend une physionomie telle que l'on croirait y voir, au premier abord, une bâtisse artificielle; à l'époque où l'on n'était pas encore fixé sur le système de la structure assyrienne, on a pu prendre ces blocs pour des débris d'anciennes constructions, et y chercher même les traces de l'enceinte de Ninive. » La seconde section, plus large, prend un aspect différent : la plaine perd brusquement sa physionomie rocailleuse et se change en un composé d'argile dont parfois l'épaisseur atteint plusieurs mètres. Depuis le village d'El-Khanser, placé au bord de la rivière du même nom, jusqu'au pied de la montagne, une étendue superficielle de plusieurs lieues carrées offrait aux constructeurs comme une immense carrière d'argile, à ciel ouvert. — Sur les préparations que l'argile subissait pour devenir propre à la construction, Place présente également des observations intéressantes, et des renseignements précieux. Il est certain, que malgré ces qualités naturelles, la terre de Khorsabad exigeait une préparation particulière avant d'être mise en œuvre. Il fallait la débarrasser des substances étrangères, du sable, etc. Les Assyriens avaient-ils des appareils

Les matériaux de différentes classe ne leur manquaient
pas : la pierre de taille, le gypse, bien plus durs, plus
résistants et par conséquent plus convenables que l'argile pour élever de grands édifices, se trouvaient sur
chaque point de leur territoire. Ils en ont même fait
usage, en de rares occasions, il est vrai, mais enfin ils les
possédaient, et ils ont prouvé qu'ils savaient les utiliser.
Quel motif ont donc pu les déterminer à limiter ainsi
leurs moyens d'action ? Cherchons-les dans les circonstances locales, après nous être préalablement rendu
compte des conditions géologiques de la contrée.

L'usage exclusif de l'argile s'explique sans peine en
Babylonie. A moins de vingt lieues au-dessous de Mossoul, le Tigre, s'écartant de plus en plus des montagnes
du Kurdistan, coule déjà dans une immense plaine d'alluvion, où l'on n'aperçoit que de rares gisements de roche;
plus il descend dans la basse Chaldée, plus la couche
argileuse devint puissante. De son côté, l'Euphrate, à sa
sortie du Taurus, traverse un terrain de la même nature,
et, lorsque les deux fleuves ont réuni leurs eaux pour
former le Chatt-el-Arab, le caractère d'alluvion devient
encore plus manifeste; tout vestige de pierres a disparu.
Les villes et les palais de ces régions, notamment Babylone, ont donc nécessairement dû être bâtis en argile
crue ou cuite, du moment que leurs fondateurs ne voulaient pas aller prendre les matériaux au loin. Ainsi s'é-

---

mécaniques, des malaxeurs pour broyer, triturer, corroyer l'argile? Place
ne le pense pas; il note que sur les bas-reliefs où le roi assiste à la construction de son palais et où l'on voit les ouvriers porter et assembler les
matériaux, on ne distingue aucun instrument propre à la préparation de
la terre : elle était probablement foulée aux pieds par les travailleurs, et au
besoin par les bœufs et les chevaux. Quoi qu'il en soit, le résultat obtenu
était excellent. Cette argile, mêlée de paille hachée ou pour mieux dire
pulvérisée, ce qui lui donnait plus de résistance, on la plaçait dans des
moules où elle recevait la forme de briques à peu près carrées.

taient construits les monuments découverts à Orchoë, Sippara, Chalanné, Larsam et autres localités. Il est néanmoins une remarque à faire sur ces ruines : l'argile y est employée en briques cuites plus abondamment qu'à Ninive; on en a un exemple saisissant dans l'immense construction appelée aujourd'hui le *Birs Nimroud* et dans le monticule du Kazr, appartenant tous deux aux rares débris de Babylone. A Ninive, la situation et les ressources étaient fort différentes. La rive droite du Tigre, sur laquelle s'élève Mossoul, est formée d'une haute falaise, coupée à pic à divers endroits, où, de la base au sommet, la roche calcaire se montre à nu. Ce banc de gypse passe sous la rivière, à laquelle il sert de bassin, se prolonge sous la rive gauche, où sont assis les grands monuments retrouvés, et s'étend sous toute la plaine formant le territoire de Ninive et des villes voisines. Le gisement de la roche est à une très faible profondeur; dans quelques endroits même, les couches supérieures sont à découvert. Souvent donc, pour extraire ces pierres et y tailler leurs bas-reliefs, les Assyriens ont eu la faculté d'exploiter la carrière à ciel ouvert; ils auraient pu de même y prendre des moellons et en fabriquer des murs, s'ils avaient été portés à bâtir en pierres. Bien plus, si ces matériaux leur eussent paru trop inférieurs, il leur était facile de s'en procurer d'autres et de meilleure qualité.

Hisir-Sargon est assis au pied même du dernier revers des montagnes du Kurdistan. Cette chaîne, d'où s'échappent les deux petits ruisseaux qui contournent l'enceinte de la ville, est un composé de collines rocheuses formées du calcaire le plus dur; deux kilomètres à peine séparent le Palais de ces collines, où l'on voit encore les traces de l'exploitation antique, car les durs matériaux qu'elles renferment ont été utilisés en

certaines occasions. La pierre de différentes espèces ne
manquait donc pas aux Assyriens; elle était à côté
d'eux, sous leurs pieds pour ainsi dire, et l'emploi de
cette substance ne les embarrassait guère, à en juger
par la coupe, la pose et la dimension des blocs qu'ils
sont parvenus à dresser. Les murs de soutènement et
les dallages sont formés, en général, de matériaux énormes. Les taureaux et les génies monolithes placés en
avant de plusieurs entrées témoignent encore plus, par
leur masse et leur nombre, de l'habitude qu'avaient
les constructeurs ninivites de manœuvrer les pièces colossales. Ainsi la prohibition systématique de la pierre
dans le corps de la bâtisse, ne tient pas au manque
de la matière ni à l'inexpérience des Assyriens, et il
faut chercher ailleurs les causes de l'emploi exclusif
de l'argile. Ces causes sont, au fond, très simples et
très naturelles, et ont leur origine, à la fois, dans les
traditions de la race et dans les nécessités du climat.

Les traditions de Ninive sont essentiellement chaldéennes. L'histoire, appuyée sur les faits nouveaux dus
aux découvertes de ces derniers temps, nous prouve que
les Ninivites étaient une branche de la grande famille
occupant l'Assyro-Chaldée et la Mésopotamie. Vio-
lemment séparée du corps principal et rejetée au nord
par l'occupation des Arabes, près de quinze siècles avant
l'ère chrétienne, cette branche puissante, douée d'une
vitalité impérissable, finit par reconquérir son indépendance, et la rendit, du même coup, à toute la race.
Mais, à son tour, elle s'empara de la suprématie politique et la transporta des bords de l'Euphrate sur ceux
du Tigre, où elle fonda le premier empire d'Assyrie.
Au milieu de ces révolutions, Ninive n'avait rien
perdu des traditions ni des usages de son origine; dans
ses constructions notamment, elle conserva les habi-

tudes artistiques qu'elle avait emportées de la Babylonie. Il n'est pas facile d'ailleurs de créer un art de
bâtir nouveau, une architecture nouvelle. Les modernes
en donnent une preuve bien frappante, eux qui en sont
encore à l'imitation des architectures grecque et romaine, et ils ne sont point les seuls dans ce cas. En
Égypte, des monuments dont l'érection remonte aux
époques les plus distantes les unes des autres sont cependant tellement identiques par les matériaux et par les
formes que, sans les inscriptions, il ne serait pas possible de les classer. En Grèce, l'exemple est plus saisissant encore. Les Grecs avaient construit en bois leurs
premiers temples, et, en remplaçant le bois par le
marbre, ils ne sont pas parvenus, malgré tout leur art,
à inventer des combinaisons nouvelles. Leur habileté a
consisté à dissimuler, sous les ornements, l'imperfection de leur point de départ ; mais, en dépit de la beauté
des lignes, on retrouve dans les appuis verticaux et
dans les pièces horizontales ou obliques, tous les caractères des constructions primitives en charpente. Les
Romains ont reçu des Étrusques la voûte et y ont ad-
joint les formes de l'architecture grecque ; eux aussi
sont restés enfermés dans les entraves de l'imitation.
Comment nous étonner dès lors si les Ninivites ne se
sont point départis du système de bâtisse qui semble être
l'apanage de leur race ? Ils avaient emporté de la Chaldée, non seulement la langue, mais encore les usages
domestiques, les coutumes publiques, tout ce qui constitue enfin la vie d'un peuple. Leur œil était habitué
à certaines formes, et leur goût, façonné de longue
main à un certain genre d'ornements. Il fallait donc,
dans leurs demeures, des distributions en rapport avec
leurs besoins et une décoration conforme aux sentiments qu'ils avaient de la beauté des lignes. Mais aussi

tout est lié en architecture; les distributions intérieures, le système de couverture, les ornements du
dedans et du dehors se rattachent naturellement à la
construction, et sont alors une conséquence forcée de la
nature des matériaux. Bâtissant comme les Babyloniens,
ayant à répondre aux mêmes nécessités de goût et de
service, les Ninivites ont employé les mêmes matériaux et les ont appareillés d'après les mêmes principes.
Ils se sont montrés imitateurs si constants, ou plutôt
si bons copistes de leurs ancêtres, que, là même où le
besoin de collines artificielles ne paraît pas manifeste,
ils n'ont pas hésité à élever, comme en Chaldée, d'é-
normes monticules, afin d'y édifier leurs palais. Tels
sont les motifs pour lesquels les Assyriens du Nord,
bien que possédant la pierre autour d'eux et sachant
parfaitement s'en servir, ont conservé fidèlement l'usage
de l'argile, dont les Assyriens du Sud leur avaient
enseigné à tirer un si bon parti. Cette conduite indique
des hommes plus pratiques que les modernes et que les'
Grecs eux-mêmes. Les Grecs, en passant du bois à la
pierre, n'ont pas vu ce qu'il y avait d'illogique à exiger
de celle-ci des formes et un système de construction
uniquement propres à l'autre; encore pouvaient-ils
trouver une sorte d'excuse dans les qualités exception-
nelles de leurs beaux marbres. Mais les modernes, dont
les matériaux sont relativement si inférieurs, suivent une
voie fausse lorsque, à leur tour, ils veulent copier les
Grecs. Les Ninivites ont su éviter ces fautes, et,
nstruits par une expérience séculaire des ressources de
argile quand elle est maniée par d'habiles mains, ils
n'y ont point substitué d'autres matériaux plus durs et
n'ont pas cherché à lui imposer des combinaisons contraires à ses propriétés.

Pourquoi, au surplus, n'auraient-ils pas conservé l'usage d'une substance si bien en harmonie avec les exigences du climat? Les circonstances atmosphériques sont le plus souvent et doivent être la principale cause de la préférence donnée à tels ou tels matériaux. Il s'agit, avant tout, pour l'architecte, de savoir loger les habitants d'une façon salubre et agréable; les degrés de froid, de chaleur, d'humidité, de sécheresse, dominant ou alternant dans un pays, créent des nécessités auxquelles il faut trouver moyen de satisfaire. La nature des matériaux se place alors en première ligne, et l'argile était merveilleusement bien choisie pour le climat d'Assyrie. Les Babyloniens, dont le territoire était dépourvu de bois et de pierre, n'ont pas eu sans doute de choix à faire, mais la simple argile n'en a pas moins été ce qu'ils pouvaient désirer de plus favorable. Les avantages qu'ils y trouvaient sont restés les mêmes sous un ciel analogue au leur, car l'Assyrie est soumise à des alternatives extrêmes de chaleur sèche et d'humidité (1).

Une dernière considération explique la préférence donnée à l'argile dans les bâtisses qui nous occupent, et cette considération semble bien rentrer dans l'esprit éminemment pratique des Ninivites. Malgré leurs im-

(1) La situation géographique de Mossoul, placée par le 36ᵉ degré de latitude nord, c'est-à-dire à peu près sous le parallèle de Cadix et d'Alger, ne ferait pas supposer au premier abord que les ardeurs du soleil s'y fissent sentir si cruellement : et pourtant les chaleurs de la Mésopotamie, entre le mois de mai et le mois de novembre, dépassent toute mesure. Pas une goutte de pluie ni de rosée, dans ce long intervalle. M. Place rapporte plusieurs expériences qu'il a tentées pour se rendre compte de l'état hygrométrique de l'atmosphère. « Une lame de rasoir, dit-il, a été placée sur un mur d'appui dans la cour de ma maison, et après plusieurs mois d'exposition à l'air libre, cette lame d'acier n'était pas tachée du moindre atome de rouille ; elle avait conservé tout le brillant de son poli primitif. » Cette température anormale tient à la situation de Mossoul au milieu des terres et à son éloignement de la mer. Or, les Assyriens auraient trouvé dans les matériaux employés à leurs habitations la meilleure de toutes les garanties contre les ardeurs du climat.

menses richesses, l'économie et l'ordre ne leur étaient pas étrangers; on peut en juger par le contenu des inscriptions. Ces textes et les bas-reliefs dont ils sont accompagnés prouvent, en outre, qu'un palais était d'ordinaire l'œuvre d'un seul monarque, désireux de consigner sur la pierre le récit et la représentation de ses conquêtes; le prince devait donc être pressé de voir s'élever rapidement et sans trop de dépenses l'édifice où devaient se dérouler les fastes de son règne. Aucune classe de matériaux n'était plus favorable à la réalisation de ses désirs. Des pierres à extraire, à transporter et à tailler eussent exigé un long travail; il aurait fallu d'ailleurs y appliquer des ouvriers spéciaux en nombre trop considérable. L'argile, qu'il suffisait de malaxer et de mouler pour la rendre propre à bâtir, ne présentant pas toutes ces difficultés, demandait seulement des bras, et les bras ne manquaient pas à ces conquérants, habitués à traîner à leur suite d'innombrables captifs et à transplanter des populations entières. Avec de pareils secours, il était facile d'établir dans la plaine, autour même du palais, d'immenses chantiers où se préparait la brique crue; on adjoignait aux prisonniers de guerre un peuple habitué à l'utiliser pour ses propres maisons, et en peu de temps une immense construction en argile s'élevait sans trop de dépenses et comme par enchantement.

Victor Place.

(*Ninive et l'Assyrie*, avec des Essais de restauration, par Félix Thomas. Imprimerie impériale, 1867, tome Ier, p. 209-224, *passim.*)

3. — *Le palais de Sargon.*

Le palais royal est à cheval sur le front nord-est,
moitié dehors, moitié dans l'enceinte (1). Comme la
plupart des grands édifices civils ou religieux, il se
dresse sur une esplanade en briques, formée de deux
rectangles accolés en T, véritable colline élevée à bras
d'hommes et qui exhausse le pied des murailles fort
au-dessus des toits environnants. On n'y accède que du
côté de la ville, les piétons directement par un escalier
double construit en avant du terre-plein, les cavaliers
et les voitures par une rampe en pente douce, qui s'applique au flanc droit du massif et qui aboutit à la face
orientale. Arrivé au sommet, on se heurte à de hautes
murailles, crénelées, crépies de blanc. Le roi est là

(1) La description qu'on va lire s'inspire de la restitution, par MM. Place
et Thomas, du mieux conservé des édifices assyriens, de celui dont le
déblaiement a été dirigé avec le plus de suite et de méthode.

Le palais et la ville étaient étroitement unis. Sargon avait voulu fonder
une cité qui lui appartînt tout entière et dont le passé ne commençât
qu'avec lui. Il choisit comme emplacement le village de Maggnanoubba,
à quelque distance au nord-est de Ninive : les habitants expropriés, les
dieux consultés, la ville fut édifiée sur un plan régulier, qui devait avoir
la forme d'un carré presque parfait, et présenter une surface de 300
hectares environ. La construction dura six ans et ne fut terminée qu'au
moment où Sargon revint de sa campagne d'Arménie. Peu après l'a-
voir inauguré, Sargon périt assassiné, à l'instigation et peut-être par la
main de son fils Sennachérib. *Dour-Sharoukîn*, « forteresse de Sargon »,
fut délaissée par les rois ses successeurs. Enveloppée d'une enceinte puissante, elle réunissait tous les édifices dont se composait la demeure du
monarque sur une esplanade rattachée au mur de la ville et protégée
comme lui contre toute attaque venant de l'extérieur. (Cf. pour les détails de la distribution du palais le texte et les plans du grand ouvrage de
Place, *Ninive et l'Assyrie*.) Les fouilles de Nimroud et de Koyoundjik,
qui ont fait connaître l'emplacement des demeures royales d'Assoun-
Nazirpal, de Salmanazar, de Sennachérib, d'Assarhaddon, d'Assourbanipal, et exhumé de beaux monuments de sculpture, ne nous ont rien
appris de nouveau au point de vue architectural.

comme dans un donjon d'où il domine au loin la campagne, et sur lequel il pourrait tenir longtemps encore après que le reste serait tombé aux mains de l'ennemi. Deux portes-maîtresses correspondent aux deux voies d'approche : l'une, au nord-est, conduit droit dans le le logis royal, l'autre est tournée sur la ville et donne sur le double escalier. Deux grands mâts surmontés de l'étendard royal en signalent au loin l'entrée. Elle est resserrée entre deux tours, décorées à la base de taureaux ailés et de génies à figure humaine. Deux taureaux plus monstrueux sont ·debout à droite et à gauche de la baie, une bande de briques émaillées en dessine le cintre, et plus haut, juste au-dessous des créneaux, un tableau d'émail montre Sargon dans sa gloire. Cette sorte d'arc triomphal est en effet réservé au roi : deux baies latérales, plus basses et moins riches d'ornements, admettent la foule.

La cour immense sur laquelle elles ouvrent est encore un lieu public, où les fournisseurs, les marchands de toute sorte, les suppliants, et même les simples curieux pénètrent sans la moindre difficulté. C'est par milliers que l'on compte les personnes attachées à la maison du souverain et à l'administration de ses affaires, les uns comme chambellans, trésoriers, scribes, eunuques, chefs militaires ; les autres comme soldats, valets et cuisiniers. Le va-et-vient est perpétuel : des détachements qu'on mène relever la garde, des courriers qui partent ou arrivent avec leurs dépêches, des fonctionnaires qui accourent à l'audience ou en reviennent ; des files d'ânes apportent les provisions, soir ou matin ; des centaines d'esclaves, mâles et femelles, descendent en procession puiser aux affluents du Khousour l'eau nécessaire à tout ce monde. Les magasins règnent sur trois côtés de la cour : ici, les celliers au vin et à l'huile, là les dépôts d'armes

en fer, plus loin la chambre des cuivres, celle des métaux et des pierres précieuses, le trésor du roi où il en-
tasse les dépouilles des peuples vaincus ou l'impôt
régulier de ses sujets. Les cuisines touchent à la pan-
neterie, les écuries à chevaux et à chameaux communiquent avec la remise des chars, et les lieux d'aisances
se cachent dans un coin. Au delà, dans les bâtiments
qui occupent l'angle sud, le domestique loge pêle-mêle,
chaque famille dans de petites pièces obscures, habillée
aux frais du roi et nourrie de son pain : ce sont les
communs du palais.

Une petite porte, percée vers l'angle sud de la cour,
conduit au harem. Les Assyriennes du peuple jouissent
d'une indépendance presque illimitée. Elles courent
comme il leur plaît, par voies et par chemins, les pieds
nus, la tête et la face découvertes avec leur longue robe
d'étoffe velue. Elles fréquentent les marchés, visitent
leurs amies, vaquent à leurs affaires sans contrainte ;
elles ont la disposition de leurs biens, héritent, achètent
et vendent pour leur propre compte, témoignent en
justice ; bref, elles sont, ou peu s'en faut, les égales de
leurs maris. Les femmes de haut rang possèdent ces
mêmes droits devant la loi : dans la pratique, on ne leur
accorde que peu de liberté réelle. Tout le luxe et tout le
confort que la fortune peut procurer, elles l'ont ou le
prennent, mais il leur faut rester chez elles : quand elles
sortent, c'est entourées de servantes, d'eunuques et de
pages, dont les rangs épais leur cachent presque la vue
du monde extérieur. Les reines sont complètement esclaves de leur dignité, et demeurent à peu près invisi-
bles, leur vie durant, à ce qui n'est pas leur famille directe et leur domesticité habituelle.

Sargon avait, quand il fonda la ville, trois épouses lé-
gitimes auxquelles il accorda un établissement distinct :

son harem contient donc trois départements ou plutôt trois maisons. La première est isolée dans l'angle sud du palais : les deux autres donnent sur une cour carrée qui leur sert de vestibule commun. Deux banquettes revêtues de briques émaillées courent le long de la façade. De chaque côté de la porte, deux palmiers de bronze doré encadrent la baie : la palme est, comme on sait, l'emblême de la grâce et de la fécondité, et nul motif ne pouvait mieux convenir à la décoration d'un harem. La disposition est la même à l'intérieur des trois maisons : une antichambre plus large que longue, un salon à ciel ouvert sur la moitié de sa longueur, recouvert d'un demi-dôme sur l'autre moitié, un escalier de onze marches, et la chambre à coucher. Les murs sont enduits de stuc blanc et bordés d'une plinthe noire, le sol est dallé ou briqueté soigneusement; çà et là des nattes, des tapis, des tabourets, des fauteuils, des guéridons bas, et dans l'alcôve, un lit en bois, haut sur pieds, avec son matelas et sa couverture.

C'est dans cette prison que la vie des reines s'écoule après le mariage : toilette, broderie, travaux d'aiguille et de ménage, longues causeries avec leurs esclaves, sans parler des visites qu'elles se rendent ou des fêtes de danse et de chant qu'elles s'offrent mutuellement. De temps en temps le roi passe quelques heures au milieu d'elles, ou les invite à s'asseoir à sa table et à s'ébattre dans les jardins suspendus du palais. Les femmes des princes et des grands seigneurs sont admises à leur présenter leurs hommages, mais rarement, de peur qu'elles ne servent d'intermédiaire entre les recluses et les gens du dehors. Mille intrigues s'agitent pourtant sous cette monotonie et sous cette simplicité de mœurs apparentes. Les épouses qui se partagent l'affection d'un seul homme ne peuvent guère concevoir d'amitié l'une pour l'autre. La

moindre marque d'intérêt que le maître accorde à l'une
d'elles est un sujet d'inquiétude pour ses compagnes ; si
la faveur augmente, l'inquiétude devient de la jalousie
et la jalousie une haine mortelle. Les dédaignées ou-
blient d'anciennes querelles et se liguent contre la pré-
férée ; les eunuques prennent parti, et la guerre éclate,

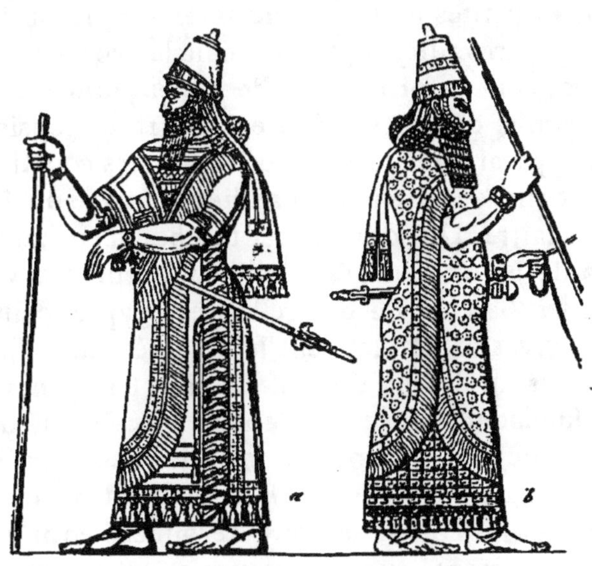

SOUVERAINS ASSYRIENS.

guerre de ruses et de trahisons qui se termine par le
crime. Quelques gouttes de poison versées à propos ont
eu souvent raison d'une rivale qui semblait exercer trop
d'empire sur l'esprit du souverain.

Le logis royal proprement dit tourne le dos, pour
ainsi dire, au harem et à la grande cour. Il a sa façade
au sud-est, vers le point où la rampe débouche sur les
remparts de la ville. Le roi pénètre, sans descendre de
son char ou de son cheval, à la porte même de ses ap-

partements. Il met pied à terre devant l'entrée monumentale gardée selon l'usage par une escouade de taureaux ailés en gypse peint. Il franchit la porte entre deux lignes de sentinelles immobiles et d'esclaves inclinés, les bras croisés sur la poitrine, traverse un préau, un couloir, et arrive enfin dans la cour d'honneur, au centre même du palais. Il y occupe une vingtaine de pièces assez petites et d'un style assez simple où il couche, mange, travaille, reçoit, expédie le gros des affaires courantes, sous la protection de ses eunuques et dans la compagnie de ses secrétaires. Le reste consiste en salons d'apparat, tous pareils, où la foule des courtisans et vizirs se tient, en attendant l'audience privée ou le passage du maître. Un jour discret tombe, d'en haut, par des œils-de-bœuf ménagés dans l'épaisseur des voûtes. De longues bandes de bas-reliefs en gypse peints de couleurs vives se développent le long des murs jusqu'à trois mètres au-dessus du sol. Ce sont les scènes de la vie du fondateur. Sargon, debout, reçoit un de ses ministres, qui lui présente un mobilier de guerre ou de voyage. Chaque objet défile aux mains des eunuques, les coupes et les cornes à boire terminées en mufle de lion, le trône monté sur deux roues et attelé comme un chariot, le fauteuil, le guéridon destiné aux repas et aux sacrifices, le char de guerre, un siège à deux places, un trépied, et, fermant la marche, un échanson qui porte à deux mains le cratère en métal où il lave la coupe du maître entre les rasades. Plus loin, Sargon est en chasse et poursuit la gazelle ou le lion. Ailleurs, il chevauche à la tête de son armée, à travers les plaines de la Syrie ou les montagnes de l'Arménie (1). L'artiste s'est plu à

<hr>

(1) Place, dans son bel ouvrage sur *Ninive et l'Assyrie*, a décrit excellemment le système décoratif des grands bas-reliefs du palais de Sargon. « On ne peut mieux le comparer, dit-il, qu'à un poème épique célébrant

reproduire les détails qui donnent à chaque pays sa physionomie propre; telle montagne est boisée de pins et de cyprès, tel canton est planté de vignes, les rivières semblent s'entr'ouvrir pour étaler à nos yeux tout ce qu'elles contiennent d'animaux, poissons de diverses espèces, coquillages, tortues, crabes, jusqu'aux anguilles et aux grenouilles de leurs rives. Les sculpteurs d'autrefois chargeaient leurs œuvres de longues inscriptions qui passaient sur le corps des personnages et les défiguraient. L'école nouvelle est moins prodigue d'écriture. Quelques courtes légendes, gravées dans le champ, indiquent encore le sujet des tableaux ou le détail de chaque action; les longs textes ont été rejetés au dos des plaques de gypse, et sont tournés la face à la muraille. La monarchie assyrienne est assez vieille déjà pour avoir l'expérience des vicissitudes auxquelles sont exposés les palais les mieux construits. Si solide que soit l'œuvre, si

la gloire du fondateur. C'est lui le héros de ces longs récits; il est toujours en scène, et tout s'y rapporte à sa personne. Comme dans les poèmes écrits, l'épopée débute par une sorte d'invocation aux esprits supérieurs représentés par les figures sacrées qui occupent les seuils. Après cette pensée donnée aux génies protecteurs de l'Assyrie, on passait à la narration elle-même. Pendant de longues heures, l'intérêt se trouvait surexcité par une succession d'épisodes émouvants. Peuple de soldats, les Ninivites se complaisaient dans ces souvenirs qui flattaient l'amour-propre du prince et entretenaient l'esprit belliqueux de la nation. » Les tableaux héroïques occupaient le premier rang, et Place fait bien voir de quelle réalité saisissante ils portaient la marque. « Après le carnage de l'action, on assiste à des vengeances impitoyables. Ce sont des prisonniers écorchés vifs, sciés en deux, mis en croix, ou qui ont la tête tranchée en présence du monarque, pendant qu'un scribe impassible inscrit froidement sur un papyrus le compte des têtes qui s'amoncellent. Comme dernier trait pour peindre ces conquérants barbares, le roi, de sa propre main, crève les yeux d'un captif qu'on lui amène, un anneau passé dans les lèvres. Narrateur fidèle, le sculpteur ne cherche jamais à atténuer les horreurs qu'il représente et qui, du reste, étaient racontées tout au long dans les inscriptions. Il les exprime avec une brutalité naïve bien propre à nous faire comprendre la terreur qu'inspiraient les Assyriens, et dont les livres saints contiennent tant de témoignages. »

puissante que la dynastie paraisse être, le jour arrive forcément où des cités et des royautés nouvelles remplacent les cités et les royautés anciennes. Quand le temps de l'abandon sera venu pour Dour-Sharoukin, quand les salles seront désertes et ses murs écroulés, les inscriptions cachées paraîtront à la lumière pour raconter leur histoire aux races futures, et le nom de Sargon sortira plus glorieux des débris de la ville qu'il avait fondée.

Les dieux n'ont pas été oubliés : ils résident au nord-est de la plate-forme, entre le harem et l'hôtel royal, dans le voisinage des jardins du palais. On leur y a réservé un édifice irrégulier, dont les chambres ne diffèrent point pour l'aspect de la plupart des pièces qu'on rencontre ailleurs : murs teints en blanc, plinthe noire; quelques fresques représentant des arabesques, des animaux ou des génies symboliques. Là, dans un isolement presque aussi complet que celui des femmes, les prêtres et les esclaves sacrés emploient leurs journées à l'étude des mystères et à la pratique du culte. Le roi d'Assyrie n'est pas, comme Pharaon d'Égypte, le descendant direct d'un dieu. Il est homme né d'un père humain, et, si haut qu'il remonte dans les souvenirs de sa race, il n'y rencontre que des hommes comme lui. Il n'en est pas moins le chef suprême des religions nationales : il sacrifie au nom du peuple, préside aux fêtes solennelles, pénètre seul dans le sanctuaire, voit les dieux face à face et leur parle. Il n'entreprend rien sans les consulter, n'entre en campagne que s'ils l'y ont encouragé par des oracles favorables, prélève pour eux la dîme du butin conquis sur l'ennemi, et cette reconnaissance qu'il leur voue en échange de leur protection, il en étend les effets jusque sur leurs prêtres.

Sa piété toutefois ne l'aveugle pas au point de laisser

prendre au sacerdoce une influence prépondérante sur les affaires de l'État. On a vu Pharaon obligé de s'incliner devant les pontifes d'Ammon Thébain et de leur disputer péniblement sa couronne : on n'a jamais vu monarque ninivite courber la tête devant le clergé de Shamash ou d'Assour (1). Les descendants de Sargon ont pourtant une dévotion spéciale à la reine Ishtar, dame de Ninive et d'Arbèles. Esarhaddon l'appelait sa maîtresse, et la voyait chargeant l'ennemi devant lui dans les combats. Assourbanipal (2) l'invoque et n'invoque aucun autre dieu dans les circonstances les plus so-lennelles ; la vénération qu'il ressent pour elle enrichit ses prêtres, mais ne l'incline nullement à leur accorder une part du gouvernement. Aussi, tandis qu'en Égypte on bâtit le temple pour l'éternité, en calcaire, en gra-nit ou en grès sculpté, et le palais en matériaux légers qui ne résistent pas à l'action des ans, en Assyrie, le palais l'emporte sur le temple par la grandeur du plan (3) et

(1) Il n'en était pas de même en Chaldée, où la corporation des prêtres exerçait une influence presque sans bornes sur les particuliers et sur les rois. C'était des rangs des prêtres qu'étaient sorties toutes les maisons royales qui se succédèrent à Babylone. A la tête de leur hiérarchie était un archimage, qui accompagnait le souverain partout, même à la guerre, pour diriger ses actions d'après les présages et les règles sacerdotales. (V. Fr. Lenormant. *Manuel de l'Histoire ancienne de l'Orient*, t. II). Cette in-tervention constante du clergé dans les affaires publiques n'avait pas laissé d'affaiblir, chez les Chaldéens, l'esprit militaire et l'énergie du comman-dement. En Assyrie, le pouvoir royal, appuyé sur l'armée, avait une bien autre initiative et une indépendance bien plus complète.

(2) M. Maspero a choisi, pour rendre l'impression de ce qu'était la vie sous ses formes diverses chez les Assyriens, l'époque du règne d'Assour-banipal (VII° siècle av. J.-C.).

(3) Ce plan était en somme d'une grande simplicité, en dépit de sa complexité apparente : il a été très exactement démêlé par Place et Tho-mas au cours de leurs fouilles. On comprend sans peine que l'ordon-nance du palais résultait des conditions même de la vie royale, et des be-soins que l'architecte avait à satisfaire. Chaque section a sa fonction pro-pre et ses hôtes qui lui sont assignés d'avance. Or, ce n'était pas une

la beauté de la décoration. Le roi, ses officiers, ses femmes, ses trésors, occupent plus des trois quarts de la plate-forme ; les prêtres sont comme relégués dans un coin, sur les derniers plans de la cité royale.

Les prêtres, mais non les dieux. Autant les terrasses crénelées du palais s'élèvent au-dessus du pavé de la ville autant et plus le sommet de leur temple se hausse au-dessus des créneaux du palais. Une vieille histoire, que tous les peuples de l'Euphrate connaissent bien, et que les Hébreux de Jérusalem ont consignée dans leurs livres, raconte qu'après le déluge où l'humanité périt, les hommes qui habitaient au pays de Shoumir se dirent l'un à l'autre : « Allons, faisons des briques, et cuisons-les au feu. » Et ils avaient la brique pour pierre et le bitume pour mortier. Et ils dirent de nouveau : « Allons, bâtissons-nous une ville et une tour, dont la tête atteigne jusqu'aux cieux » ; mais les dieux s'effrayèrent de leur audace, et, brouillant leur langage, les dispersèrent sur toute la terre. La tour ne s'acheva jamais et les auteurs affirment que le grand temple de Bel, à Babylone, en est un débris.

Les premiers architectes chaldéens, au contraire des maîtres maçons de l'Égypte, n'ont pas, en effet, cherché la grandeur de leurs sanctuaires dans le développement des lignes horizontales : ils les ont fait monter le plus haut qu'ils ont pu sans en compromettre la stabilité, comme s'ils voulaient escalader le ciel. Leurs *ziggourât*, — c'est ainsi qu'on les nomme, rappellent à distance l'aspect des pyramides à degrés qu'on voit près de Memphis ; ce sont en réalité des tours à étages, formées de

---

mince besogne que de disposer de plain-pied, sans recourir à la superposition des étages, plus de trente cours et plus de deux cents salles ou chambres, et de maintenir entre elles des communications commodes.

cubes en briques, posés en retraite les uns sur les autres, et raccordés par des rampes qui se déroulent en
corniche de la base au sommet de l'édifice. La tour de
Dour-Sharoukin se dresse à quarante-trois mètres au-
dessus de l'esplanade. Elle a sept étages consacrés aux
divinités des sept planètes, et qui sont peints chacun aux
couleurs de son Dieu, le premier en blanc, le second en
noir, le troisième en
pourpre, le qua-
trième en bleu, le
cinquième en rouge
vermillon, le sixième
a la teinte de l'ar-
gent, le dernier est
doré (1). Elle est
massive et ne ren-
ferme aucune salle,
mais la plate-forme
terminale supporte
une petite coupole
lamée d'or ; deux au-

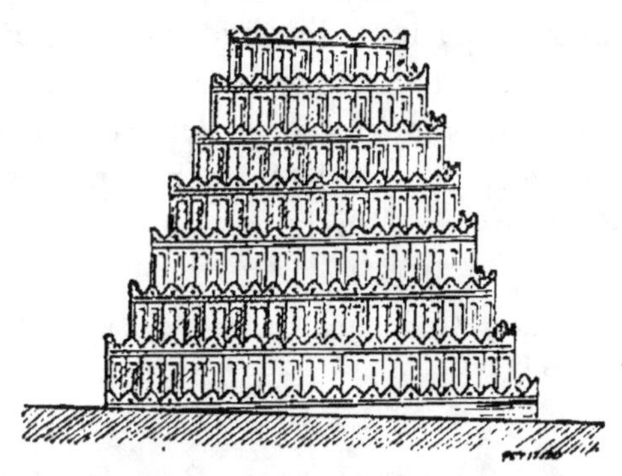

TOUR A ÉTAGES OU ZIGGOURAT.
(*Archéologie orientale*, maison Quantin.)

tels en pierre, une statue d'Ishtar, un lit et le matériel du
sacrifice composent tout le mobilier de cette chapelle en
miniature. C'est la chambre de la déesse, où les prêtres
seuls et le roi ont le droit de pénétrer sans commettre un
sacrilège. Son esprit y réside, attaché à la statue, comme
le double des idoles égyptiennes ; elle veille là sur le peu-

---

(1) Cette tour, dont Place a retrouvé toute la partie inférieure (quatre
étages), cachée dans un monticule, aurait servi, d'après lui, d'observatoire
aux Assyriens; mais il est plus probable qu'il faut y voir un temple. Il
est plus probable aussi que la tour avait sept étages, ainsi que le suppose,
ici M. Maspero, d'après la restitution de Place et Thomas. On sait que le
nombre sept jouait un rôle important dans les combinaisons de l'architecture assyrienne. A Khorsabad même le chiffre sept se retrouve en plusieurs circonstances.

ple qui s'agite à ses pieds, lui annonce les calamités qui le menacent, et lui enseigne, par la voix de ses prophètes, le moyen de les affaiblir ou de les conjurer. Chaque matin les ors de la chapelle et du dernier étage s'allument aux rayons du soleil : c'est comme un feu qui brille tout le jour, entre ciel et terre, et qui signale à distance l'emplacement de la cité. Le voyageur qui le cherchait le salue dès qu'il l'aperçoit et presse ses chevaux, impatient d'arriver : quand il reprend son voyage, le reflet l'accompagne et semble éclairer son chemin. longtemps après que les rumeurs de la ville se sont éteintes, et que le faîte des palais s'est effacé dans les lointains de l'horizon.

G. Maspero.

(*Lectures historiques*, Égypte-Assyrie, ch. XI, p. 214-225. — Paris, Hachette, 1890.)

4. — *La sculpture. Représentation des animaux.*

Ce qu'aurait pu donner le génie plastique de ces peuples avec des habitudes sociales qui auraient favorisé d'avantage l'étude de la forme nue, on le devine surtout par les figures d'animaux que cet art a produites ; certaines d'entre elles, rondes bosses ou bas-reliefs, sont très supérieures à toutes les figures d'hommes et font encore aujourd'hui l'admiration des sculpteurs (1).

(1) On n'avait pas, en Assyrie, comme en Égypte et en Grèce, de fréquentes occasions de voir la forme nue, et l'on n'éprouvait pas le désir de chercher à la faire revivre dans toute la variété de ses aspects ; par là s'explique l'infériorité des statues assyriennes. Celles que l'on possède manquent toutes d'épaisseur ; elles ont le dos plat et à peine dégrossi, et M. G. Perrot a pu les comparer à ces enfants ou à ces infirmes qui ont peine à se tenir debout et qui ne marchent qu'en s'appuyant à la muraille. De plus, cette sculpture habillée n'a jamais recherché la vérité particulière dans les formes du corps ; l'artiste s'est même interdit d'étudier et de

Pourquoi cette différence et cette inégalité ? Il est facile d'en saisir la raison. Quand l'artiste voulait représenter l'animal, son regard ne venait pas se heurter,
comme lorsqu'il s'agissait de l'homme, à l'obstacle d'un
vêtement épais et long; l'animal s'offrait à sa vue dans
sa nudité franche, dans la simplicité de ses attitudes toujours les mêmes et de ses mouvements instinctifs. D'un
coup d'œil, le sculpteur embrassait et détaillait toutes
les formes de son modèle; il se rendait compte de la manière dont les membres s'attachaient au tronc; il voyait
les muscles frémir sous la peau, se tendre dans l'effort
et se relâcher dans le repos. Il n'a point été indifférent à
ce spectacle et à cet enseignement; il en a profité largement, et c'est, dans toute son œuvre, ce qui fait le
mieux comprendre comme il était bien doué, comme
il était capable, par nature, de sentir la beauté de la vie
et d'en reproduire l'inépuisable variété. Qu'il modèle
séparément une figure d'animal ou qu'il la jette au milieu des scènes qu'il retrace, elle est toujours bien rendue, dans l'originalité de sa forme propre et de ses poses
habituelles.

Il y a dans la plastique assyrienne, telles images d'a-
nimaux qui ne sont guère que des signes déterminatifs,
qu'une sorte de glose pour le dessin (1). Mais ce qui
doit vraiment fixer notre attention, ce sont les figures
où l'on sent que le modèle, par lui-même, a vivement
intéressé l'artiste, que celui-ci a pris plaisir à le copier et

traduire les traits singuliers des visages qui lui passaient devant les yeux. Il
s'est fait un certain idéal de beauté virile qui lui a constamment suffi :
génies ailés, rois, vizirs, ont même œil, même nez et même bouche.

(1) Par exemple les images de poissons, fréquentes dans les bas-reliefs.
Les formes n'en ont pas été étudiées avec soin : on ne distingue pas les
espèces. L'oiseau n'occupe dans la sculpture assyrienne qu'une place très
secondaire, à l'exception, toutefois, de l'aigle, symbole de victoire, et du
vautour.

à le faire revivre sous ses différents aspects et dans toute l'originalité d'une nature exceptionnelle et puissante. Le lion, à ce titre, mérite une mention toute particulière; c'est, de tous les animaux, celui que les sculpteurs assyriens ont regardé avec le plus de curiosité ; c'est celui qu'ils se sont attachés à montrer dans les attitudes les plus variées (1). On dirait que les plus habiles d'entre eux l'ont pris pour thème et pour sujet de concours lorsqu'ils ont voulu faire leurs preuves de talent et gagner leurs lettres de maîtrise.

Ici, le lion est couché dans la nonchalance superbe de la force qui, confiante en elle-même et insoucieuse du danger, s'abandonne paresseusement au plaisir de la détente et du repos. Là, il vient de se lever, il marche, tout prêt à se ramasser sur lui-même et à bondir si quelque ennemi se présentait, ou si quelque proie passait à portée. Les deux motifs sont parfois réunis; c'était le cas dans un bas-relief d'Assourbanipal, qui est malheureusement très mutilé. On y voit encore la lionne étendue par terre, la tête allongée sur les pattes, dans une pose indolente et molle que prennent volontiers les jeunes chats. A côté, le mâle se tenait debout, campé fièrement, comme le lion colossal de Nimroud, sur ses

---

(1) Le chien aussi a été puissamment représenté dans les scènes de chasse. Le cheval a été mieux dessiné par l'artiste assyrien qu'on ne l'a jamais fait en Égypte. Enfin le taureau, que partout l'imagination populaire regarde comme la seule créature qui puisse lutter de force avec le lion, a très souvent et très heureusement inspiré le sculpteur. On sait que les taureaux assyriens placés à l'entrée du palais des rois, y avaient un rôle analogue à celui des sphinx disposés sur les avenues qui mènent aux temples de l'Égypte. L'art s'était proposé d'y réunir dans un seul être les plus hautes puissances de la nature et de la vie. La tête était celle de l'homme; mais, autour de la haute tiare dont elle était coiffée, se dressait et s'arrondissait une double paire de cornes, insigne de la puissance; le corps et les jambes étaient du taureau; mais les boucles de la crinière rappelaient le lion, et cet ensemble se complétait par de grandes ailes, bien plantées sur les épaules, et qui rappelaient celles de l'aigle, roi des airs.

quatre membres dressés et tendus; mais il n'y en a de conservé que l'avant-train, et encore sans la tête.

Ailleurs, c'est le lion qui s'élance hors d'une grande cage faite de forts madriers. Quelque temps auparavant il avait été pris au piège. Jusqu'au jour fixé pour la grande chasse royale, on l'avait renfermé dans cette prison, dont il s'épuisait à mordre les barreaux. La porte vient d'en être brusquement ouverte ou plutôt levée par un homme qui se tenait, attendant le signal, au-dessus de la cage, dans une sorte de guérite en claire-voie. Malgré cette défense, la mission pouvait n'être pas sans danger; mais, tout heureuse de trouver le champ libre, la bête se jette en avant, sans regarder par derrière; elle déboule, comme dirait un chasseur, effarée et violente, le poil tout hérissé.

Le lion va trouver en face de lui le royal veneur, qui combat d'ordinaire du haut de son char, où deux ou trois compagnons, choisis parmi les plus habiles et les plus vaillants chasseurs, sont prêts, s'il est besoin, à lui porter secours. Le Musée Britannique possède de nombreux tableaux où sont retracés les divers incidents de la lutte qui s'engage, lutte qui se termine toujours par la victoire du roi. L'un de ces tableaux représente un lion énorme dont le corps a été traversé par une flèche qui est restée dans la blessure. Le trait a percé les poumons ou coupé quelque gros vaisseau. Le blessé vomit le sang à pleine gueule; il sent déjà les affres de la mort; cependant, le dos arrondi, les pattes rapprochées et cramponnées au sol, il se replie sur lui-même et rassemble tout ce qui lui reste encore de puissance musculaire; il se contracte et s'arc-boute, dans un dernier effort, pour ne pas se laisser aller et ne point rouler sur le sol.

Plus expressive peut-être encore et plus pathétique est une lionne que la même main a frappée, mais d'une

manière différente. Une des trois flèches qui l'ont atteinte
lui a brisé la colonne vertébrale à la hauteur des reins;
toute la partie postérieure du corps est paralysée; im-
puissantes, les pattes de derrière traînent à terre; mais
l'animal se raidit sur ses pattes de devant, que la vie
et le mouvement n'ont pas abandonnées; il tend le cou

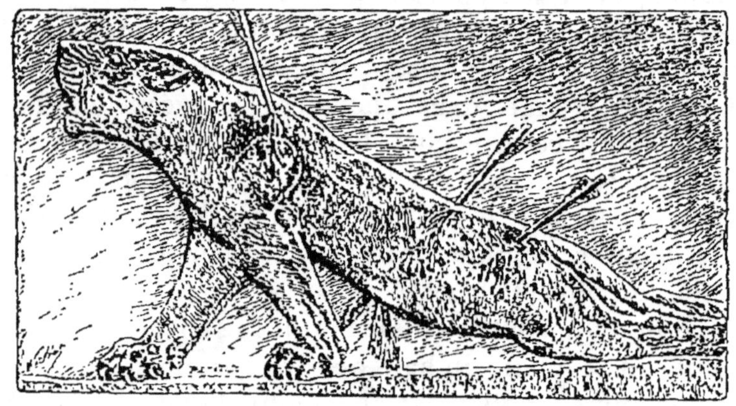

LIONNE BLESSÉE.
(*Archéologie orientale*, maison Quantin.)

et la tête; il fait, jusqu'au dernier moment, face à l'ennemi. Quand on a, pendant quelque temps, fixé les yeux
sur cette image, on se prend à sentir arriver jusqu'à ses
oreilles l'écho du rugissement suprême qui sort de cette
bouche entr'ouverte, déjà plaintif et cependant encore
menaçant.

L'artiste assyrien dessinait le lion d'après nature. Les
occasions ne lui manquaient pas de l'étudier sur le vif.
Il lui était sans doute permis d'assister à ces chasses
royales dont il était le peintre et l'historiographe attitré.
Il y voyait le roi des fauves se ruer sur l'épieu ou fuir
devant les flèches qui le transperçaient et forcer la ligne
des traqueurs; il le voyait fléchir sous les coups qui l'ac-

cablaient et se débattre dans les convulsions de l'a-
gonie (1). Plus tard, avait-il besoin de préciser les contours de ces images qu'avaient gravées dans sa mémoire
ces rapides apparitions, il pouvait, dès le lendemain,
compléter et corriger ses esquisses sur les cadavres des
victimes de la journée. A la fin de chaque battue, on
rangeait à terre les lions morts, comme le font aujour-
d'hui les gardes, le soir d'une partie de chasse, dans un
carrefour de la forêt, pour les lapins, les lièvres et les che-
vreuils. Un bas-relief de Kouyoundjik nous montre le
prince qui, debout devant un autel, offre aux dieux ses
actions de grâces, après les émotions et les dangers
d'une de ces batailles; il semble faire couler le vin de
la libation sur les corps de quatre de ces animaux, que
les serviteurs ont étendus et alignés sur le sol.

D'ailleurs, il devait y avoir des lions apprivoisés dans
les palais et dans les parcs royaux (2); on en rencontre
souvent aujourd'hui, dans cette contrée, sous la tente
du chef arabe et dans la maison du bey ou du pacha.
Pris tout jeune, le lion se laisse assez facilement élever,
et, pourvu que sa gloutonnerie soit toujours satisfaite, il
peut devenir, il reste, au moins jusqu'à un certain âge,
un compagnon inoffensif et presque docile. Nous recon-
naîtrions volontiers une lionne et un lion familier dans
les deux animaux que représente un bas-relief d'Assourbanipal; le fond de paysage indique, comme lieu de la
scène, non pas le marais, la jungle ou le désert, mais
un jardin où la vigne s'enroule autour des arbres et où

(1) « Moi Assourbanipal, dit une inscription, roi des peuples, roi du pays
d'Assour, seul à pied, dans ma majesté, j'ai saisi par l'oreille un lion puissant du désert et, par la grâce d'Assour et d'Ishtar, la maîtresse des batailles,
je lui ai percé le flanc avec ma lance, de mes propres mains. »

(2) Les lions qui étaient lâchés dans de vastes parcs murés y trouvaient
des troupeaux entiers de chèvres pour se nourrir; de temps à autre le roi
venait se donner à leurs dépens la distraction d'une chasse en champ clos.

des fleurs sont cultivées; ce ne peut guère être là qu'un de ces parterres, attenant à sa résidence, où le roi allait goûter les douceurs de l'ombre et du repos; on n'y lâchait pas de bêtes féroces. L'artiste pouvait donc aussi, tout à loisir, regarder le lion se mouvoir en liberté, tantôt traversant lentement les allées, avec sa démarche souple et féline, tantôt se chauffant paresseusement au soleil et s'étirant avant de se lever, ou bien dévorant à belles dents la proie vivante que lui avaient jetée les esclaves chargés de le nourrir.

G. Perrot et Ch. Chipiez.

(Histoire de l'art dans l'antiquité, tome II, p. 533-575, passim, Paris, Hachette, 1884.)

§ III. — ARTS INDUSTRIELS.

1. — La glyptique chaldéo-assyrienne.

« Les Babyloniens ont chacun un cachet, » dit Hérodote; c'était là une des habitudes qui avait frappé le voyageur, quand il avait commencé de parcourir les rues et les bazars de la grande cité orientale. Ces cachets, qui attirèrent l'attention d'Hérodote par la manière apparente dont ils étaient portés et par l'emploi constant que les indigènes en faisaient dans mainte circonstance de la vie publique et privée, nous les possédons aujourd'hui dans nos musées; c'est par centaines qu'ils se comptent dans les galeries de l'Europe, dans ses collections publiques et privées. Pour ne parler que de Paris, on en trouvera de belles suites au Louvre et surtout dans le cabinet des Antiques de la Bibliothèque nationale.

Lorsque, à l'origine de la civilisation chaldéenne,

la pratique de l'écriture se fut répandue et que chacun voulut avoir son cachet, ou n'eut pas loin à chercher les matières auxquelles on pourrait demander de rendre ce service. Là, comme ailleurs, on avait de très bonne heure ramassé dans le lit des fleuves ces fragments de roche que les torrents détachent, dans le haut pays, du flanc des montagnes qu'ils lavent à grand bruit. Ces éclats de pierre, entraînés par le flot rapide, se heurtent entre eux et contre les obstacles sur lesquels les précipite et les fait glisser la violence du courant; ils s'arrondissent et se polissent; ils prennent cette forme de boule, de palet ou d'amande qui fait reconnaître tout de suite aux géologues, dans un terrain, ce qu'ils nomment des *cailloux roulés*. L'instinct et le goût de la parure est un des premiers qui s'éveillent chez l'homme; on choisit donc, comme le font aujourd'hui encore nos enfants quand ils jouent sur la grève, ceux de ces cailloux que recommandaient la vivacité de leur couleur, les tons blancs ou noirs, rouges ou bleus de leur grain, la transparence de leur pâte ou les veines qui les sillonnaient; on les perça et l'on en fit des pendants d'oreilles, des bracelets et des colliers. Les tombes chaldéennes nous ont conservé plus d'une de ces parures, dont l'élément est le caillou fluvial; la main de l'homme a souvent achevé, par la trituration, le travail qu'avaient ébauché les agents naturels. On ne se contenta pas de retailler ainsi le galet qui devait devenir un bijou : on eut l'idée d'y graver en creux des traits ou une figure qui donnassent une valeur particulière à l'une ou à plusieurs des pièces dont se composerait le collier; on en ferait ainsi, au besoin, une amulette.

Cette gravure n'avait été d'abord qu'un ornement; quelqu'un eut l'idée d'en tirer une épreuve en relief sur cette argile plastique que le Chaldéen employait à des usages si divers. On fut frappé de la netteté de l'image ainsi obtenue, et l'on songea bientôt à l'utiliser pour conférer aux actes de tout genre un caractère authentique. La présence de cette empreinte sur un document quelconque perpétuerait le souvenir de l'homme qui l'y aurait fixée, elle équivaudrait à ce que nous appelons une signature.

Tout en devenant cachet, la pierre gravée restait talisman; il suffisait, pour lui conserver ce rôle, que l'outil y eût tracé l'effigie d'un dieu ou même le symbole qui le représentait. En portant sur soi la figure du divin patron en qui l'on avait mis sa confiance, on se couvrait de sa protection comme d'un bouclier, et quelque chose de cette vertu passait jusque dans les empreintes que le sceau fournissait en nombre indéfini. Point de sujet qui revienne plus souvent, sur ces cachets, que l'image des dieux célestes, triomphant des démons. Apposée sur l'argile, cette image préservait des entreprises diaboliques les trésors que l'on aurait scellés du cachet où aurait été gravée une scène de cette espèce; elle intéressait la divinité au maintien des conventions où elle la faisait ainsi intervenir et dont elle la constituait témoin et garante. Ajoutez à cela que des superstitions, dont il subsiste encore en Orient quelques traces, attribuaient à telles ou telles pierres certaines puissances cachées. L'hématite, par exemple, — c'est de là que lui vient son nom, — passait pour arrêter les hémorragies, et l'on croyait encore chez les Grecs que la cornaline donnait du courage à celui qui l'avait au doigt, montée dans le chaton de sa bague.

Quand on commença, non sans de lents et pénibles

______

(1) Les Chaldéens ont ainsi inventé la sculpture sur pierres fines, et les plus anciens de leurs cylindres révèlent à nos yeux les origines mêmes de la glyptique.

efforts, à graver sur pierre, ce fut donc moins par amour
de l'art que pour mettre à profit ces affinités mystérieuses et ces vertus magiques, celles que possédait la
substance même que l'on employait, et celles, plus
efficaces encore, que lui communiquait l'image qui s'y
trouvait figurée; puis vint, à mesure que se dévelop-
pèrent l'aisance et les relations sociales, le besoin et le
désir qu'éprouva chaque Chaldéen de posséder un cachet
qui le distinguât de ses contemporains et qui fût sa propriété particulière, la représentation durable de sa personne et de sa volonté. Seuls, à ce qu'il semble, les gens
de la basse classe n'avaient pas de cachet; ils se contentaient, quand ils étaient parties ou témoins à un contrat,
d'imprimer leur ongle dans l'argile humide. On trouve
ces marques sur plus d'une tablette qui renferme des
actes de ce genre; elles répondent à la croix par laquelle,
chez nous, les illettrés remplacent leur signature.

Lorsque l'usage du cachet devint général, on se pré-
occupa d'en faciliter l'emploi; il fallait ménager à l'image,
pour qu'elle pût s'y développer librement, une surface
définie et régulière; c'était le moyen d'obtenir de l'intaille une meilleure épreuve en relief. Les cailloux roulés
avaient, pour la plupart, une forme ovoïde; par le frotte-
ment et par l'usure, on en fit assez aisément des *cylindres,*
et c'est par ce nom que l'on désigne aujourd'hui ces
petits monuments qui, longtemps négligés, ont donné
lieu, depuis quelques années, à de curieuses recherches (1).

(1) Indépendamment des collections du musée Britannique, de la Bibliothèque nationale du Louvre et du cabinet de la Haye, un collectionneur
français, M. de Clercq, a réuni à lui seul plus de 400 cylindres. Les documents les plus précieux sur cette question spéciale ont été publiés par
M. J. Ménant, dans son intéressant ouvrage : *Les Pierres gravées de la
haute Asie, recherches sur la glyptique orientale* (2 vol. 1882-1885).

On apprit, avec le temps, à tirer de l'outil des partis plus variés et à donner au travail plus d'aisance et de liberté. Comme exemple du degré d'habileté auquel sont arrivés, vers le septième siècle, les graveurs sur pierre fine en Mésopotamie, il suffira de citer un beau cylindre, en cornaline, qui appartient au musée Britannique. Le sujet est d'une grande simplicité; la donnée en revient sans cesse dans les bas-reliefs et sur les gemmes du temps des Sargonides. Un personnage ailé, les bras étendus, tout semblable à celui que l'on voit alors sculpté sur les murs du palais, saisit de chaque main deux monstres fantastiques, deux quadrupèdes ailés. Dans l'exagération du modelé des jambes

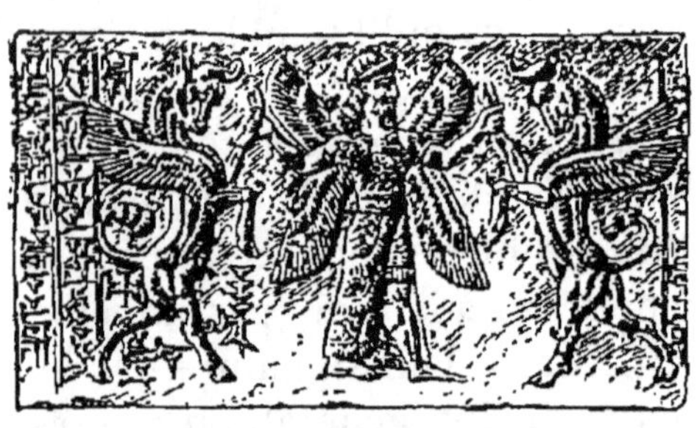

CYLINDRE ASSYRIEN.
(*Archéologie orientale*, maison Quantin.)

et dans le soin avec lequel sont rendus les moindres détails du costume, on retrouve tous les caractères de la statuaire du temps. L'exécution est savante et ferme; elle garde pourtant une certaine sécheresse, une certaine dureté (1). Le graveur procède surtout par traits fins et serrés; il ne sait pas donner encore au fond de son intaille ce poli qui permettra au graveur grec de reproduire, jusque dans le raccourci de cette image si

(1) Les cylindres assyriens se distinguent de ceux de Babylone et de la Chaldée par un travail plus sec. Mais on remarquera aussi que la glyptique assyrienne, de même que la grande sculpture, excelle dans le rendu des formes animales.

réduite, les rondeurs des formes vivantes et les méplats de la chair.

A partir de cette époque, les artisans de la Mésopotamie, et, plus tard, ceux qui travaillent pour les Mèdes et les Perses, mettent en œuvre toutes les gemmes dont se serviront les graveurs de la Grèce et de Rome; leur outillage et leurs procédés ne doivent pas différer sensiblement de ceux que l'antiquité transmettra aux graveurs du moyen âge et de la Renaissance italienne.

Si les résultats restent inférieurs à ceux qu'obtiennent les Pyrgotèle et les Dioscoride (1), c'est que l'art oriental n'a jamais eu cette science de la forme nue et cette passion du beau

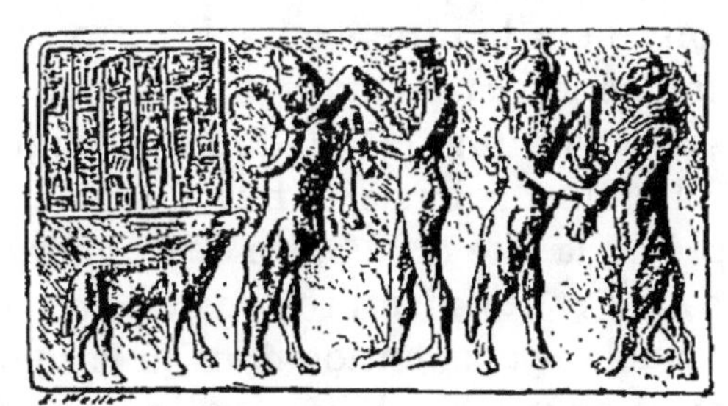

CYLINDRE CHALDÉEN.
(*Archéologie orientale*, maison Quantin.)

qui fera l'originalité de l'art grec. L'intaille n'est qu'un bas-relief renversé et de faible dimension; ce qui s'y réfléchit en abrégé, comme le font dans le miroir de l'œil humain les objets de la nature, c'est l'esprit et le style de la sculpture contemporaine. Faute d'outils, la glyptique pourra être en retard sur la statuaire; jamais elle ne la devancera.

Combien les deux arts se tiennent par un lien étroit, nulle part on ne le sent mieux que dans certains cylindres qui appartiennent au premier empire de la Chaldée.

---

(1) Célèbres graveurs grecs. Pyrgotèle vivait au IVe siècle avant notre ère, du temps d'Alexandre. Dioscoride était d'Égée en Éolide. L'empereur Auguste scellait ses édits d'un cachet où son portrait avait été gravé par Dioscoride.

Si, sur la plupart des pierres, l'artiste s'est alors contenté de graver au trait la silhouette des personnages, il est de ces monuments, plus soignés, où le modelé a quelque chose de cette ampleur et de cette vérité qui frappent dans les statues de *Tello*. Nulle part ces qualités d'exécution n'ont été poussées plus loin que dans un beau cylindre qui appartient au musée de New-York. Il représente, aux prises avec un taureau sauvage et un lion, Izdubar et son compagnon Héa-Bani, l'Hercule et le Thésée de la mythologie chaldéenne, les deux héros qui personnifient la lutte des divins protecteurs de l'homme contre les forces aveugles de la nature, contre toutes les puissances du mal (1). Izdubar est figuré sous les traits d'un homme robuste et nu; quant à son associé, l'art lui prêtait la tête et le buste de l'homme avec les cornes, la croupe et les membres postérieurs du taureau. Il y a bien quelque convention dans la pose du lion et dans la manière dont ses griffes sont indiquées; le mouvement du bras gauche d'Héa-Bani est disgracieux; mais l'antilope qui est placée sous l'inscription et le taureau que terrasse Izdubar sont rendus avec une justesse de touche et une vérité bien appréciables des connaisseurs. Il en est de même du corps des deux héros, où la vigueur musculaire est marquée avec une franchise qui ne va pas jusqu'à l'exagération; le rendu reste très large et très libre (2). Entre ce cylindre et celui que nous donnons comme l'un des meilleurs ouvrages de l'art ninivite, il y a les mêmes différences qu'entre les statues de

----

(1) Izdubar et Héa-Bani sont souvent confondus. Ces deux noms désignent le héros du courage et de la difficulté vaincue, l'ancêtre de l'Héraclès grec.

(2) Ce cylindre, de marbre ou de porphyre, appartient, au Musée de New-York. Il montre à quel degré de perfection les Chaldéens, dans un temps prodigieusement reculé, avaient déjà porté les arts plastiques.

Tello et les bas-reliefs de *Nimroud* et de *Khorsabad*.
Le graveur qui, quinze siècles peut-être avant notre ère,
a ciselé dans le marbre cet épisode de l'un des mythes
les plus chers à l'imagination chaldéenne n'aurait pas su
travailler la cornaline avec la dextérité et l'aisance dont
a fait preuve son successeur, le contemporain de Sennachérib ou de Sargon, qui a mis sur pierre fine la lutte
du génie ailé contre les deux monstres ; mais il a certainement à un plus haut degré le sentiment de la forme et
de la vie.

G. PERROT.

(*Histoire de l'art dans l'antiquité*, tome II, p. 661-665.)

2. — *Les étoffes.*

Chez un peuple où la nudité était réputée honteuse, le
vêtement avait beaucoup d'importance, ce vêtement que
ne quittait jamais quiconque avait un rang à tenir et
n'était pas le paysan, l'ouvrier ou l'esclave. Là où
l'homme ne se sépare jamais de l'habit, celui-ci comporte des différences qui servent à distinguer les conditions. En Chaldée comme en Assyrie, les riches et les
grands poussaient très loin le luxe du costume; on ne se
contentait pas de rechercher les étoffes les plus belles,
ces tissus de coton, ces fines et brillantes mousselines
que plus tard les rois de Perse et leurs femmes emprun-
taient de préférence aux ateliers babyloniens; mais on
exigeait aussi que les étoffes fussent ornées de dessins
élégants et somptueux, où la société des couleurs fît res-
sortir la richesse et l'élégance du motif (1). La Chaldée

(1) M. Heuzey a démontré (v. page 200) que l'étoffe appelée *kaunakès* par
les Grecs remonte au moins jusqu'à l'époque de Goudéa. Aristophane en
parle dans sa comédie des *Guêpes* : c'était un somptueux tissu à longues

avait donné la première cet exemple; nous le savons par les plus anciens cylindres et par les monuments de *Tello,* comme par la stèle de Merodachidinakhi; mais il semble que l'Assyrie ait encore, à cet égard, enchéri sur la Chaldée. En tout cas, c'est, grâce aux bas-reliefs, le costume assyrien que nous connaissons le mieux. Aidé et comme provoqué par les complaisances d'une matière qui ne résistait pas à son ciseau, le sculpteur s'est amusé à copier, sans omettre aucun détail, tantôt, dans les figures, les broderies à l'aiguille qui couvraient le vêtement royal; tantôt, dans les dalles des seuils, l'entre-croisement des fils de tons différents, les étoiles et les guirlandes que la navette du tisserand avait su ménager dans la trame même des épais et moelleux tapis dont le sol et les divans étaient partout couverts.

Dans les images qui décorent les robes royales, on ne saurait voir en effet, que des broderies. Il n'y a pas là, comme on pourrait le croire au premier moment, une cuirasse de métal sur laquelle seraient gravés ces ornements compliqués. Sur la pierre, aucune saillie qui indique qu'un corps étranger soit venu se superposer au vêtement. D'autre part, on ne peut admettre un instant que le métier ait pu donner des figures aussi compliquées et d'une aussi fine exécution. C'est bien certainement l'aiguille qui, sur une étoffe de laine, avec une adresse et une patience singulières, a dessiné toutes ces images; celles-ci se détachaient, comme une brillante peinture, sur un fond uni. L'habileté des brodeurs babyloniens est restée célèbre jusqu'aux derniers jours de l'antiquité;

franges étagées. L'antiquité tout entière tenait en haute estime les tapisseries de Babylone; et nous savons que Néron paya quatre millions de sesterces pour des tentures babyloniennes. Ce n'est pas d'aujourd'hui, on le voit, que l'Orient est réputé comme la terre classique de la broderie et de la tapisserie.

à l'époque romaine, leurs ouvrages se payaient au poids de l'or. Aujourd'hui encore, d'un bout à l'autre de l'Orient, les femmes, jusque dans les plus petits villages, font en ce genre, souvent sur les étoffes les plus grossières, des ouvrages d'un goût charmant; elles décorent ainsi leurs longues chemises de chanvre, leurs tabliers et leurs gilets, leurs écharpes, les étroites serviettes que l'on étend autour de la table basse, devant les convives accroupis sur une natte, ou que l'on apporte avec l'eau qu'un serviteur verse sur les mains, avant le repas.

Quel était au juste le procédé qu'employaient les brodeurs de la Mésopotamie? Obtenait-on une partie tout au moins de ces dessins en appliquant sur le fond des morceaux d'étoffe d'une autre couleur, découpés de manière à présenter la forme voulue? On trouve encore, dans les bazars de la Turquie et de la Perse, des tapis de table où entrent ainsi des centaines de morceaux de drap, et qui sont parfois d'un effet très agréable; il est probable que c'était bien là une vraie broderie, dont le point devait ressembler à celui que nous appelons *au plumetis* ou *au passé*. Peu importe, d'ailleurs; ce qui nous intéresse surtout, c'est la composition de ces tableaux, c'est le goût qui en a inspiré et réglé l'ordonnance.

Le principe de cette décoration est, à peu de chose près, celui que l'on peut étudier dans les coupes de bronze ciselé (1). Autour d'un motif central se développent des

(1) M. Layard a recueilli à Nimroud une grande quantité de ces vases. La métallurgie, déjà très développée chez les premiers Chaldéens atteignit son apogée en Assyrie, sous les Sargonides. L'industrie ninivite excella dans toutes les applications des métaux précieux, du fer et du bronze : statuettes, bas-reliefs repoussés au marteau, vases et ustensiles de toute nature, armes et bijoux. Les portes de bronze du palais de Salmanasar III à Balawat (IXᵉ siècle av J. C.) sont un monument de la plus haute valeur ; et les scènes de bataille, les paysages, etc. qui y sont représentés, font grand honneur à l'art assyrien. — La décoration des armes, et particulièrement des boucliers, n'é-

bandes parallèles dans lesquelles sont répartis des groupes de figures où règne une très exacte symétrie. Des bordures plus étroites encadrent ce décor; elles renferment surtout des motifs empruntés au règne végétal, des fleurs en boutons, interprétées d'une manière conventionnelle, des rosaces et des palmettes. Les images ont toutes ici un caractère religieux très marqué; ce sont ces génies ailés qui se trouvent sur les briques émaillées et sculptées aux portes du palais; ici ils sont en adoration devant l'arbre sacré, ils volent à travers l'espace, ils jouent avec des lions; ailleurs c'est le roi qui semble jouer le rôle principal; il adore le globe ailé et la plante divine; il se tient debout entre deux génies qui semblent lui parler et l'instruire. Toutes ces images sont habilement distribuées dans des compartiments que séparent des lignes d'une courbe gracieuse; tout en les prodiguant de manière à ne point laisser de vides, le dessinateur a su éviter la confusion; nulle part peut-être, en Mésopotamie, il ne s'est montré plus habile et n'a fait preuve de plus d'invention et d'heureuse fantaisie. Nous ne trouvons pas trace ici de cette lourdeur que l'on remarque dans certains bijoux.

L'étude du détail confirme l'impression qu'a laissée le premier aspect de cet ensemble. On est frappé de la diversité des combinaisons que fournissent les motifs employés par le brodeur. Quelquefois l'ornement est tout linéaire et végétal. Voyez par exemple, cette sorte de carreau, qui à *Nimroud*, décore la poitrine d'une figure ailée. L'arbre sacré occupe le centre de ce pectoral, la palmette le couronne et les bandes ornées de rosaces et

tait pas moins remarquable. — La céramique était peu développée chez les Chaldéo-Assyriens. En revanche leurs meubles de luxe étaient aussi finement sculptés que les ustensiles de bronze les plus précieux, et plus d'un bas-relief nous en a transmis le témoignage.

de chevrons encadrent le motif du milieu. Ici c'est un lion ailé, à tête humaine, barbue et mitrée, qui lutte contre un génie à tête d'aigle. A gauche, vous voyez une fleur dont la forme fait songer à celle de la *silene inflata* (1) et qui pend au milieu de la bande; c'est un ornement qui termine le collier. Là les animaux factices sont mêlés à des êtres réels; ainsi deux griffons terrassent un daim à la peau mouchetée, ou bien ils paraissent seuls, et leur attitude a quelque chose d'imprévu et de singulier qui amuse l'œil; c'est le cas de ces taureaux ailés qui sont comme perchés sur des disques en forme de fleurs largement ouvertes; enfin le roi lui-même ou un personnage qui lui ressemble est souvent représenté luttant contre les monstres. Remarquez ici ces rosaces qui sont semées dans le champ, où elles n'ont rien à faire, entre les combattants et des deux côtés de la tête du roi. Nous retrouverons sur les plus anciens vases grecs ces motifs ainsi prodigués par le décorateur; là-bas comme ici, on dirait qu'il craint de laisser des espaces vides et de perdre une place qui se prête à recevoir un ornement quelconque.

Le tisserand n'était pas, dans son genre, moins habile que le brodeur; mais il ne pouvait pas donner à sa fantaisie une aussi libre carrière : la navette n'a pas les mêmes franchises que l'aiguille; en courant entre les fils de la chaîne, elle ne peut guère que tracer des dessins symétriques qui se répéteront dans toute l'étendue de la pièce d'étoffe. C'est par les dalles des seuils que nous pourrons nous représenter les tapis de la Chaldée et de l'Assyrie. Le principe du décor était toujours le même;

(1) Les silènes sont des plantes à fleurs délicates et élégantes, très propres à l'ornement des jardins, et dont la France seule ne possède pas moins de 38 à 40 espèces.

mais la composition variait, comme elle varie dans les tapis que nous fournissent aujourd'hui la Turquie et la Perse. Il y avait, en tout cas, une bordure pour laquelle on choisissait sans doute les tons les plus tendres et les plus doux ; elle était d'ordinaire ornée d'une de ces guirlandes de boutons et de fleurs épanouies, dont le motif a peut-être été emprunté à l'Égypte. Tantôt l'espace ainsi circonscrit était divisé en compartiments semblables à autant de caissons ; tantôt il était rempli par un motif unique : tel est le dessin formé de fleurs à six pétales qui occupe toute la surface d'une dalle de Khorsabad. Ne cherchez pas ici, comme dans les étoffes brodées, des figures d'hommes et d'animaux ; les formes, toutes empruntées au règne végétal, sont plus simples et moins variées ; mais elles conviennent très bien à des étoffes faites pour être étendues sur le sol et foulées aux pieds. Rétablissez par la pensée la diversité et le charme de la couleur ; le tapis que vous obtiendrez ainsi présentera à l'œil quelque chose de l'aspect que lui offrait la prairie, quand, après les pluies du printemps, elle se diaprait de fleurs éclatantes, et que brillaient, parmi la riche verdure des hautes herbes, la blancheur des marguerites, l'or des renoncules et la pourpre des tulipes.

G. PERROT.

(*Histoire de l'art dans l'antiquité*, t. II, p. 769-776.)

§ IV. — LES ARTS DE L'ÉGYPTE ET CEUX DE LA CHALDÉE.

Chez les deux nations, l'architecture a produit des œuvres d'un caractère imposant, des bâtiments où la richesse du décor répondait à l'ampleur de la masse et faisait valoir l'heureuse disposition du plan. La Chaldée

n'a pas eu de moins hautes ambitions que l'Égypte;
par leurs dimensions et par leur magnificence, ses édifices pouvaient, à bien des égards, rivaliser avec ceux de
la vallée du Nil. Cependant nous ne pensons pas qu'ils
aient tout à fait droit à la même admiration. Dans les
vastes plaines de l'Euphrate, les tours à étages prenaient une importance singulière; elles étonnaient l'œil
par leur énormité et elles lui faisaient plaisir par les
vives couleurs dont elles étaient parées; mais elles n'atteignaient point à la noblesse des temples égyptiens, à
leur mystérieuse et souveraine beauté. Sanctuaires ou
palais, toutes les constructions de la Mésopotamie semblent pécher par une certaine lourdeur et par le manque
de variété; enfin, dernier défaut, elles portaient en
elles-mêmes le germe d'une destruction rapide : elles ne
sont pas défendues, comme les portiques et les salles de
Louqsor et de Karnak, contre la lente action du temps
et contre les violences de l'homme. L'architecte chaldéen est donc resté au-dessous de l'architecte égyptien,
et la vraie cause de cette infériorité, nous la trouvons
dans la nature et dans les propriétés de la seule matière dont disposât le constructeur; c'était l'argile séchée
au soleil ou cuite au four; c'était la brique avec laquelle
on peut tout faire, excepté des colonnes et des moulures
d'une franche saillie et d'un ferme profil (1).

Pour ce qui est de la sculpture, on peut tenir presque
en équilibre les plateaux de la balance. Les deux sta-
tuaires ont donné de la forme vivante, et particulière-

(1) « Si épais que l'on suppose des piliers de briques ou des colonnes
formées de briques estampées en segments de cercle, ces supports n'offri-
ront jamais les garanties de solidité de la colonne de pierre. Partout où il
fallait supporter un lourd fardeau comme une voûte ou une terrasse, on
élevait de gros murs, d'une épaisseur extraordinaire, qu'il eût été impru-
dent de percer de fenêtres capables d'en diminuer la résistance. » (Ernest Babelon, *Manuel d'archéologie orientale.*)

ment de la forme humaine, une interprétation assez différente ; mais leurs mérites à l'un et à l'autre paraissent plutôt divers que d'une valeur très inégale. Ici on trouve des lignes plus pures, avec plus de finesse et de grâce ; dans les plus petites figurines comme dans les prodigieux colosses, on goûte le charme de cette sérénité fière et souriante qui n'est pas moins dans l'ensemble de la pose que dans les traits même du visage. Là, ce qui frappe, surtout, c'est la puissance du mouvement et l'énergie du modèle. Ces qualités de force et d'entrain, doivent être estimées à leur juste prix ; il est à remarquer que, des deux, c'est l'art chaldéen qui, dans la représentation de la divinité, fait à la forme humaine la place la plus large ; plus franchement anthropomorphiste, il paraît, par ce côté du moins, en avance sur cette sculpture égyptienne qui donne à ses dieux des têtes d'épervier, d'hippopotame et de crocodile. Néanmoins, il faut reconnaître que les conditions du milieu, ont, dans une certaine mesure, gêné le développement de l'art chaldéo-assyrien. Les exigences des rites funéraires (1) ne sont pas venues lui imposer cette

(1) Ce qui nous est resté de l'ancienne Égypte, ce sont des tombeaux ; et ces tombeaux nous sont connus dans tous les détails de leur construction et de leur aménagement. Au contraire, la tombe chaldéenne telle qu'elle a été retrouvée à Moughéir, est anonyme et muette. Quant à la tombe assyrienne, elle a jusqu'ici échappé à toutes les recherches ; et l'on ne possède pas un seul bas-relief assyrien dont la donnée se rapporte à une scène funéraire : ce qui a fait supposer à M. Place que les habitants de l'Assyrie livraient les cadavres au fleuve. Mais Loftus croit plutôt qu'il les faisaient porter dans les nécropoles de la basse Chaldée. M. Perrot *Hist. de l'art,* tome II, p. 352 et suiv.) et M. Maspero (*Lectures historiques,* Égypte-Assyrie, ch. XIII), ont essayé de deviner d'après les documents écrits ou figurés, comment les Chaldéens et les Assyriens se représentaient la vie d'outre-tombe. Les plus anciennes sépultures des nécropoles chaldéennes contiennent un mobilier funéraire, beaucoup moins varié et moins riche sans doute que celui des Arabes de l'Égypte, mais qui indique toutefois une croyance analogue relativement à la permanence indéfinie

fidélité dans l'image qui a valu aux maîtres égyptiens
l'honneur de nous léguer d'admirables portraits; c'est
ainsi que, faute d'avoir à chercher la ressemblance
individuelle, cet art n'a créé que des types d'une vérité
générale qui, par là même, gardent toujours un caractère plus ou moins conventionnel (1). Ce qui n'a pas
moins nui à ses progrès, c'est la barrière et l'opacité de
la draperie, toujours interposée entre lui et son modèle,
entre l'œil de l'artiste et le corps humain. Ses figures
d'animaux laissent deviner et mesurer la vigueur de
son génie; mais ses hommes ne valent pas ses chiens et
ses lions; ce qui lui a manqué, c'est ce que rien au
monde ne saurait remplacer, c'est cette étude, ce sont
ces leçons de la forme nue qui seules font les vrais et
grands sculpteurs.

C'est pour n'avoir pas appris son métier à cette école,
que cet art, dans ceux mêmes de ses produits qui touchent à ce que nous appelons l'industrie, n'a pas su
s'affranchir d'une certaine lourdeur et diversifier suffisamment ses effets. On s'explique aisément ces défauts;
le vêtement, surtout un vêtement collant et sans plis
comme l'était celui de l'Assyrie, cache toutes les finesses
du modelé de la chair et toute la grâce des lignes ondu-
leuses qui limitent les corps; il épaissit ainsi les contours, en les dissimulant sous les molles pesanteurs de
l'étoffe. Si le sculpteur et le peintre avaient ici, comme

du corps; cette croyance primitive fit place, dans la suite, à une conception sombre et farouche de l'enfer, que vint tempérer l'idée d'un séjour for-
tuné, réservé par les dieux du ciel aux âmes héroïques, et placé au sommet de la *Montagne du Monde*. Les Chaldéens auraient donc résolut le
problème de l'autre vie dans le même sens que les Égyptiens. Il n'en est
pas moins vrai que leur pensée n'est pas restée aussi obstinément atta-
chée à la tombe, aussi profondément plongée dans la méditation de la
mort.

(1) V. page 123, note 2.

en Égypte, rendu familières à tous les yeux les beautés
de la figure humaine dépouillée de tout voile et surtout
les élégances de la nudité féminine, les artisans auraient su donner à leurs vases, à leurs meubles, à leurs
armes et à leurs bijoux des formes plus souples et d'un
agrément plus varié (1). C'est le nu qui leur aurait
enseigné le secret de tirer d'un même thème, suivant
l'occasion, des partis très différents, et de le renouveler
ainsi presque indéfiniment, sans jamais risquer de lasser
l'attention. Tous les personnages habillés se ressemblent,
pour peu que le mouvement et le costume aient quelque
analogie ; il est tel bas-relief assyrien à propos duquel
on s'est posé la question de savoir s'il mettait en scène
un dieu ou une déesse. Au contraire, deux figures nues
auront beau présenter des attitudes à peu près pareilles ;
l'œil, pour peu qu'il sache voir, ne les confondra pas.
Dans l'une, la charpente osseuse et la musculature seront
plus accusées ; dans l'autre, elles le sont moins. Le sexe,
l'âge, les habitudes de travail ou de repos auront laissé
sur les chairs, ici plus fermes, là plus tendres, une empreinte très nettement marquée. Où la difficulté commence, c'est quand l'artiste se propose de faire passer
dans sa copie tous ces caractères particuliers de la forme ;
sans doute il n'arrivera point à les rendre qu'il n'ait
acquis par l'exercice beaucoup de science et d'habileté
professionnelle. Mais, en atendant, ce sera déjà beau-

(1) Ce n'est pas que les Assyriens aient ignoré la recherche de l'agrément et de l'effet pittoresque : ils ont décoré de figures jusqu'à des pei-
gnes, comme ceux que possède le Musée du Louvre ; mais le dessin est
parfois d'une lourdeur qui, au premier moment, empêche presque de reconnaître l'intention de l'artiste. Les dépouilles de l'Assyrie ne nous
offrent rien de comparable à ces cuillers en bois (v. page 167), que
ciselaient d'une main si légère les ouvriers égyptiens : ceux de Ninive ont
manqué la plupart du temps, non pas de soin et de conscience, mais d'o-
riginalité et de fantaisie.

coup qu'il commence à percevoir ces nuances et à en saisir la valeur et l'intérêt. En s'essayant à les rendre, il sentira sa main devenir plus adroite et plus légère; il tentera d'imiter la merveilleuse diversité de la nature, et cet effort lui fera deviner comment celle-ci s'y prend pour ne jamais se répéter, pour donner à chaque individu sa physionomie propre et pour maintenir en même temps la constance et la généralité du type de l'espèce. Averti par cette découverte, il sera, de jour en jour, plus ingénieux et plus inventif ; sachant ce que peuvent, pour différencier les êtres, les moindres variations des lignes maîtresses et du rapport des parties, il s'habituera, lui aussi, à distinguer ses figures par ce même procédé; pour peu qu'il modifie de l'une à l'autre, la proportion et le mouvement, chacune d'elles sera, dans toute la force du terme, une œuvre nouvelle et une œuvre unique. Dès lors, pour l'art comme pour la nature, plus de limites à la faculté de créer. L'art, une fois qu'il sera franchement entré dans cette voie, pourra peut-être se heurter encore à certaines difficultés d'exécution, mais du moins il n'a plus à craindre de tomber dans les pires des défauts, dans la monotonie et dans l'uniformité.

Le génie chaldéen n'a pas eu les bénéfices de cette éducation, qui avait été celle de l'Égypte et qui devait être celle de la Grèce (1): c'est ce qui explique son infériorité. L'imagination ne lui manquait pas ; il l'a prouvé surtout dans la décoration de ses tapis et de ses étoffes brodées ; voyez avec quelle aisance il y développe toutes les ressources de l'ornement linéaire, quels partis heureux il y tire des formes végétales et des formes

---

(1) Ces « leçons de la forme nue », que les Égyptiens possédaient si bien, furent vraisemblablement transmises par eux aux artistes grecs. Car c'est surtout, semble-t-il, pour la sculpture, qu'il est exact de dire que l'Égypte a été la grande institutrice de la Grèce.

animales, soit qu'il les prenne telles que les lui offre la
réalité, soit qu'il compose, à l'aide de traits et de membres empruntés à des espèces différentes, ces êtres factices qu'il a créés en si grand nombre. A ces griffons,
à ces taureaux et à ces lions ailés, enfants de sa fantaisie, il mêle des figures d'hommes et de génies, dont
les attitudes, en général élégantes, paraissent très variées; mais cette variété même est plus apparente que
réelle. Toutes ces figures étant vêtues, chacune d'elles
se présente toujours sous le même aspect; pour modifier le thème sans en effacer le caractère fondamental,
on n'a pas ici les ressources dont dispose l'artiste
égyptien.

Ne pouvant juger du décor de ces étoffes que par un
petit nombre d'exemplaires, dont une copie fidèle nous
a été transmise par la sculpture, nous y louons volontiers la diversité des motifs; mais si nous possédions
tout un assortiment de ces draperies, peut-être aurions-
nous à constater que tel ou tel groupe revenait bien
souvent et tournait au lieu commun. D'ailleurs, cette
preuve serait faite qu'il n'y aurait pas lieu d'en tirer une
conclusion qui fût défavorable au goût de ces artisans.
Les étoffes qui servent de vêtements, les tissus que l'on
étend sur le sol et les tentures qui couvrent les murailles s'accommodent très bien de ces redites. Le motif
y vaut non par lui-même, à l'état isolé, mais par l'effet
qu'il produit en se répétant un grand nombre de fois.
Là, ce qui amuse l'œil, c'est le retour constant des
mêmes combinaisons de formes et de couleurs; avec tel
élément qui, pris à part, n'est que d'une valeur médiocre, on peut composer des ensembles d'une grâce
charmante ou d'une riche magnificence. C'est ce que
suffiraient à démontrer les industries céramique et tex-
tile de l'Orient moderne, les faïences de la Perse et les

porcelaines du Japon, les châles de l'Inde et les soieries de la Chine (1).

Il n'en va pas de même dans tous les arts somptuaires. Prenez par exemple la bijouterie et l'orfèvrerie. Il ne s'agit plus là d'orner et comme de fleurir une enveloppe susceptible de s'étendre indéfiniment avec le corps où elle s'applique; il faut créer un objet qui ait son unité et sa forme bien définie. La grande ressource de l'orfèvre, les thèmes qui lui fournissent les motifs les plus heureux et les variations les plus agréables, ce seront donc ces figures de l'animal et de l'homme que la nature même a nettement circonscrites et dont chacune se distingue par des traits spéciaux et par une expression qui lui est propre; à ce titre, l'orfèvre est l'élève du sculpteur; il reproduit, à plus petite échelle, les types qu'a créés la statuaire, et il en multiplie les épreuves avec cette liberté facile qu'imposent les exigences d'une production très abondante. Peu importe que, suivant les temps et suivant les lieux, ces imitations soient exécutées avec plus ou moins de finesse et de soin; partout le principe est le même : dans le style des arts industriels, de ceux-là du moins où la figure joue d'ordinaire un rôle très important, vous ne trouverez rien dont le modèle ne se rencontre, chez le même peuple, dans ce que l'on peut appeler le grand art. L'œuvre de l'artisan sera comme l'image réduite et le reflet affaibli, mais fidèle encore, de l'œuvre de l'artiste.

A ce titre, nous ne nous étonnerons pas de voir, en Chaldée et en Assyrie, l'ébéniste, le tabletier, l'armurier, le bijoutier, l'orfèvre, introduire dans leurs ouvrages des corps ou des membres d'animaux dans lesquels

---

(1) Sur la *répétition*, considérée comme une des lois générales de l'ornement, voy. Charles Blanc, *Grammaire des arts décoratifs*.

les caractères de chaque espèce sont marqués avec beaucoup de justesse et de précision; n'avons-nous pas constaté que les sculpteurs assyriens étaient peut-être les premiers *animaliers* de l'antiquité? En revanche, dans tous les objets qui nous font connaître les types qu'employaient les plus volontiers ces différents métiers, c'est à peine si la figure humaine se montre une ou deux fois. Dans le trône de Sennacherib (1), ce n'est, à vrai dire, qu'un symbole; elle n'intervient pas là pour elle-même et pour sa beauté propre, mais pour l'idée qu'elle doit suggérer à l'esprit. Partout ailleurs vous trouverez à profusion, entiers ou détaillés par parties, le serpent, la chèvre, le bélier, le taureau et surtout le lion; vous rencontrerez le griffon et les autres monstres de la même famille; mais ce qui manquera toujours, ce seront ces figures d'homme et surtout ces figures de femme qui reviennent si souvent et si à propos dans les meubles, dans les ustensiles, dans les vases de métal et dans les bijoux égyptiens.

Voilà ce que ne nous a jamais offert et, selon toute vraisemblance, voilà ce que ne nous offrira jamais l'orfèvrerie de Babylone ou de Ninive. Sans doute de nouvelles trouvailles, en nous livrant de nouveaux produits de ces fabriques, nous révèleront des dispositions que nous n'avons pas encore rencontrées; mais il est peu probable que ces découvertes modifient beaucoup l'idée que nous avons été conduits à nous faire des habitudes et du goût de cette industrie. Dès maintenant nous connaissons assez bien la statuaire chaldéo-assyrienne, dans son fort et dans son faible, pour nous rendre compte des lacunes qu'a dû toujours présenter le répertoire où puisaient

(1) Sur un bas-relief du Musée Britannique, qui représente Sennachérib, roi d'Assyrie, faisant passer devant lui les captifs de la ville de Lachis. Ce bas-relief, est reproduit dans Layard, *Monuments*, 2ᵉ série.

tous ces arts secondaires, tous ces métiers dans lesquels l'artisan confine à l'artiste. Cet artisan a suivi l'exemple du sculpteur; il s'est, comme lui, complu dans le bas-relief et il y a réussi. Parmi les figures qu'il a semées sans compter sur la pierre et sur le bois, sur l'ivoire et sur le métal, les unes sont tracées à la pointe ou gravées en creux; les autres, repoussées au marteau et au ciseau, s'enlèvent sur le fond en légère saillie; mais ce qu'il n'a pour ainsi dire même pas essayé, c'est de modeler en ronde-bosse la forme nue, la figure de l'homme et celle de la femme. Ce que cette dernière surtout peut fournir de modèles aimables et variés, il ne semble pas en avoir eu le soupçon; lui qui s'est montré, à d'autres égards, si fertile en ressources, si savant et si ingénieux, c'est à peine si de loin en loin, dans quelques-unes de ses statuettes en terre cuite, il a paru sentir le charme de la beauté féminine. Cette beauté, c'est comme la lumière de la nature et l'éternelle joie du regard; ne pas l'admettre, ne pas la faire briller dans ce monde idéal que la plastique s'efforce de créer à l'imitation du monde réel, c'est, quelques qualités de puissance et d'expression que l'on déploie d'ailleurs, se condamner par avance comme l'a fait l'Assyrie, à ne point éclairer et à ne point égayer son œuvre, à répandre sur tout cet ensemble je ne sais quelle nuance de froideur et quel voile de tris-tesse.

G. PERROT.

(Histoire de l'art dans l'antiquité, tome II, p. 787-793.)

CHAPITRE III.

I. — *L'architecture royale des Achéménides.*

Au nombre des monnaies d'origine asiatique conservées au Cabinet des Médailles se trouvent quelques pièces d'argent classées à bon droit au nombre des dariques (1).

Sur la face de l'une d'elles, on a représenté un roi de Perse tirant de l'arc; sur le revers et au centre de la composition se voient une chouette et les attributs d'Osiris. Le sujet principal est encadré par une torsade dont le modèle est fréquemment reproduit sur les monuments assyriens et sur les bijoux découverts à Mycènes.

Cette darique est l'expression la plus vraie et le résumé le plus saisissant de l'architecture persépolitaine.

Les Iraniens (2) furent, en effet, redevables à l'Égypte

---

(1) On appelle ainsi les pièces de monnaie fabriquées et émises pour le compte de Darius, avec des tailles et des types nouveaux.

(2) Les Iraniens, ou peuples de langue zende, formaient dans l'Asie centrale une race à part, intelligente, industrieuse et d'un génie éminemment pratique. Les éléments qui la composaient, dit W. Lubke (*Essai d'histoire de l'art*, traduction Koëlla) ont contribué chacun pour sa part au développement total; les Bactriens lui ont donné une religion, les Mèdes une organisation politique, et les Perses un empire très étendu. Les

ou aux colonies grecques de l'Asie Mineure, de l'art de construire et de décorer les édifices royaux; à l'Assyrie, de la sculpture en bas-relief : ils semblent donc, quand ils élevèrent les palais des princes achéménides, ne s'être inspirés qu'à regret des traditions séculaires de la Susiane, de la Chaldée et de l'Iran. On ne saurait contredire à ces conclusions. Elles se présentent néanmoins sous une apparence trop paradoxale et se réfèrent à un phénomène trop singulier dans l'histoire de l'art monumental, pour qu'il ne soit pas intéressant de rechercher à la suite de quelles circonstances les Iraniens créèrent de toutes pièces, dès l'avènement des Achéménides, une architecture artificielle ne se rattachant par aucun lien à l'état passé ou présent de leur patrie (1).

Les rudes compagnons de Cyrus étaient encore à demi barbares quand ils quittèrent leurs sauvages montagnes et se ruèrent à la conquête du monde civilisé.

« Ce sont des hommes vêtus de pantalons et de tuniques de cuir, nous dit Hérodote par la bouche du Lydien Sandanis. Ils se nourrissent non de ce qu'ils désirent, mais de ce qu'ils ont, car leur contrée est stérile; ils ne connaissent pas l'usage du vin, mais ils boivent de l'eau et ne récoltent ni figues ni fruits savoureux. Et, de fait, ajoute l'historien, les Perses, avant d'avoir subjugué les

Mèdes, qui habitaient les hauts plateaux et les vallons du versant sud de la mer Caspienne s'affranchirent avant les Perses du joug assyrien; mais les œuvres de leur civilisation déjà brillante ne sont pas parvenues jusqu'à nous. On sait d'ailleurs par Hérodote que l'art mède était tributaire de l'art assyrien. C'est sous le règne de Cyrus (549-529) que les Perses, à leur tour, assujettirent les Mèdes et couvrirent avec une rapidité prodigieuse toute l'Asie centrale et occidentale. Ils fondèrent en moins d'un demi-siècle l'empire puissant qui devait bientôt se buter aux petits États grecs et crouler deux siècles plus tard sous la conquête d'Alexandre (330).

(1) L'art mède n'ayant pas eu d'originalité propre, les Perses ne lui ont rien emprunté.

Lydiens (1), ne possédaient rien de bon ni de délicat. »

Le roi, qui venait de préluder par la prise de Sardes aux brillantes victoires de son règne, ne pouvait se contenter des demeures de terre des Mèdes et des Perses. Il emprunta aux Ioniens et aux Lyciens (2) leur architecture, tandis que les officiers changeaient leurs vêtements de cuir contre les robes médiques et que les soldats, plus modestes que leurs chefs, se contentaient d'importer en Perse les vices de la Grèce.

C'est dans cette période que furent élevés le Gabré Madéré-Soleïman, le Takhté et tous les monuments qui ornaient l'antique Méchhed-Murgab (3).

(1) Les Lydiens appartenaient à la famille aryenne; la Lydie des historiens et des géographes grecs comprend tout le petit bassin de Caystre, ainsi que la basse et la moyenne vallée de l'Hermos; elle allait jusqu'à la rive droite du Méandre qui la séparait de la Carie. Ce sont les Lydiens qui ont inventé la monnaie. Leur célèbre roi, Crésus, ayant eu l'imprudence de provoquer les Perses par une campagne entreprise au delà de l'Halys, Cyrus apparut bientôt en Lydie, mit en déroute une armée rassemblée à la hâte, et, au bout de quatorze jours de siège, s'empara par surprise de la citadelle réputée imprenable, où Crésus s'était enfermé avec sa famille et ses trésors. Or, le génie hellénique avait exercé là son action avec une grande force : la culture grecque avait pris possession du pays.

(2) « La Lycie, dit M. G. Perrot, est la contrée qui s'étend entre la Carie et la Pamphylie, entre le golfe profond qu'on appelle aujourd'hui golfe de *Macri*, à l'ouest, et à l'est, la large baie ouverte d'*Adalia*. » Les Lyciens de l'histoire classique sont le dernier reste d'un peuple qui a fait figure dans cette Asie Mineure primitive qui a subi l'influence des Hétéens, de leurs armes et de leur civilisation : ils datent du temps où les Grecs n'avaient pas encore commencé de se répandre dans le bassin oriental de la Méditerranée. Ils ne furent guère soumis que de nom aux princes achéménides.

(3) Le groupe de ruines qui se trouve auprès de Mechhed-Murgab correspond sans doute à l'ancienne ville perse de Parsagade, qui était une des principales résidences du grand roi. Le *Gabré-Madéré-Soleïman* (Tombeau de la mère de Salomon) en réalité le Tombeau de Cyrus, est une pyramide à six degrés (souvenir assyrien) surmonté d'un édicule à fronton (forme grecque) et entourée d'un léger portique de colonnes, maintenant détruites. Le *Takhté-Madéré-Soleïman* (Trône de la mère de Salomon), est la terrasse du palais de Cyrus.

Cyrus, maître de l'Asie Mineure, se jeta avec ses armées dans l'extrême Orient. En entreprenant cette expédition, il avait pour but de frapper de terreur les tribus turcomanes ou aryennes placées sur les confins de la Médie, et de mettre ces peuplades guerrières dans l'impossibilité de franchir les frontières de l'Iran pendant qu'il

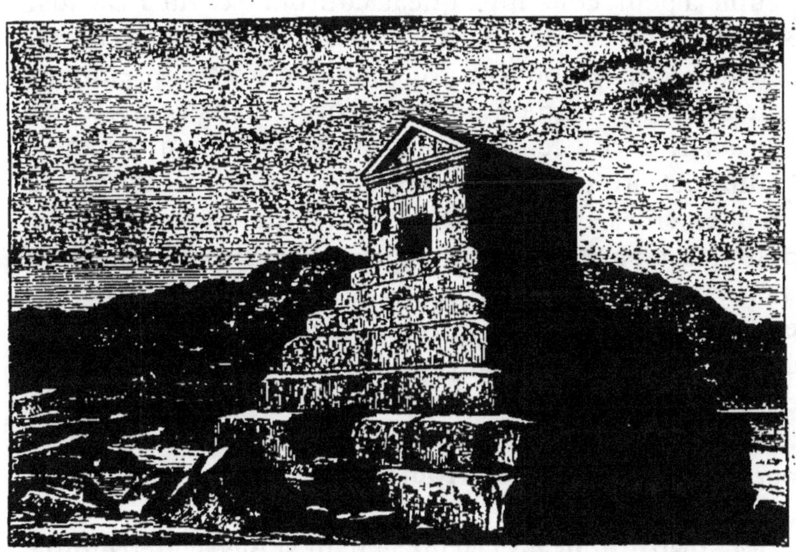

TOMBEAU DE CYRUS.

conquerrait l'Égypte, dont il convoitait déjà la possession; puis, la Chaldée lui barrant la route de la vallée du Nil, il marcha sur Babylone. Nabou-Hanid et son fils Bel-Sar-Oussour eurent le sort de Crésus. La Syrie, la Palestine échurent au vainqueur; quelques années plus tard, la Phénicie se donna sans combats.

L'annexion de la Phénicie conduisait les Perses aux portes de l'Égypte; il était réservé au fils de Cyrus de les leur faire franchir.

Pendant toute la durée du règne de Cambyse, il se produisit un arrêt certain dans le développement de la civilisation iranienne. Toutes les forces vives de la nation furent transportées en Égypte. L'avènement au trône du faux Smerdis est la preuve de l'abandon où fut laissée la Perse, et en fut aussi la conséquence.

C'est dans ces circonstances, bien critiques pour un peuple à peine constitué, que la couronne échut à Darius. Appelé à recueillir l'héritage de la première dynastie achéménide, le nouveau roi employa les six premières années de son règne à rétablir l'ordre dans l'empire de Cyrus. Il divisa le territoire en provinces, en organisa l'administration, réunit par des routes militaires les grandes villes et fit construire à chaque étape des abris pour les troupes et les voyageurs. Il disposa dans les mêmes constructions des relais pour les courriers royaux, et se mit ainsi en relation rapide avec les points les plus éloignés de son vaste empire. Il introduisit enfin l'usage de la monnaie, qui fut frappée à son effigie, régularisa l'assiette et la perception des impôts et restaura la secte perse des sectateurs d'Aouramazda en amoindrissant l'autorité des mages.

Les institutions de Darius étaient si bien en harmonie avec l'esprit de l'Orient, qu'elles régissent encore la société iranienne. Les maisons d'étape sont devenues des caravansérails, les relais de poste les *tchapar-khane*. Le satrapa est passé *haakem,* et il est entouré, bien que choisi comme au temps de Darius, au nombre des plus proches parents du monarque, de l'espion royal et du général, dont l'influence balance sans cesse son autorité. Il n'est pas jusques *aux yeux et aux oreilles du souverain* qui ne parcourent encore l'Iran sous les prétextes les plus divers.

Le puissant organisateur de la Perse ancienne se laissa

tout naturellement entraîner à soumettre à la même discipline les soldats, les artistes et les fonctionnaires. Le même firman qui décrétait le transfert dans la plaine de la Merdach de la capitale du Fars arrêtait sans nul doute les formes définitives que revêtirent, dès les premières années du règne de Darius, les palais et les sculptures des rois.

Depuis la mort de Cyrus, l'Égypte vaincue était apparue aux Perses avec son cortège de statues, de temples gigantesques et de palais somptueux. A leur aspect, les Iraniens ne surent pas mieux que les Grecs se défendre contre le charme puissant qui émanait de l'architecture pharaonique, mais n'apprécièrent pas, semble-t-il, au même point de vue que leurs devanciers, les beautés des édifices égyptiens. Les Grecs, au temps de Psamétik, avaient été séduits par le caractère majestueux que les architectes de Thèbes et de Memphis avaient su imprimer aux édifices consacrés au culte divin; et, sans modifier les formes essentielles du vieux temple hellénique, ils donnèrent à leurs sanctuaires plus d'ampleur que par le passé. Les maîtres des œuvres de Darius conservèrent, au contraire, les ordres grêles et tous les caractères saillants des monuments ioniens qui avaient servi de modèles à leurs prédécesseurs immédiats, mais enrichirent l'architecture de quelques-unes des formes saillantes de l'art pharaonique.

Il est possible, comme le raconte Diodore de Sicile, que Cambyse ait envoyé en Perse des tailleurs de pierre et des maçons originaires de l'Égypte; mais, si je ne contredis pas à cette affirmation, je crois que ces ouvriers n'arrivèrent pas en grand nombre à Persépolis, car l'influence égyptienne ne se fit réellement sentir que sur l'ossature et la musculature des masses décoratives. Le tracé de l'ornement persépolitain et sa taille surtout paraissent plutôt l'œuvre de sculpteurs nés sur les bords de l'Ilissus que sur les rives du Nil (1).

Ne semble-t-il pas que Darius, maître de l'univers, ait voulu faire de sa demeure souveraine le résumé des merveilles architecturales de l'Asie et de l'Afrique en appelant à contribuer à l'ornementation de son palais toutes les contrées tributaires de la Perse. A l'Ionie, il emprunta l'ordonnance de l'édifice, les procédés de construction, la modénature et la sculpture ornementale; à la Lycie, la charpente des terrasses; à l'Égypte, le chapiteau et la base des colonnes, le couronnement des portes; à l'Assyrie, la statuaire; et au génie iranien, le talent de combiner sans disparate choquante cet assemblage de motifs de provenances diverses, et ce goût et cette mesure dont les

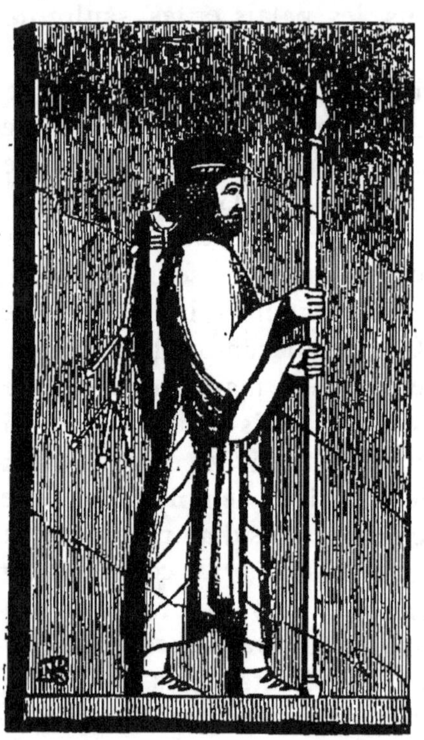

DORYPHORE.

(1) M. G. Perrot est d'avis (*Histoire de l'art*, t. V, p. 885 et suiv.) que l'étude des monuments de la grande civilisation égyptienne a été pour beaucoup dans le tour qu'a pris l'art perse sous Darius, et il observe par exemple que dans les édifices du Takhté-Djemchid, toutes les baies, toutes sans exception, que ce soient des niches, des fenêtres ou des portes, ont pour couronnement une moulure qui appartient en propre à l'Égypte, celle que l'on appelle la gorge égyptienne.

Perses semblent avoir donné la preuve dans la décoration polychrome des édifices (1).

C'est ce sens délicat des choses de l'art qui guida le choix de ces hommes naguère barbares, leur apprit d'instinct que, pour venir de la Grèce ou de l'Égypte, les modèles d'architecture et de sculpture ne juraient pas de se rencontrer, car ils procédaient tous d'une souche com-

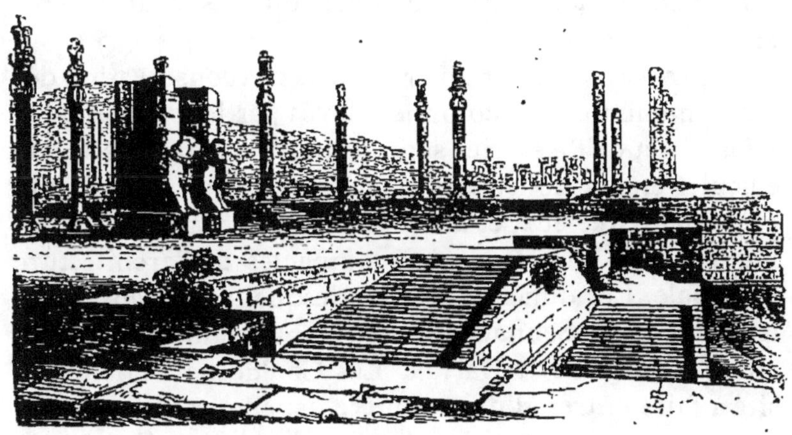

RUINES DES PALAIS DE PERSÉPOLIS.

mune, et leur fit préférer à la statuaire dégénérée de l'Égypte les bas-reliefs et les intailles rigoureuses des vieux Sumériens.

L'architecture des palais révolutionnait les usages locaux au point de substituer à la coupole et aux murailles massives les colonnes et les terrasses en charpente, et aux briques crues ou cuites, les matériaux de la contrée, les bois de cèdre apportés de Phénicie et la pierre de diorite.

(1) Le décorateur perse avait notamment tiré du métal des effets très heureux ; il employait aussi la dorure. En somme la polychromie de l'architecture royale des Achéménides résultait moins de la manœuvre du pinceau que de la diversité des matériaux.

Elle dut séduire par ce côté insolite le représentant d'une dynastie partie de la barbarie et arrivée en moins d'un demi-siècle au faîte de la puissance. Après avoir vaincu l'univers, le grand roi voulut dompter la nature et éblouir le monde autant par la beauté de la demeure souveraine que par l'aspect étrange de monuments qui ne rappelaient par aucun de leurs détails les habitations des vieux rois du Fars et de l'Élam ou les constructions des peuples voisins de la Perse.

Les rois attachaient un grand prix à la conservation des petits monuments à colonnes élevés par les princes de la Chaldée et de l'Assyrie, sans doute parce que ces légers édicules étaient construits en bois et en métal, matériaux également précieux, et aussi parce qu'ils tranchaient par leur élégance sur les masses compactes de l'architecture nationale. Les difficultés devant lesquelles avaient reculé les Sargon, les Sennachérib, les Nabuchodonosor surexcitèrent l'orgueil de Darius. Les Chaldéens avaient hésité à faire entrer d'une manière usuelle les colonnes de pierre dans la composition des grands édifices, il ordonna d'amener des porphyres, des bois précieux au sommet des plateaux de l'Iran et de jeter à profusion les cèdres du Liban dans les charpentes du palais.

Il faut avoir admiré les ruines gigantesques des édifices persépolitains (1), après avoir longtemps habité au-

(1) « Rien, ont écrit MM. Flandin et Coste (*Voyage en Perse*, Paris, 1851), ne peut donner une idée de cet ensemble solennel que découvre le voyageur placé en face de ces monuments : devant lui, le palais des rois, ruiné, désert, s'élève et s'étend de la montagne sur la plaine verdoyante, au-dessus d'une longue muraille coupée par un gigantesque escalier à rampe double ; à gauche, les piliers massifs sur lesquels se détachent les colosses imposants qui gardaient autrefois l'entrée de la demeure royale ; à droite, d'autres palais en ruines dont les murs sculptés ressortent d'abord en noir dans un milieu lumineux, puis se colorent peu à peu sous les rayons d'un soleil ardent. Au fond, entre les colonnes, l'œil découvre encore des ruines, des masses de pierres couvertes de figures symboliques, et, dans la brume bleuâtre de cette

dessous des coupoles en terre de l'Irak et du Fars, pour bien apprécier l'impression que la construction des premiers monuments du Takhté-Djemchid (1) dut produire sur le peuple, impression d'autant plus profonde que la plupart des Perses n'avaient jamais soupçonné l'existence des ordres de colonnes, et que pas un d'entre eux, à l'exception des vieux compagnons de Cyrus et de Cambyse, n'avait touché une pièce de charpente.

Quel respect dut inspirer à des populations qui ne possédaient pas assez de bois pour mettre une porte à leur demeure, la puissance des princes qui faisaient passer au-dessus des montagnes escarpées fermant en tous sens l'entrée du Fars, les immenses poutres destinées à cons-

atmosphère tranquille, on aperçoit des tombes creusées dans le flanc de la montagne qui sert de fond à ce théâtre imposant. » Voy. aussi, des mêmes auteurs, les 4 volumes de planches de la *Perse ancienne*. — M. Coste, architecte, a passé 44 jours, avec Flandin, à relever les ruines de Persépolis. — Les palais sont établis au-dessus d'une terrasse bâtie sur le modèle de celle du Takhé-Madéré Soleïman. Le revêtement extérieur de ce soubassament est construit en très grand appareil, et les moellons, assemblés sans mortier, sont reliés par des crampons de fer. On montait à la terrasse des palais persépolitains par un escalier de cent onze marches, assez large pour que dix hommes pussent le gravir de front; une route en pente douce ménagée sur un des côtés de la terrasse, permettait l'accès aux voitures : c'est exactement, sauf pour les matériaux et le mode de construction, la terrasse des palais assyriens. La crête de la plate-forme était, comme à Khorsabad, couronnée d'une rangée de créneaux. « Ce qui est particulier au tertre artificiel appelé *Takhté-Djemchid* par les Persans, c'est qu'il n'est qu'un immense soubassement supportant lui-même trois autres terrasses moins étendues en superficie. Ces terrasses sont inégales en hauteur et communiquent entre elles : on y accède par des escaliers en pierre. Le grand escalier, conduisant à la seconde plate-forme, est orné d'une colonnade et flanqué de gigantesques taureaux androcéphales, analogues à ceux de Ninive. Au-dessus de la plus élevée de ces trois plates-formes étaient bâtis quatre palais, où l'on a retrouvé le nom de Darius, de Xerxès et d'Artaxerxès Ochus. » (Babelon, *Archéologie orientale*.)

(1) *Takhté-Djemchid* (le trône de Djemchid), *Tchil-Minar* (les quarante colonnes), *Kané-i-Dara* (la maison de Darius) tels sont les noms que les Persans donnent aujourd'hui aux ruines imposantes de Persépolis, mieux conservées que celles de Parsagade.

truire les plafonds des palais. L'appareil militaire de l'escorte, les légions humaines employées au transport des cédres, la provenance éloignée de ces arbres rehaussaient encore la solennité du spectacle offert aux habitants de

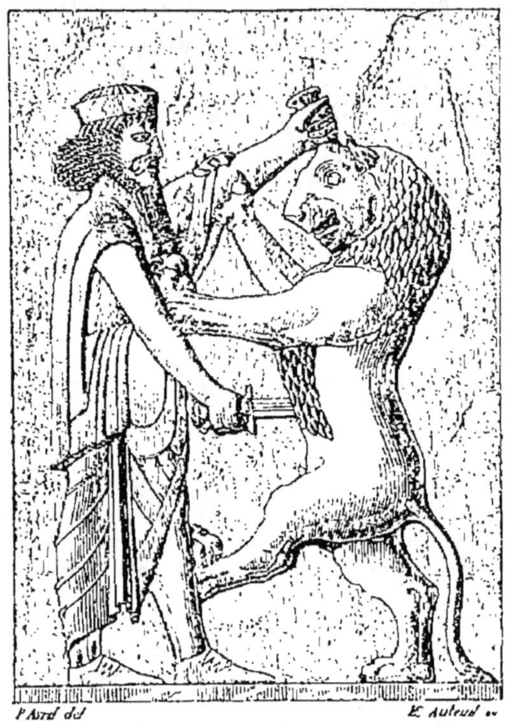

BAS-RELIEF DE LA SALLE DU TRONE A PERSÉPOLIS.

ces contrées traversées par les convois. Si tel était, comme j'en ai la certitude, le but que poursuivaient les souverains de la Perse, ils durent l'atteindre pleinement.

Lorsqu'un homme est capable de concevoir et de réaliser au cœur de la Perse les projets de Takhté-Djemchid et des palais persépolitains, il est assez puissant pour faire créer à son profit une architecture nouvelle. Quant au talent déployé par les architectes royaux en se conformant aux volontés souveraines, il fut immense sans doute et dénote chez les anciens Iraniens une singulière faculté d'assimilation, mais il n'est pas comparable au génie des maîtres des œuvres du moyen âge, qui, sans engins perfectionnés, sans bons matériaux, sans précédents, créèrent en moins d'un siècle et amenèrent au plus haut degré de perfection l'architecture gothique.

Les projets des palais et des tombeaux de Méchhed-Mourgab et de Persépolis ont donc été conçus et arrêtés en vue de répondre aux désirs de Cyrus et de Darius. L'architecture achéménide n'avait pas eu en Perse de précédents directs; elle n'a pas survécu non plus à ses promoteurs. Il ne pourrait en être autrement dans un pays privé de bois et où les matériaux de terre devaient seuls être d'un usage général. Née d'un caprice princier, elle est morte avec le dernier des Achéménides.

Dieulafoy.

(L'Art antique de la Perse, 3me partie, p. 98-103 ;
Paris, Vve. A. Morel, 1885.)

2. — *La colonne perse.*

Ce qui frappe tout d'abord quand on jette les yeux sur cette colonne de Suse dont la tête se dresse aujourd'hui dans une des salles du Louvre, c'est l'originalité de son chapiteau. Si, grâce aux ouvrages où sont figurés les monuments de la Perse, on passe en revue tous les types de colonnes qui ont été relevés sur le site de ses anciennes capitales, si l'on y dégage le chapiteau des surcharges qui viennent parfois le compliquer; si l'on néglige les variantes, peu nombreuses d'ailleurs, qui en diversifient l'aspect, ce qui subsiste après cette élimination, ce qui se retrouve dans tous ses exemplaires, quelle qu'en soit la provenance, c'est un groupe composé des parties antérieures de deux quadrupèdes adossés; les

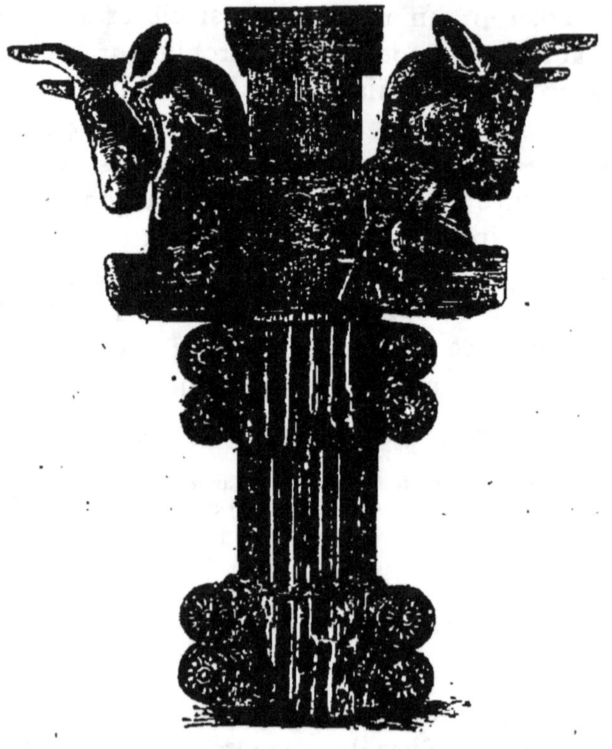

CHAPITEAU SUSIEN RESTAURÉ.
(*Archéologie orientale*, maison Quantin.)

poutres qui soutiennent le plafond portent, comme le démontre l'architecture peinte des tombes rupestres, les unes sur la nuque des animaux et sur le sommet de leur tête, les autres sur le creux de la fourche que dessine la rondeur des deux dos qui s'opposent.

Ce type factice, nous ne l'avons rencontré dans aucun des antiques édifices de l'Orient, et, si la Grèce en offre un exemple, c'est dans un monument qui date tout au plus du quatrième siècle, le *Portique des taureaux*, à Délos. En Perse, au contraire, ce type apparaît tout au moins dès la fin du sixième siècle, dès le règne de Darius fils d'Hystaspe, et il persiste jusqu'aux derniers jours de la monarchie; on le retrouve partout, toujours pareil à lui-même, du tertre de Suse à la terrasse de Persépolis (1).

Dans tous les ordres des édifices que nous avons en vue, le fût est grêle, légèrement conique et cannelé; les cannelures sont tangentes; mais ce qu'elles ont surtout de particulier, c'est qu'elles sont plus nombreuses ici que dans aucune autre colonne connue, que dans l'égyptienne ou même que dans la grecque.

Toutes ces colonnes ont une base; mais celle-ci diffère d'un édifice à l'autre. Celle du palais de Cyrus n'est qu'un disque en marbre noir que sa couleur foncée et son diamètre distinguent du fût qui est de calcaire blanc; un quart de rond renversé en limite le contour; par sa forme et son extrême simplicité; elle rappelle la base égyptienne. Dans le même groupe de monuments, on voit déjà paraître, à côté de ce plateau circulaire, dans l'un des portiques du *Gabré,* une base plus compliquée : elle se compose d'un socle cubique et d'un tore strié de cannelures horizontales. Cette même plinthe rectangu-

(1) On le trouve notamment dans la grande salle d'honneur ou *apadâna* des palais. La colonne persépolitaine a en hauteur treize fois son diamètre à la base. L'apadâna du palais de Xerxès à Persépolis, situé sur la terrasse intermédiaire, couvrait une étendue de près de cinq mille mètres carrés et son toit était supporté par cent colonnes. L'apadâna du palais d'Artaxerxès à Suse avait des proportions non moins gigantesques, avec un double portique sur trois de ses côtés; il couvre une superficie de sept mille mètres carrés.

laire forme la partie inférieure de la base, dans le portique des tombeaux; mais elle y est doublée et le tore qui la surmonte est lisse. C'est cette dernière variété du type qui se retrouve dans la colonnade centrale du grand palais de Xerxès, tandis que dans les portiques qui forment les ailes de ce même édifice, on en rencontre une autre, d'un profil tout différent et d'un aspect plus riche, la même que dans la salle aux cent colonnes et que dans les Propylées. C'est ce dernier type qui reparaît à Suse; la décoration est même là plus étoffée que partout ailleurs. La base se relie au fût par un tore d'un ferme profil; au-dessous de ce bourrelet s'élargit une partie campaniforme, qui est ornée à son sommet d'une bordure de palmettes; plus bas, s'étagent, sur trois rangs, des feuilles lancéolées dont la pointe est tournée vers le sol. C'est là le type qui domine dans les édifices construits au cours du siècle où cet art a produit ses œuvres les plus belles; il est supérieur aux autres formes avec lesquelles il s'est trouvé en concurrence: c'est, en ce genre, le dernier mot de l'architecte perse, la vraie base de sa colonne.

A première vue, cette base semble bien mériter le nom que nous lui donnons, fournir à la colonne un large et solide point d'appui et s'acquitter ainsi du rôle qui lui est dévolu dans l'économie de la construction; mais, si l'on y regarde d'un peu près, on s'aperçoit que l'on est dupe d'une illusion. En Grèce, l'art sait marquer aux yeux, par la séparation visible des divers membres de l'ensemble, la spécialité des fonctions que chacun d'eux est chargé de remplir. Ici, la base est parfois taillée dans le tambour inférieur du fût; elle en fait partie et sa fortune y est liée. Là où il a été renversé, elle est tombée du même coup. Ailleurs, la base est coupée en deux. Dans le palais de Xerxès, le tore qui la surmonte appartient au premier tambour du fût, tandis que la campane qui en constitue la partie principale forme une pièce séparée, posée directement sur le sol :

On remarquera un autre trait qui caractérise la décoration de cette base. Les ornements n'y sont pas disposés dans le sens horizontal, comme sur le pied d'une colonne ionique ou corinthienne; ils sont groupés dans la direction verticale, ils continuent les cannelures du fût et n'en sont qu'une sorte d'épanouissement. Malgré l'élégance de son contour et l'exécution très soignée de ses détails, cette base n'a donc pas l'indépendance; elle ne présente pas ces contrastes avec le fût qui font dans la colonne grecque un effet si heureux (1).

Les chapiteaux ont entre eux une plus étroite ressemblance que les bases; là aussi pourtant l'architecte ne s'est pas astreint servilement à reproduire partout, sans jamais le modifier, un type unique. Il n'a pas cessé de s'appliquer à perfectionner le motif qu'il avait adopté tout d'abord; il a cherché à mettre quelque variété dans les différentes épreuves qu'il tirait de ce modèle dont il conservait toujours la donnée première.

Point de colonne perse que ce groupe ne surmonte. L'animal dont les deux avant-corps le constituent, est d'ordinaire un taureau; mais, dans le portique oriental du grand palais de Xerxès, on trouve à cette place un de ces types factices qu'a créés l'imagination orientale : la licorne, avec son mufle et ses pattes de lion, avec sa corne unique plantée au milieu du front. Les pattes sont étendues, griffes en avant; elles sont au contraire repliées quand c'est le taureau qui couronne le fût, et alors la saillie robuste du genou donne une meilleure pondé-

(1) M. Dieulafoy estime que les profils de la colonne persépolitaine sont égyptiens, mais que la structure est composée d'éléments gréco-ioniens

ration aux masses du chapiteau. De toute manière, la partie inférieure du chapiteau se détache brusquement de la colonne; la ligne qu'elle dessine, parallèle à l'architrave, fait un angle droit avec l'axe du fût. Entre ce fût conique et la surface rectangulaire qui limite la section horizontale du chapiteau, point de liaison, aucun intermédiaire, comme celui qu'offre l'échine dans le chapiteau dorique. Il en résulte que le support présente des contrastes heurtés qui satisfont imparfaitement le regard, qui sont bien près de le blesser. L'architecte s'est sans doute aperçu, à un moment, qu'il y avait là un défaut; que son chapiteau, s'il accompagnait bien l'architrave en se développant à souhait dans la même direction, s'emmanchait mal avec le fût : il a cherché un moyen de préparer le contact des formes et d'en ménager l'approche, et voici ce qu'il a imaginé pour réussir dans cette entreprise. Après avoir diminué la hauteur du fût, il l'a couronné d'un chapiteau divisé, dans le sens vertical, en deux parties égales et de formes contraires. L'une, celle qui repose sur le fût, est un cylindre dont les génératrices, à l'extrémité supérieure, se raccordent avec un quart de rond renversé; sur ce quart de rond repose l'autre moitié du chapiteau, qui affecte aussi au point de départ, la forme cylindrique; la partie supérieure est terminée par un cavet. Le chapiteau dénué d'ampleur, se projette faiblement hors du fût (1).

(1) A prendre cette forme dans son ensemble, Flandin a pu proposer d'admettre que l'idée première en a été suggérée par la tête du palmier. La partie inférieure avec ses masses tombantes, figurerait les branches desséchées de l'arbre qui s'abaissent et se rabattent ainsi sur le tronc. La partie supérieure, avec ses divisions ascendantes, représenterait les branches nouvelles, qui, pleines de sève, s'élancent au-dessus du feuillage flétri et auxquelles leur poids fait décrire une légère courbe. Tout en reconnaissant que l'hypothèse n'a rien d'invraisemblable, M. G. Perrot fait remarquer que le palmier ne pousse pas sur les hautes terres du Fars : il est vrai qu'il abonde

Ce premier chapiteau cylindrique se reliait très heureusement au fût; mais il ne se raccordait pas mieux
avec le couronnement supérieur de la colonne que ne le
faisait le fût lui-même, dans le type déjà décrit. C'est ce
dont l'architecte s'aperçut, peut-être après des essais
dont la trace s'est perdue. Cette transition dont il sentait le besoin, il l'opéra en insérant entre les deux chapiteaux un membre intermédiaire qui tient de l'un et
de l'autre par sa forme, un prisme entouré d'appendices
où dominent les lignes courbes. Grâce à cette succession,
à cette accumulation de motifs, l'architecte arrive, il
est vrai, à passer sans heurt de la forme conique du fût
à la forme rectangulaire du chapiteau bicéphale; mais
l'un au moins de ces motifs, le prisme décoré de volutes,
n'est pas d'un effet heureux. Le grand défaut de cette transition, c'est d'ailleurs d'être trop longue et de sembler
trahir un certain embarras; elle prend, si vous mettez à
part la base et le chapiteau bicéphale, plus du tiers de
la hauteur totale du support. Ce problème de la jonction des formes s'est imposé à tous les peuples dont
l'art a fait une grande place à la colonne; mais aucun
d'eux n'a employé, pour le résoudre, une méthode aussi
laborieuse et aussi compliquée.

G. PERROT.

(Histoire de l'art dans l'antiquité, t. V, p. 486-495.)

3. — *Les Archers de Suse.*

.... Hosanna! que d'événements, que de joies, que

en Susiane. Mais les Égyptiens avaient, comme on sait, reproduit avec une
grande fidélité les formes qui caractérisent cet arbre; pour les Perses, élèves
des Égyptiens, le palmier ne fut sans doute qu'un motif de seconde main,
une libre copie d'une copie plus exacte de la nature.

d'espérances réalisées! (1). Une admirable, une miraculeuse découverte m'a passionnée au point que, depuis l'aurore jusqu'à la nuit close je ne pouvais me décider à quitter la tranchée. Il me semblait, ô fatuité extrême! que, moi partie, la mine d'or allait subitement s'épuiser. Mais aussi, le soir venu, j'étais si lasse que mes yeux refusaient de se tenir ouverts. J'avais beau leur livrer bataille, j'étais toujours mise en déroute par un invincible sommeil, et le cahier restait immaculé.

Il pleut depuis vingt-quatre heures; me voici reposée. Hâte-toi, ma plume, de conter nos joies, car le *maître de la pluie* (le baromètre) annonce le retour du beau temps, et sans regret je te jetterai pour courir à mes nouvelles amours et faire revivre de mes mains le passé glorieux des Grands Rois.

Comme Petit-Jean, commençons par le commencement. Il y a quinze jours à peine, Marcel acheminait ses ouvriers vers une tranchée nouvelle destinée à couper des corps de logis hypothétiques construits entre l'apadâna

---

(1) Depuis le dix-huitième siècle jusqu'à nos jours, la Perse avait été l'objet d'explorations importantes, comme celles de Chardin, Niebuhr, Ker-Porters Texier et Fergusson. Les ruines de Persépolis surtout avaient été fréquemment visitées et l'Angleterre, puis l'Allemagne les avaient mises à contribution. Enfin M. Marcel Dieulafoy, dans une première mission, dont son bel ouvrage sur *l'Art antique de la Perse* a fait connaître les résultats, s'était donné pour but d'étudier l'art et l'architecture des Achéménides : ce fut alors que son attention se porta sur les ruines de Suse. Déjà les voyageurs anglais Williams et Lofftus avaient déterminé l'emplacement du palais d'Artaxerxes Mnémon, qui régna de 402 à 362 av. J.-C.; mais c'était tout. Grâce à d'éminentes qualités d'archéologue, d'architecte et d'ingénieur, et secondé par le zèle intelligent de Mme Dieulafoy, qui s'était pleinement associée à ses travaux, M. Dieulafoy eut le bonheur de retrouver, au cours d'une seconde mission, l'entrée du palais : cette entrée était formée de deux grands pylones portant une magnifique frise en brique émaillée qui représente des lions Peu après, on exhuma une autre frise, celle *des archers*, dont il est question ici, et toutes deux ont pu être reconstituées au Musée du Louvre.

et les pylones, elle se
dirigeait vers une émi-
nence dont l'image in-
violée nous avait tour-
mentés comme un re-
mords. On creusa, on
pelleta, on piocha plu-
sieurs jours de suite
sans qu'aucun indice
vînt justifier nos es-
pérances. Pourtant un
matin, les ouvriers ex-
humèrent une urne
funéraire renfermant
un squelette encore
bien conservé. C'était
une trouvaille intéres-
sante sans doute, mais
peu réjouissante de
sa nature. Nous ap-
prochions du niveau
de l'apadâna. Marcel
croyait l'atteindre le
lendemain et aban-
donner ensuite cette
attaque malheureuse.
Comme nous char-
riions misérablement
le tronc d'une statue
de grès découverte au
pied des tumulus, un
de nos hommes se pré-
cipita : « Je trouve un

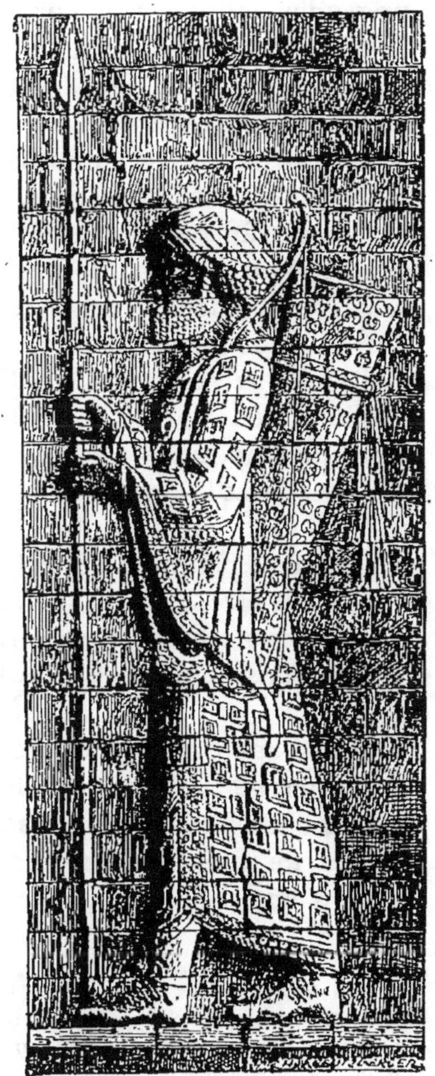

ARCHER SUSIEN.
(*Archéologie orientale*, maison Quantin.)

objet qui est beau ! s'écria-t-il tout essoufflé; les ouvriers

prétendent que c'est de l'or; moi je dis : c'est un *kachy !*
Les Persans désignent sous ce nom les revêtements de
faïence fabriqués à Kachan au douzième siècle.

Marcel court et me laisse la statue sur les bras. Enfin
la voilà hissée sur le tumulus : je rejoins mon mari.

Il tient un bloc de faïence, blanche comme neige; sur
une des tranches apparaît, en haut-relief, une demi-
sphère d'un bel émail jaune, semée d'étoiles bleues,
vertes et blanches, comprises dans un cloisonné. Un
liseré blanc longe la saillie. Le morceau est incomplet,
mais tel quel, c'est un chef-d'œuvre de céramique. Que
peuvent bien représenter cet étrange modelé, ces couleurs magnifiques?

« Nos lions (1), me dit Marcel, portaient robe blanche,
crinière verte et ventre bleu : ce fragment doit appartenir à une panthère apocalyptique.

— Peut-être... les étoiles bleues et vertes me gênent.

— Madame la sorcière, a repris mon mari, faites vos
incantations habituelles; vous serez demain mieux ren-
seignée.

Je n'ai apporté à Suse ni cornue, ni crocodile, ni lé-
zard empaillé : le chaudron, la baguette magique, les gri-
moires diaboliques me font absolument défaut; mais j'ai
une recette infaillible pour retrouver la place d'un fragment d'émail. La voici, sans dissimulation, ni traîtrise.

---

(1) La frise des lions se compose de briques en relief de 0ᵐ,362 de long
sur 0ᵐ,181 de haut et 0ᵐ,242 d'épaisseur. Les lions, au nombre de neuf,
ont chacun une longueur de 3ᵐ,50 sur une hauteur de 1ᵐ,75. Les briques
du fond, sur lesquelles se détachent les figures sont coloriées en bleu turquoise; les lions sont d'un blanc grisâtre, avec la crinière en bleu vert
d'eau et les saillies des muscles en jaune foncé. Plusieurs lignes symétriques de dessins élégants (palmettes égyptiennes, marguerites assyriennes, etc.), encadrent ce défilé de fauves, qui rappelle les lions émaillés
de Khorsabad, mais avec un relief qui est une nouveauté tout à fait remarquable.

Autour de ma chambre sont ménagées une série de niches, utilisées comme bibliothèque, armoire, vitrine où s'empilent les menus objets. Quand j'oublie d'inventorier un des innombrables émaux apportés au camp, je pose la pièce égarée sur une planche voisine de mon lit, de telle sorte qu'au réveil elle frappe directement le regard et attire mon attention. Je la vois alors avec une intensité extrême; elle grandit : ses lignes, ses déchirures se dessinent nettement, et il est bien rare que deux minutes plus tard, je ne découvre pas l'origine de l'erreur commise.

La belle brique a été placée sur l'étagère fatidique. Je doutais qu'elle fît partie d'une panthère, mais je n'avais nulle idée du sujet qu'elle représentait : le lendemain matin elle s'offrait à mes regards telle que l'épaule d'un être humain revêtu d'une robe aux splendides couleurs.

Ma sorcellerie, je l'espère, ne me fermera pas les portes du paradis.

La nouvelle tranchée a été approfondie jusqu'au niveau des fondations en gravier de l'apadàna. A sa grande surprise, Marcel s'est aperçu que le carrelage faisait défaut et que le lit de gravier, interrompu par places, livrait passage à des murs de terre fondés à un niveau inférieur. Les pelles, les pioches s'acharnèrent dans les parties dépourvues de cailloux, et bientôt se montrèrent d'énormes massifs lardés de magnifiques briques émaillées. Ils s'appuyaient eux-mêmes sur un mur de briques soigneusement bâti, soutenu par des ruines solides. On avait atteint le palais de Darius, incendié du temps de Xerxès et enseveli quatre-vingts ans plus tard sous la puissante couche de gravier qui portait le palais d'Artaxerxès Mnémon.

_____

(1) En étudiant de près l'emplacement des découvertes, M. Dieulafoy

Tous les soirs, le magasin recevait de trente à quarante dalles blanches, compactes, solides, dont la tranche est couverte d'émaux merveilleux. D'abord apparurent trois briques qui, superposées, donnaient le dessin d'une longue manche; plus tard des pieds noirs chaussés de brodequins jaunes, des jambes et des mains noires.

Aidé du sujet et de la découpe des joints, Marcel a reconstitué des fragments de personnages; puis, réunissant ces fragments, il est arrivé à remonter deux guerriers de grandeur naturelle. Par malheur, deux assises, l'une au milieu de la poitrine, l'autre à la hauteur du visage, font encore défaut.

Le tableau représente des archers vus de profil, en marche, la javeline à la main, l'arc et le carquois sur l'épaule. Les uniformes, de couleurs différentes, sont taillés sur le même modèle : jupe fendue de côté, chemise courte, serrée à la taille par une ceinture, veste fermée sur la poitrine. Les manches de ce dernier vêtement, ouvertes du poignet au coude, laissent passer les plis nombreux de la chemise. Un riche galon court autour des étoffes. La tête est couronnée d'une torsade verte rappelant la corde de chameau qui ceint encore le front des Arabes. Oreilles, poignets, sont chargés de boucles et de bracelets d'or; des chaussures, d'un beau jaune, se boutonnent sur le cou-de-pied. Les étoffes des uniformes sont d'une étonnante richesse. Le premier de nos guerriers porte, sur la

---

acquit la conviction que les fragments trouvés ne faisaient pas partie, comme la frise des lions, du palais d'Artaxerxès, mais qu'ils appartenaient à un monument plus ancien sur les ruines duquel on avait élevé des constructions plus récentes : au surplus une inscription racontait que l'ancêtre d'Artaxerxès Mnémon, Darius, éleva cet *apadâna*, mais qu'il fut détruit par le feu sous Artaxerxès Longue-Main.

chemise pourpre foncé, une veste et une robe jaunes, brodées de marguerites bleues et vertes ; le second est vêtu d'une étoffe blanche semée d'écussons noirs sur lesquels se détache la citadelle de Suse. Des pièces isolées donnent des échantillons de robes blanches semées de fleurs ou d'étoiles, des chaussures bleues et des manches jaune uni.

Seul le type des personnages ne varie pas : la peau est noire ; la barbe, à reflets bleutés, encadre de ses boucles des lèvres minces, liserées de carmin ; les cheveux sont ondulés.

Quel admirable modelé ! quel noble et large dessin ! quelle technique surprenante de simplicité et de puissance (1) ! Le développement de la tête, des épaules

(1) M. E. Pottier qui, dès le mois de novembre 1886, présenta aux lecteurs de la *Gazette des Beaux-Arts* une très remarquable description critique des antiquités de Suse, a finement apprécié les mérites de ses reliefs. « La représentation des guerriers marchant à la file, dit-il, le travail conventionnel des boucles de la chevelure et de la barbe, la curieuse minutie des ornements du costume ne sont pas choses nouvelles pour nous ; nous en avons de nombreux exemples en Assyrie sur les monuments de Ninive. Mais on sera frappé de l'exécution des draperies qui moulent le corps et qui font sentir la musculature vivante. C'est là un progrès décisif dont on ne trouvera aucun exemple ni chez les Égyptiens ni chez les Assyriens. Les premiers se sont attachés de préférence à l'exécution du nu en se contentant de draperies fort courtes ou transparentes. Les autres ont radicalement échoué dans l'art difficile de faire sentir le corps humain sous une draperie ; leurs étoffes tombent sans plis, lourdes et plates ; le corps n'est étudié que dans les parties nues. Au contraire, en regardant les archers susiens, l'œil est agréablement surpris de la svelte élégance de leur tournure ; la courte veste accuse la cambrure des reins ; la tunique collante s'arrondit sur la hanche et forme sur la hanche les beaux plis réguliers dont l'art grec tirera ses plus heureux effets ; enfin, sous le cuir fauve du brodequin, la cheville dessine sa fine attache et la courbe rentrante du pied fait sentir, en les modelant, tous les contours du nu dans la chaussure. » — Les sculptures de Parsagade (bas-reliefs représentant le portrait en pied de Cyrus) et celles de Persépolis (défilés de rois, d'officiers de la cour, de satrapes tributaires) nous révélaient déjà une habileté singulière à disposer les draperies, à traiter les muscles de la figure et des membres. — V. les planches de la *Perse ancienne*, de Flandin et Coste.

et du thorax, le dessin des pieds, la jupe qui se drape
sur la jambe, les grands tuyaux des manches, rappellent à mon souvenir l'art éginétique. Quand les sculpteurs grecs s'avisèrent de détacher les plis des draperies, ils agirent et procédèrent, semble-t-il, comme les
modeleurs perses. Cette analogie n'est pas fortuite, étant
donné que l'art de Persépolis et celui de Suse sont nés
au lendemain de l'entrée des armées iraniennes en
Ionie et en Hellade (1); mais elle est des plus instructives, car les formules empruntées à l'étranger par les
Achéménides se figèrent dans des moules hiératiques
le jour où elles furent acquises à l'art national.

Hérodote en main, nous avons suivi la nomenclature
des troupes qui passèrent l'Hellespont sous les yeux de
Xerxès et, cette lecture faite, trois détails du costume
de nos guerriers nous ont frappé ; la couronne, les
bijoux d'or et surtout la grenade d'argent qui termine
la javeline.

C'étaient, au dire de l'auteur grec, les trois insignes
distinctifs des dix mille *Immortels*, gardes des grands
Rois (2). On les qualifiait d'Immortels, parce qu'ils
n'étaient jamais plus, jamais moins de dix mille, et
qu'un immortel disparu était sur le champ remplacé
par un autre immortel.

Les quarante n'ont pas trouvé mieux.

Déjà nous avions fait connaissance avec ces guerriers
célèbres, à Persépolis et au tombeau de Darius. Mais là-
bas leur couronne était métallique et de forme droite.

(1) C'est très probablement sous l'influence d'artistes grecs de l'Ionie,
attirés par Darius à sa cour, que la frise des archers a été exécutée. Mais
peut-être, ajoute M. Pottier, faut-il tenir compte d'une autre influence,
celle de cet art chaldéen dont les plus anciens essais nous ont été rendus.

(2) M. Perrot (*Hist. de l'art*, tome V, p. 823) trouve que les indications
données par Hérodote sur l'équipement de ces soldats d'élite, ne suffisent
pas à prouver leur identité avec les archers de Suse.

Des différences plus importantes que cette légère modification de la coiffure devaient cependant exister entre les archers de Suse et ceux de Persépolis. Ceux-ci étaient Aryens et de race blanche ; ceux-là sont noirs, comme les archers que Memnon, fils de l'Aurore, amena au secours de Priam.

Les intéressantes études anthropologiques de M. Houssay (1) sur les squelettes découverts dans les urnes funéraires et les mensurations des habitants actuels de la Susiane concluent à l'existence d'une ancienne race negrito en Elam. Nos Immortels appartiendraient au contingent susien des gardes royaux. La pensée nous était tout d'abord venue que les enlumineurs perses, à l'exemple des Grecs (2), avaient pu brunir intentionnellement la peau des guerriers, pour blanchir, par contraste, celle des femmes ; mais une main moulée dans le même creux que les mains noires, tenant comme elles la javeline, et pourtant couverte d'un bel émail blanc, réfute sans longs discours cette hypothèse séduisante.

Quoi qu'il en soit de leur race, nos Immortels apparaissent beaux de lignes, beaux de formes, beaux de couleur, et constituent une œuvre céramique infiniment supérieure aux bas-reliefs si justement célèbres de Lucca della Robbia.

Et cependant les matériaux mis à la disposition de l'artiste sont des plus vulgaires : comme support, une faïence grossière, moulée dans de bons creux et sans doute retouchée à l'ébauchoir ; comme palette, le bleu

____

(1) M. Houssay, docteur ès sciences, était attaché à la mission Dieulafoy.

(2) Les Égyptiens aussi ont usé d'un système analogue dans leurs figures peintes, et les Assyriens eux-mêmes ont parfois peint en noir les types masculins.

turquoise, le manganèse, le jaune, le blanc et une pointe de pourpre.

Soyez artiste, vibrez au souffle du divin Apollon, ces moyens restreints vous suffiront pour engendrer des œuvres puissantes et d'une vigueur extraordinaire.

Il me semblait, quand les pièces émaillées sortaient de terre, encore humides de la fraîcheur du sol, assister à la résurrection de saphirs et de turquoises ensevelis dans les rayons d'or du soleil susien. Le bas-relief pare notre pauvre logis et l'éclaire comme un astre radieux...

Mme JANE DIEULAFOY.

(*A Suse, Journal des Fouilles* (1884-1886). p. 288-297. Paris, Hachette, 1888.)

(1) La polychromie des briques émaillées atteignit avec les Achéménides un perfectionnement que les Chaldéo-Assyriens n'avaient pas connu. « Il est certain, écrit M. Pottier, que cette merveilleuse polychromie de l'art oriental est l'origine de la sculpture peinte à laquelle les Grecs ont eu recours au début même de leur art, et dont nous possédons maintenant de très anciens spécimens depuis les découvertes de l'Acropole. Mais, jusqu'à présent, on ne voit pas qu'ils se soient élevés jusqu'à la science de l'émaillure qui conserve aux Asiatiques une supériorité indéniable dans le genre polychrome. Avec la peinture appliquée sur le marbre, on n'a jamais dû obtenir les effets puissants de coloris que donne la surface brillante de l'émail à de simples briques d'argile. Il faut descendre jusqu'à l'emploi de la statuaire chryséléphantine au cinquième siècle pour trouver en Grèce un art qui puisse rivaliser avec la polychromie asiatique et même la surpasser. » (*Les antiquités de Suse, rapportées par la mission Dieulafoy au Musée du Louvre.*)

CHAPITRE IV.

ART HÉTHÉEN.

Les monuments héthéens (1) *en Cappadoce.*

Un canton de l'ancienne Cappadoce, la Ptérie d'Hérodote, sur l'Halys, là où eut lieu la première rencontre entre Cyrus et Crésus, renferme un ensemble
considérable de ruines héthéennes qui, particulièrement

(1) On donne le nom d'Héthéens ou Hittites (Khatti, Khétas) à ces populations d'origines diverses qui ont peuplé la Syrie, de l'Euphrate aux
portes de l'Égypte ainsi que la Cappadoce et la plus grande partie de
l'Asie Mineure, depuis les montagnes de l'Arménie jusqu'au cours de
l'Halys et de l'Hermus. C'est principalement dans la Syrie septentrionale
qu'ils constituèrent un empire homogène et durable. A quelle race appar-
tenaient-ils? Cette question n'a pas encore reçu de solution certaine.
M. Sayce (*The monuments of the Hittites*) incline à penser qu'ils n'é-
taient pas des Sémites, et qu'ils se rattachaient à un groupe *proto-Arménien*
descendant de l'Ararat en Syrie et en Asie Mineure. D'après le même
auteur, il résulterait du déchiffrement des noms propres hittites conservés
dans les monuments égyptiens et assyriens que les Hittites ne parlaient
pas une langue sémitique. Quoi qu'il en soit, les débris de leur art sont
presque aussi rares que ceux de leur écriture. Cet art est sans doute demeuré
toujours assez rude et assez pauvre. Mais, de même que l'on s'accorde
aujourd'hui à reconnaître aux Héthéens l'honneur singulier d'avoir été,
avant la découverte de l'alphabet dit cadméen, les inventeurs d'un premier alphabet syllabique, dont témoignent les inscriptions en caractères
cypriotes, et qui servit aux Grecs, dans des temps fort reculés, ainsi leurs
manifestations artistiques n'ont pas été, semble-t-il inutiles au peuple hellé-

explorées par MM. Perrot et E. Guillaume (1), forment un groupe à part dans l'histoire de l'art oriental. Le village de Boghaz-Keni, l'ancienne capitale des Ptériens, a encore, outre ses remparts de 6 kilomètres de circuit, des bas-reliefs rupestres qu'on appelle *Iasili-Kaïa*, « la pierre écrite », et des restes d'édifices qui ne sont pas entièrement méconnaissables. Le palais royal, presque arasé au niveau de sol, est un parallélogramme de 42 mètres sur 57. On observe, dans les blocs de la muraille, des trous pour des crampons de fer, comme dans les édifices achéménides; de même que dans ces derniers aussi, les pierres sont en grand appareil irrégulier; la partie supérieure des murs était en briques, comme à Ninive et à Persépolis; enfin le palais de Boghaz-Keni était construit au-dessus d'une terrasse artificielle. Dans la disposition des chambres, on reconnaît les détails particuliers aux demeures princières de tous les pays orientaux. La principale porte forme

nique. Il ne faut pas oublier que ce peuple trouva les Héthéens établis en Asie Mineure quand il y fonda ses premières colonies. M. G. Perrot a beaucoup contribué à jeter quelque lumière sur cette question tant débattue, voy. le tome IV de son *Histoire de l'art.* Les Phéniciens n'ont pas été seuls, dit-il, à remplir ce rôle d'intermédiaires entre l'Orient et l'Occident, ou, pour mieux déterminer le sens de ces mots, entre les peuples très anciennement civilisés des vallées du Nil et de l'Euphrate d'une part, et d'autre part les tribus encore sauvages qui habitaient les îles et les rivages de la mer Égée. Ce n'est pas uniquement par la voie de mer que s'est opérée la dissémination de ces germes qui devaient donner, sur le sol de la Grèce et de l'Italie, des fleurs si brillantes et des fruits si savoureux... Un courant s'établit qui avait son point de départ dans la Syrie septentrionale et qui allait aboutir vers les embouchures de l'Hermus et du Méandre, courant civilisateur, qui, si loin même de sa source, avait encore assez de force pour traverser la mer Égée sans se perdre dans ses flots, assez de chaleur pour élever, si l'on peut ainsi parler, la température de tous les rivages que baignait son onde tiède et vivifiante. »

(1) Lors de leur voyage archéologique d'Asie Mineure, en 1862, Texier et Hamilton avaient les premiers, il y a une cinquantaine d'années, attiré l'attention sur cette région de l'ancienne Cappadoce.

une construction indépendante, comparable à celle du palais de Khorsabad : elle a 18 mètres de profondeur ; deux têtes de lion, d'un style original, font saillie de chaque côté de la baie, au-dessus des chambranles monolithes.

Le palais d'Euiuk offre, aussi bien que celui de Boghaz-Keni, des traits frappants de ressemblance avec ceux de Ninive ; sa terrasse, qui a 25o mètres de côté, s'élève encore à une hauteur de 12 mètres. Les angles sont dirigés du côté des quatre points cardinaux. La baie de la porte principale a 3^m, 41 de large, et de chaque côté se dressent deux sphinx qui remplacent les taureaux androcéphales. A leur suite, tout le long de la façade, se déroulaient des bas-reliefs dont la disposition était la même que ceux des façades de Khorsabad et de Koyoundjik ; seulement, le sphinx, qui n'est pas ninivite, révèle une autre influence exotique, celle de l'Égypte. L'art cappadocien a su interpréter la donnée égyptienne et, cette fois, il ne s'est pas borné à une terne copie. « En Égypte, remarque M. Perrot, le sphinx, à quelque variété de ce type qu'il appartienne, est toujours représenté couché, jamais debout comme ici ; au lieu d'être traité en bas-relief et adossé au pied-droit d'une porte, il est sculpté en ronde-bosse et placé des deux côtés de l'entrée, perpendiculairement à la voie dont il regarde l'axe. » En outre, dans les sphinxs des bords du Nil, les extrémités de la coiffure, de chaque côté de la tête, tombent droit sans former l'enroulement que nous voyons ici. A Euiuk, le sphinx égyptien est traité à l'assyrienne ; la place qu'il occupe sur le jambage de la porte, les pattes dont il est affublé en font une sorte de compromis entre l'Égypte et l'Assyrie, qui se disputaient, dans ce pays de Cappadoce, l'influence artistique comme la prépondérance politique.

On constate également ce double courant à Jasili-Kaïa. Là se trouve une salle rectangulaire de 25 mètres sur 11ᵐ, 40, taillée dans le rocher sur trois de ses côtés ; les parois en sont couvertes de bas-reliefs qui y forment plinthe. Une autre salle plus petite et un corridor ont des sculptures analogues ; la grandeur des figures varie de 3ᵐ,23 à 0ᵐ,75. Deux files de personnages font le tour de la grande salle en marchant à la rencontre l'une de l'autre ; à droite, les femmes, vêtues d'une robe traînante, les cheveux en tresses sur les épaules, coiffées d'une tiare ronde comme les femmes de Marach ; à gauche, les hommes, avec le bonnet conique qu'Hérodote donne aux Cimmériens, une tunique courte qui, sur le devant, s'arrête aux ge-

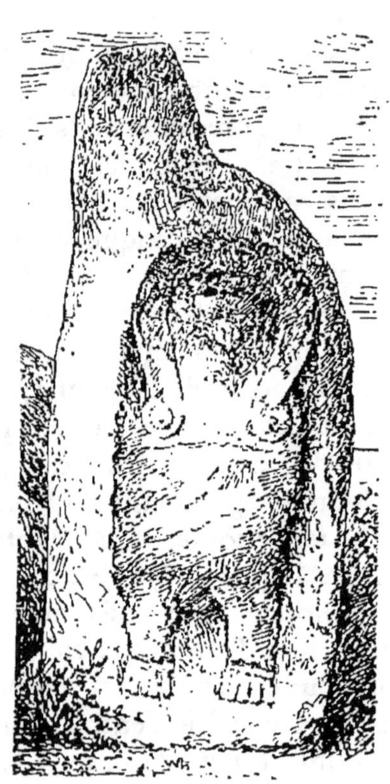

LE SPHINX D'EUIUK.
(*Archéologie orientale*, maison Quantin).

noux, mais se prolonge par derrière. Dans chaque groupe, les figures grandissent au fur et à mesure qu'elles se rapprochent du centre. Un bon nombre d'entre elles ne sont pas des personnages humains, mais des génies ailés, des satyres à pieds de bouc, des monstres cynocéphales. Presque toutes tiennent en main des scep-

tres, des bâtons recourbés, des haches à deux tran-
chants; quelques-unes sont debout sur des quadrupèdes.
On en remarque deux qui sont perchées sur un aigle
bicéphale; une autre, accompagné d'une bouquetière,
est sur les épaules de deux porteurs.

Tout près de la sortie de ce vaste enclos, un relief
isolé représente un géant debout sur deux montagnes.
Ce personnage porte sur sa main droite un édicule, et de
la main gauche il tient une sorte de long bâton dont
l'extrémité inférieure est recourbée en crosse; il est coiffé
d'une calotte hémisphérique, vêtu d'une longue robe
fendue sur le côté. L'édicule que tient ce dieu est muni
de deux colonnes ioniques supportant le disque ailé;
sous le disque une figure entre deux taureaux vus de
face. A quelque distance, on remarque un groupe de
deux personnages. L'un, de proportions colossales, se
retrouve ailleurs debout sur un quadrupède. Ici, il est
coiffé de la tiare conique très ornée, armée d'un glaive
et vêtu d'une tunique courte. Il avance la main droite
comme pour porter ou saisir un enfant debout devant lui.
Le second personnage, protégé par le dieu qui lui passe
le bras gauche autour du cou et lui tient la main, est le
même que celui que nous avons vu tout à l'heure.

Les sculptures qui décorent les parois du vestibule du
palais d'Euiuk ont une telle analogie avec celles de Jasili-Kaïa, qu'il n'est pas possible de méconnaître la
communauté d'art et d'origine. Nous y remarquons
une femme qui, assise sur un trône, les cheveux sur les
épaules, parée d'un collier et de bracelets, rappelle la
reine assyrienne qui prend part au festin d'Assurbani-
pal : elle porte une coupe à ses lèvres et tient une fleur.

Toutes ces scènes sont sacerdotales et religieuses, et
non point, comme en Assyrie, consacrées à la mémoire
de ses exploits belliqueux. Ce sont des représentations

relatives au culte du dieu Mên ou de la déesse Mâ ou
Euio, le nom cappadocien d'Anaïtis ou Astarté dont Strabon décrit le culte dans les deux villes de Comana.

C'est encore à cette civilisation cappadocienne, toute
orientale et antérieure à l'influence grecque, qu'il faut
rapporter les sculptures des tombeaux signalés à Gher-
dek-Kaïasi, à peu de distance de Boghaz-Keni et d'Euiuk.
Le principal des caveaux creusés dans le roc, comme
ceux de la Phénicie et de Nakchè-Roustem, a une façade
ornée d'un portique à trois colonnes trapues dont le
style rappelle de très près l'ordre dorique grec. Aux
extrémités de ce portique se trouvent les portes de deux
chambres à sarcophages. Chacune d'elles a une fe-
nêtre donnant sur la paroi du rocher ; les lits funéraires
sont taillés dans le mur, comme des alcôves. Il y a dans
ces monuments quelque chose qui participe à la fois des
tombeaux de la Phrygie et de ceux de Nakchè Roustem,
et peut-être ne sont-ils pas antérieurs à la destruction de
Ptérium par Crésus, en 549 avant J.-C.

En résumé, nous devons conclure, avec M. Perrot,
que les monuments de Boghaz-Keni et d'Euiuk, témoins
de la primitive civilisation cappadocienne, ont, tout
aussi bien que ceux de la Syrie du Nord, subi l'influence
assyrienne. Les palais sont comme « une copie réduite
des grands édifices royaux des bords du Tigre et de l'Euphrate ». Les figures ailées, les monstres à têtes d'aigle
ou de lion, sont assyriens, de même que les divinités portées sur le dos de différents quadrupèdes, les fleurs aux
mains des personnages et le globe ailé, image d'Assur.

Divers éléments des sculptures cappadociennes paraissent, avec non moins d'évidence, empruntés à l'Égypte,
à la Perse et même aux Grecs d'Asie Mineure, mais c'est
l'exception. En tout cas, rien d'original et de personnel
dans cet art éthéen de la Ptérie, si ce n'est cet aigle à

deux têtes, qui se rapporte évidemment aux plus anciens cultes asiatiques et fait songer aux sirènes ; si ce n'est encore ce long *lituus* recourbé, cette robe taillée en forme de chasuble, cette tiare pointue, ces chaussures à la poulaine : détails de costume plus intéressants pour la mode que pour l'art.

Quant aux rapports des sculptures de la Ptérie avec celles de la Syrie héthéenne (1), ils sont évidents : mêmes hiéroglyphes, même tunique courte, même robe longue, même chaussure, même tiare pointue, même culotte ronde. Le vêtement féminin est à peu près identique à Marach et à Jasili-Kaïa ; les divinités ont des attributs pareils ; le lion et le taureau sont les animaux qui figurent de préférence de part et d'autre. Concluons qu'une même nation semi-barbare, impuissante à s'affranchir, artistiquement aussi bien que politiquement, du joug de l'Égypte et de l'Assyrie, habitait les deux versants du Taurus (2). ERNEST BABELON.

(*Manuel d'archéologie orientale* ; Paris, maison Quantin, 1888, p. 204-212.)

(1) L'art héthéen de la Syrie n'a rien d'original ni dans la conception des formes ni dans l'exécution technique : ce n'est que l'art assyrien grossièrement interprété. Il y a au musée de Constantinople, un lion de basalte provenant de Marach, qui est sculpté sur deux faces à l'imitation des taureaux ninivites. A Carchémis, forteresse héthéenne bâtie sur l'Euphrate dont les Assyriens s'emparèrent vers l'an 710, la même influence est plus flagrante encore. Seuls, les monuments de la Cilicie, tout en procédant aussi de l'art ninivite, s'en écartent davantage par un caractère plus original et plus barbare.

(2) Les monuments héthéens de l'Asie Mineure, au nord du Taurus et au delà de l'Halys sont, comme en Cappadoce, des bas-reliefs rupestres ; le relief en est peu accentué, et le modèle tout à fait insuffisant. En somme les rares sculptures héthéennes que l'on a retrouvées portent toutes la marque d'un réalisme inhabile, mais naïf et sincère. On pourra s'en faire une idée en considérant le curieux bas-relief que vient (1891) d'acquérir le musée du Louvre, et qui représente une chasse au cerf : le chasseur sur son char, conduit par un serviteur, lance une flèche sur l'animal qui bondit devant les chevaux. Tout autour de cette scène sont des inscriptions en relief qui se rapprochent vaguement de l'écriture cypriote.

CHAPITRE V.

I. — *L'archéologie phénicienne.*

Faut-il nier l'existence de toute archéologie phénicienne? Non, sans doute. Cette archéologie est pauvre,
réduite à un état pitoyable; mais elle existe (1). En
réunissant les monuments et les objets décrits en cet ouvrage (2) à ceux qui étaient connus auparavant ou qui
ont été découverts depuis, on obtient un ensemble de

(1) On sait que les Phéniciens ont été le premier peuple de l'antiquité,
pour les entreprises maritimes qui avaient pour but le commerce. Par eux,
des peuples jusque-là barbares et vivant dans l'isolement comprirent
l'utilité de la navigation, de l'industrie, et apprirent à exploiter les ressources de leur pays au profit de leur richesse et de leur bien-être. Par eux,
les arts de l'Égypte, de l'Assyrie, de la Babylonie pénétrèrent dans l'Occident. Ils tirèrent de l'écriture si compliquée des Égyptiens cet alphabet de
vingt-deux lettres qu'ils portèrent au monde et dont ils firent, comme l'a
dit M. F. Lenormant, un de leurs principaux objets d'exportation. Ils furent essentiellement des courtiers, des intermédiaires, des commis-voya-
geurs. Sur toutes les côtes où ils ont installé leurs comptoirs, en Grèce
en Italie, en Sicile, en Gaule, en Espagne, en Afrique, chez tous les peuples avec lesquels ils se sont trouvés en relation d'affaires, ils ont colporté
les produits des grandes civilisations asiatiques. Mais l'originalité n'était
point leur fait.

(2) Le rapport publié par M. Renan à la suite de la mission dont il fut
chargé en 1860 par le gouvernement français est resté le document le plus

monuments et d'objets du même style, sans contredit
antérieurs à l'influence grecque. Ces objets, on les trouve
dans les localités certainement phéniciennes, et on ne
les trouve pas ailleurs. C'est en suivant ce faible filon
qu'on arrive à tracer d'une manière sûre le vrai caractère
de l'art phénicien. Cet art, sorti primitivement, ce semble, du troglodytisme (1), fut, dès qu'il arriva au besoin
d'ornement, essentiellement un art d'imitation; cet art
fut avant tout industriel; cet art ne s'éleva jamais, pour
les grands monuments publics, à un style à la fois élégant et durable.

Le principe de l'architecture phénicienne est le roc
taillé, non la colonne, comme chez les Grecs. Le mur
remplace ensuite le roc taillé, sans en perdre totalement
le caractère. Rien ne porte à croire que les Phéniciens
aient eu la voûte à clef. Ce principe du monolithisme qui
domina l'art phénicien et syrien, même après l'adoption
de l'art grec, est bien le contraire du style hellénique.
L'architecture grecque part du principe de la division
des pierres, et l'avoue hautement. Jamais les Grecs ne
tirèrent du Pentélique des blocs comparables pour la
grandeur à ceux de Baalbek et de l'Égypte; ils n'y
voyaient aucun avantage; au contraire : avec des masses si énormes, qu'on veut utiliser tout entières, l'architecte est dominé; la matière, au lieu d'être subordonnée
au dessin de l'édifice, contrarie ce dessin. Les monuments de l'acropole d'Athènes seraient impossibles avec
les blocs syriens. Dans le style grec, la beauté du mur
est un objet capital; or, le mur grec tire sa beauté des
joints observant des règles symétriques et répondant

complet qu'on puisse consulter sur l'état archéologique de la Syrie septentrionale, qu'ont explorée aussi d'autres savants, M. de Saulcy, M. le duc
de Luynes, M. de Vogüé.

(1) Les Troglodytes étaient un peuple fabuleux de l'Afrique orientale.

aux lignes de l'édifice. Les pierres d'un mur en un tel style, ont toutes la même dimension, et cette dimension est commandée par le plan ; ou bien, comme dans l'appareil *pseudisodome* (1), l'inégalité même des assises répond|à une loi de symétrie. Les pierres de l'architrave, les métopes, les triglyphes, sont des blocs distincts, même quand il eût été très facile d'étendre un même bloc sur plusieurs de ces parties. Des faits comme ceux qu'on remarque fréquemment en Galilée, des coupes de pierres où quatre membres sont tirés d'un seul quartier eussent paru en Grèce des faits monstrueux, puisqu'ils sont la négation de toute logique. Dans le style grec, chaque pierre a son unité ; car elle représente un membre, et il n'est pas naturel de faire plusieurs membres d'une seule pierre. Le principe de la construction grecque n'est nullement, comme cela eut lieu à Amrit (2), de tirer le plus de parti possible du bloc apporté de la carrière. Chaque bloc est assujetti d'avance et par le plan même de l'architecte à une taille déterminée d'après sa place dans l'édifice ; les ouvriers l'amoindrissent, s'il est trop grand, à l'inverse des Phéniciens, qui lui laissent toutes ses superfluités. Maître absolu de ses matériaux, l'architecte grec poursuit des délicatesses que l'art de bâtir a négligés partout ailleurs. L'architecte syrien, phénicien, et même égyptien est aux ordres de ses maté-

---

(1) On appelle ainsi l'appareil où les assises sont alternativement hautes et basses. « Pour qu'il produise un bon effet, dit Charles Blanc, il convient que la petite assise n'ait que les deux tiers de la hauteur de la grande, et que les pierres de l'une et l'autre assise aient en longueur, deux fois leur hauteur. »

(2) Le temple d'Amrit est comme la réduction d'un temple égyptien. A Aïn-el-Hayat, on a découvert les vestiges d'un monument analogue. Les temples phéniciens étaient des cours au centre desquelles on dressait, sur une estrade, le tabernacle de la divinité. Cf. le temple de Jérusalem, et la grande mosquée de La Mecque.

riaux; la pierre ne répond pas à la ligne voulue par l'idée; la pierre pour eux est toujours plus ou moins le roc, la matière indéterminée. Voilà pourquoi les Grecs n'ont guère fait ce qu'on rencontre à chaque pas en Phénicie, à Jérusalem, en Perse, à Pétra, en Lycie, en Phrygie, de l'architecture sur le roc vif.

De vastes murs à assises colossales, sortant en quelque sorte tout faits de la carrière : si bien que le trait caractéristique d'un édifice soigné était qu'on n'entendît pas dans sa construction le bruit de la scie ni du marteau, tel était donc le caractère essentiel des monuments phéniciens. La nature un peu grossière des pierres de Syrie ne permettait pas ces ouvrages délicats des bases, des frises, des chapiteaux, qui, par leur opposition avec les parties lisses, font un des charmes de l'architecture grecque. Les ornements que nous avons trouvés sont très-fins et très élégants, mais de peu de relief. On peut douter d'ailleurs qu'ils soient de l'époque la plus ancienne de l'art phénicien. Dans les édifices de Salomon, les parties ornées étaient de même, pour la plupart, en bois et en métal. L'usage du marbre et du granit d'Égypte me semble toujours en ce pays le signe d'un âge postérieur. La colonne paraît avoir eu une certaine pesanteur; les murs étaient du caractère le plus grandiose, et l'on conçoit en les voyant que le nom des *Giblites* (1) soit devenu synonyme de *tailleurs de pierres* et de *maçons*. Il est facile, du reste, de s'expliquer comment ces vieilles constructions colossales ont disparu. De telles constructions n'étaient nullement appropriées aux besoins des sociétés plus raffinées qui succédèrent à la civilisation chananéenne; elles ne furent plus dès lors que des carrières à ciel ouvert, dont on trouva

____

(1) Habitants de Gébal, la Byblos des Grecs.

commode de débiter les quartiers pour bâtir les édifices exigés par les besoins nouveaux, à peu près comme les *dol-men* et les *men-hir* de la Bretagne ont disparu depuis cinquante ans, dans une énorme proportion, pour former l'empierrement des routes qui traversent le pays. Les vieilles statues, de même, furent trouvées si laides, qu'on les remplaça par des statues conformes aux progrès du goût.

L'art phénicien, dès qu'il employa des procédés réfléchis, fut un art d'imitation. L'imitation de l'Égypte et l'importation en Phénicie d'objets égyptiens se sont montrés à nous par trop d'exemples pour que nous ayons besoin d'y insister. Il est hors de doute que l'Égypte exerça en Orient, durant des siècles, une influence intellectuelle et religieuse analogue à celle que la Grèce devait exercer ensuite (1). Le style égyptien fut partout à la mode et offrit comme un prélude de la fortune plus universelle à laquelle le style grec devait parvenir. A quelle époque s'exerça l'influence qui fit de la Phénicie, sous le rapport de l'art, une province de l'Égypte? Comme limite au delà, on peut remonter aux Ramsès. Comme limite en deçà, on peut descendre jusqu'à l'époque romaine. Plusieurs des objets égyptiens trouvés dans la nécropole de Saïda peuvent n'avoir pas plus de dix-huit cents ans.

Une induction importante pour montrer, d'une autre

---

(1) C'est sous l'influence égyptienne que les Phéniciens ont commencé à construire des temples. Les tombeaux, qui sont les plus importants des monuments découverts en Phénicie, offrent, la plupart du temps, comme en Égypte, des caveaux funéraires où l'on descendait par un puits. Les sarcophages de pierre y étaient rangés tout autour des parois; certains, dits sarcophages anthropoïdes, avaient la forme de gaines de momies, la tête du mort, et parfois les bras aussi, étant sculptés en relief dans la masse du couvercle. Ils étaient coloriés à l'imitation des sarcophages en bois des Égyptiens, dont ils étaient la copie pour la forme.

part, l'ancienneté de cette influence se tire des monuments de Hadrumète découverts par M. Daux (1). L'influence égyptienne y est aussi forte qu'à Aradus, à Amrit, à Oum el-Awamid, et porte sur les mêmes choses. Pour la Syrie, il est loisible de supposer que l'influence égyptienne se prolongea jusqu'à l'extinction de l'originalité égyptienne elle-même; mais pour Hadrumète, cela n'est pas possible, l'influence égyptienne ne s'étant pas exercée sensiblement à cette distance, au moins dans les trois ou quatre siècles qui précèdent l'ère chrétienne. Les emprunts à l'Égypte qu'on remarque à la fois dans les monuments de Hadrumète (ou pour mieux dire dans les monuments puniques et dans ceux de la Phénicie sont donc antérieurs à la séparation définitive des Carthaginois et des Phéniciens, c'est-à-dire au VII° siècle avant Jésus-Christ.

On peut faire le même raisonnement sur les objets trouvés dans les sarcophages de Palerme ou de Solonte, et dont d'Orville nous a gardé la représentation. Ces objets présentent une physionomie aussi égyptienne

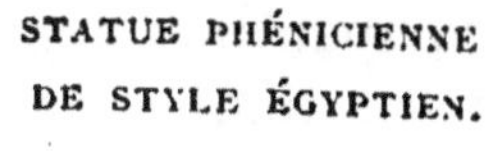

STATUE PHÉNICIENNE
DE STYLE ÉGYPTIEN.

(1) M. Daux avait fait d'importantes recherches sur l'origine et l'emplacement des *emporia* phéniciens, surtout de Thapeus (Dinas) et de Hadrumète. L'exploration archéologique de Carthage, réclamée par Beulé dès 1854, et tentée depuis par le P. Delattre et par MM. S. Reinach et E. Babelon, a mis également en pleine lumière le rayonnement de cette influence phénicienne sur tout le bassin de la Méditerranée. Malheureuse-

que les objets provenant des tombeaux de Saï da qui sont le plus empreints d'égyptianisme. On trouve parmi eux l'œil symbolique et un collier de petits dieux égyptiens en faïence vernissée, tout à fait semblable à celui qui est sorti de nos fouilles de Saïda. Palerme et Solonte étaient deux colonies carthaginoises. Il est clair que de tels emprunts faits à l'Égypte ne sont pas directs. La couleur remarquablement égyptienne de l'archéologie de la Phénicie proprement dite peut s'expliquer par le voisinage; mais cette explication n'est valable ni pour Hadrumète, ni pour Palerme. L'Égypte n'exerça jamais d'influence directe sur ce dernier point. Il ne semble pas non plus qu'elle en ait exercé à Carthage. Donc, si les tombeaux phéniciens de Palerme nous offrent des objets égyptiens ou empreints d'égyptianisme, cela vient d'une influence exercée en Phénicie avant que la colonie phénicienne qui a fondé Carthage se fût séparée de la mère patrie.

L'Assyrie (1) et la Perse fournirent aussi plus d'un élément à l'art phénicien. Enfin l'art grec s'empara totalement du pays, à partir de l'an 400 avant Jésus-Christ environ. Vers l'an 400 aussi, les Grecs inondent Carthage, les cultes grecs y sont introduits comme officiels; Annibal et toute l'école à laquelle il appartenait ne s'expliquent que par une longue pratique de l'encyclopédie grecque, en particulier des tacticiens. A l'époque romaine, sur-

ment les monuments carthaginois sont très rares, on sait pourquoi. Seuls, peut-être, les tombeaux ont pu échapper à la rage systématique des Romains. Ce qu'il faudrait retrouver, c'est la nécropole de Carthage.

(1) Il ne faut pas oublier que la Phénicie fut tour à tour soumise au joug des Égyptiens et des Assyriens. Dans les sarcophages anthropoïdes dont nous parlons plus haut, si la forme des caves est égyptienne, les sculptures dont elles sont décorées sont tout à fait assyriennes. On n'a d'ailleurs retrouvé en Phénicie que très peu de débris de monuments antérieurs à l'époque macédonienne, et c'est plutôt à Chypre (v. p. loin), que les produits de la sculpture, par exemple, nous montrent clairement la succession des trois influences assyrienne, égyptienne et grecque

tout au II⁰ et au III⁰ siècle, la Phénicie se couvre de monuments conformes au goût général du temps, monuments où cependant les idées religieuses des pays
impriment encore une trace assez profonde, comme on
le voit à Byblos et dans les temples du Liban. La dernière trace de l'originalité phéni-
cienne ne disparaît qu'au IV⁰ siècle.

Ce qui montre bien que, même
aux époques les plus brillantes, l'art
phénicien n'eut pas un haut cachet
de puissance, c'est la façon dont il fut
ainsi supplanté par un art plus moderne que lui. Si les vieux sanctuaires phéniciens, si les monuments
des villes phéniciennes avaient été
comparables à ceux des acropoles
grecques, ils auraient résisté à l'envahissement des modes étrangères.
Ce qui le prouve, c'est ce qui se
passa en Égypte. L'Égypte, qui avait
un art indigène inférieur à l'art grec,
mais très original, n'adopta jamais
les ordres grecs. Jusqu'au III⁰ siècle
de notre ère, on bâtit en Égypte
en style égyptien. En Phénicie, au
contraire, déjà avant Alexandre, le

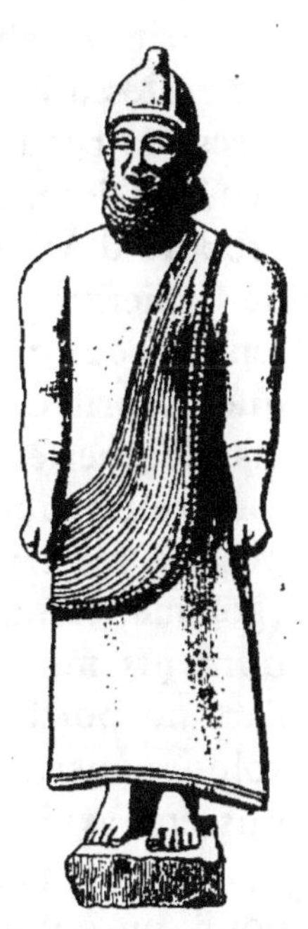

STATUE PHÉNICIENNE
DE STYLE ASSYRIEN.

philhellène Straton (sans parler d'Évagoras, de Ni-
coclès, à Chypre) imite l'art grec. Les monuments
d'Oum-el-Awamid sont contemporains des plus fines
œuvres grecques. Il est impossible, vu surtout le goût des
Orientaux pour les sanctuaires anciens, qu'on eût si vite
remplacé les vieux temples par des temples en style grec,
si les édifices nationaux n'avaient été tristes et incom-
modes. Ajoutons que les Romains, si curieux d'art exo-

tique, les Romains, qui recherchaient avec tant d'avi-
dité les obélisques égyptiens, ne parlent jamais d'un art
phénicien.

En général, dans leurs constructions, les Phéniciens paraissent avoir porté peu d'esprit de suite. Cela se sent bien
à Amrit, à Kabr-Hiram, à Oum-el-Awamid. Il y a dans
les restes qu'on voit en ces localités beaucoup de belles
idées, de beaux détails; mais il ne se détache aucun plan
général dominant, comme dans les monuments de l'a-
cropole d'Athènes. On dirait des gens aimant le travail
de la pierre pour lui-même, ne se souciant pas de s'entendre pour faire une œuvre commune, ne sachant pas
que l'esprit d'ensemble constitue le grand art. De là cet
état d'imperfection où sont tous les monuments; pas un
tombeau auquel les héritiers du mort aient jugé à propos de mettre la dernière main; partout un certain
égoïsme, comme celui qui, plus tard, a empêché les monuments musulmans de durer. Le plaisir passager de
l'art ne porte pas à finir; car finir exige une certaine
volonté austère. En général, les anciens Phéniciens paraissent avait été plus sculpteurs qu'architectes. Ils ne
procédaient pas par grandes masses; chacun travaillait
pour son compte. Nulle mesure rigoureuse, nulle symétrie, en tout l'à peu près et le caprice. Même les chapiteaux d'Oum-el-Awamid ne sont pas semblables; dans
les parties qui se répondent le plus évidemment, il y a
des détails différents.

Est-ce à dire que nous niions la priorité de la Phénicie et les services que, dans tous les arts, elle a rendus
à la Grèce au moins comme intermédiaire entre cette
dernière et le haut Orient? Non certes; nous voulons
dire seulement que le génie a été le partage de la Grèce
seule. La Grèce, à l'origine, a beaucoup emprunté; mais
seule elle a inventé l'idéal. Voilà pourquoi, malgré tous

les emprunts possibles, pour expliquer la Grèce il ne faut
que la raison. L'art grec est aussi logique que la philosophie grecque. Il n'est pas impossible que la philosophie,
ou du moins la science grecque, ait fait plus d'un emprunt
à Babylone et à la Phénicie. Socrate, Aristote, Phidias,
l'architecture grecque, la philosophie grecque n'en
sont pas moins le fruit d'un développement organique.
Un édifice grec, le Parthénon, par exemple, se déduit
par une sorte de calcul mathématique. Là est la gloire
unique de la Grèce ; la Grèce a créé l'absolu de la raison
et du goût, du vrai et du beau, de même que le christianisme a créé l'idéal du bien. Voilà pourquoi la Grèce
a un rôle à part, comme la Judée, rôle où elle ne sera
jamais égalée. Toute recherche nouvelle doit se terminer
par un hymne à la Grèce ; toute découverte, même sur
terre étrangère ou rivale, est un trait de plus à la gloire
du génie grec, un argument pour établir son indéniable primauté.

E. RENAN.

(Mission de Phénicie, Imprimerie impériale, 1864, pages 822-830.)

2. — Le trésor de Curium.

En 1874, la découverte du trésor de Curium, comme
on l'appela, mit en émoi tout le monde savant. Cette
découverte a quelque chose de si particulier et de si
étrange qu'il convient de s'y arrêter un instant, de donner
quelque idée des circonstances où elle se produisit, de la
richesse et de la variété des objets qu'elle fit soudain
reparaître au jour. Jamais peut-être explorateur n'a été
aussi merveilleusement servi par la fortune et n'a mieux
mis ses faveurs à profit (1).

(1) Le général Palma di Cesnola. Avant lui, d'autres explorateurs.

La ville de Curium, fondée par les Argiens, occupait
le sommet d'un rocher qui se dresse sur la côte méridio-
dale de Chypre, à près de 100 mètres au-dessus de la
mer (1). L'étroit plateau qui surmonte cette éminence est
couvert d'une couche épaisse de tessons et de fragments
de tuiles, de débris de sculpture et d'architecture; d'innombrables tombes ont été creusées dans la plaine voisine
et dans les flancs du roc même qui portait la cité. Sur
le plateau, des centaines de petits tertres indiquent l'emplacement des anciennes maisons; des tertres un peu
plus élevés, celui des temples, et des édifices publics.
Sur un de ces tertres se trouvaient, à demi enterrés,
plusieurs fûts de granit; désirant en prendre les dimensions, M. de Cesnola les fit dégager, et rencontra ainsi
un pavé de mosaïque. Il eut la curiosité de voir s'il y

MM. de Maricourt, de Vogué et Dutoit, Georges Colonna Ceccaldi,
Lang, etc. avaient déjà révélé l'art cypriote aux archéologues de l'Occident.
Mais à lui seul, M. de Cesnola a exhumé plus de monuments que ne l'a-
vaient fait tous ses prédécesseurs réunis. Il pratiqua des fouilles sur l'emplacement du célèbre sanctuaire d'Astarté, à Páphos, déblaya les ruines
du temple de Golgos (Athiénau) et montra que les sanctuaires cypriotes
n'étaient pas placés sur les hauteurs, comme ceux de la Phénicie, mais au
contraire, en général, dans la plaine. Il explora, rien que dans le canton
de Dali (*Idalion*), environ quinze mille tombes. Enfin, il mit au jour des
quantités de statues en pierre et surtout de figurines en terre cuite, à l'aspect étrange, aux coiffures pittoresques, à la physionomie béatement souriante, et qui forment dans l'histoire de l'art un groupe à part : ces objets,
sont bien l'œuvre de la race mélangée de Grecs et d'Asiatiques qui habitait
l'île et se tenait, par les vaisseaux phéniciens, en rapports constants avec la
Syrie, l'Egypte, l'Asie Mineure. D'après l'opinion de M. G. Perrot, ils ne
font qu'imiter des monument phéniciens qui eux-mêmes avaient déjà interprété soit le prototype assyrien, soit le modèle égyptien. Mais il faut aussi-
semble-t-il, faire à l'élément chypriote sa part. V. l'ouvrage de M. de Cesnola, *Cyprus* et celui de M. Colonna Ceccaldi : *Monuments antiques de Chypre, de la Syrie*, etc.

(1) Sur l'île de Chypre, sa situation, son histoire, son rôle artistique; sur
la présence simultanée, dans le même pays, pendant plusieurs siècles, de
l'élément sémitique et l'élément aryen, v. G. Perrot, *Histoire de l'art*, tome
III, p. 479 et suiv.)

avait quelque chose sous ce pavé, et fut fort surpris de reconnaître qu'un autre explorateur avait creusé sous cette mosaïque jusqu'à la profondeur de 2 mètres environ; différents indices l'avertissaient que cette fouille n'était pas récente, mais remontait peut-être à l'antiquité même. Il commença donc à se demander quel motif avait guidé le bras de ce fouilleur inconnu. Cet homme avait-il quelque raison de penser qu'il y avait là un souterrain abritant quelque dépôt précieux? Était-il en possession d'un secret dont il n'aurait pas eu le temps ou la force de profiter? Ce qui donnait quelque vraisemblance à cette conjecture, c'est qu'en frappant du pied la mosaïque, à un certain endroit, elle sonnait creux. M. de Cesnola résolut donc de fouiller sur ce point jusqu'au moment où il atteindrait le roc ou le sol vierge.

A la profondeur de 6 mètres environ au-dessous de celle que la fouille précédente avait atteinte, on trouva un étroit passage creusé dans le roc; on le déblaya. Deux marches indiquaient l'amorce de l'ancien escalier; de l'autre côté, le corridor conduisait à une porte, fermée par une mince dalle de pierre. Celle-ci enlevée, on aperçut une petite chambre, taillée, elle aussi, dans le roc vif; elle était remplie, jusqu'à quelques pouces du plafond, d'une terre fine et meuble qui avait filtré par les crevasses de la roche. Il en était de même des trois autres pièces qui se faisaient suite et qui furent découvertes successivement. Il fallut plus d'un mois pour achever de les déblayer. Bien avant ce moment, M. de Cesnola était averti de l'importance de sa découverte.

Quand on ouvrait une tombe ainsi comblée, on avait l'habitude de réserver une couche de terre d'environ 5o centimètres; une fois le déblaiement conduit jusque-là, ou s'arrêtait pour ne plus le continuer qu'avec un redoublement de précaution et en présence du consul ou de son représentant; c'était en effet sur le sol même que se trouvaient d'ordinaire les objets qui avaient été ensevelis avec le mort. Ici la même méthode fut suivie. Quand la première pièce fut à peu près vidée, M. de Cesnola s'y introduisit, tenant en main sa règle d'architecte, et, du bout de cet instrument, il sondait la poussière, quand soudain il heurta un corps dur. On se baissa : c'était un bracelet avec plusieurs autres objets d'or formant un petit tas. D'ailleurs pas la moindre trace d'ossements. Tout venait confirmer la pensée qu'avait d'abord conçue l'heureux explorateur; cette suite de caveaux qui venaient de s'ouvrir devant lui, ce n'était pas une tombe : c'était un de ces trésors souterrains comme il en existait à Delphes et dans bien d'autres temples, et ce trésor se trouvait avoir gardé intactes les richesses qui lui avaient été confiées, offrandes votives que les prêtres se transmettaient, objets de prix que les particuliers déposaient dans les sanctuaires, avant de partir pour la guerre ou pour un long voyage (1).

Les trouvailles qui furent faites dans ces quatre chambres dépassèrent toutes les prévisions, toutes les espérances même. Jamais on n'avait rencontré réunis autant de joyaux de plus riche matière et de styles plus variés. Il y avait là des bracelets en or massif dont deux pèsent à eux seuls plus de trois livres anglaises; plusieurs autres vont de deux à trois cents grammes. L'or s'y rencontrait à profusion sous toutes les formes : bagues, pendants d'oreilles, amulettes, flacons, petites boîtes, épingles de cheveux, larges colliers; l'argent y était encore plus abondant, en bijoux et en vaisselle; il y avait aussi de l'*electrum*, al-

____

(1) A quel moment et par crainte de quel danger les prêtres du temple de Curium se décidèrent-ils à enfouir ainsi leur trésor? Il est difficile de le dire avec précision. Peut-être fut-ce au moment de la lutte entreprise contre les Perses, en 500.

liage d'or et d'argent. On y trouva du cristal de roche, des cornalines, des onyx, des agates, toutes les variétés de pierres dures, des pâtes de verre, des cylindres en pierre tendre, des figurines, en terre cuite, des vases en argile,

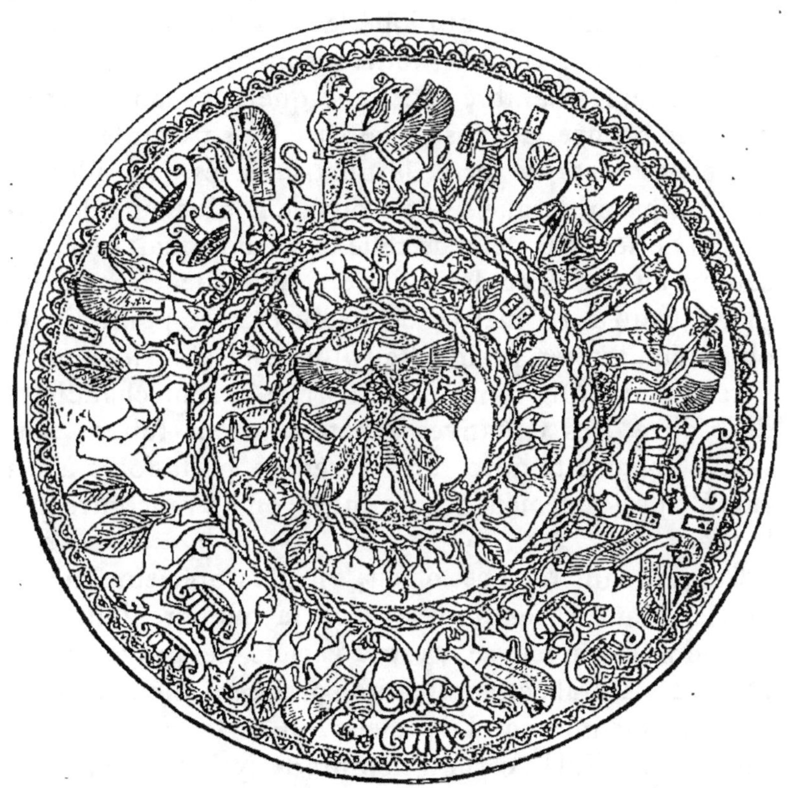

PLAT D'ARGENT DE CURIUM.

ainsi que des objets de bronze, lampes, trépieds, candélabres, sandales, sièges, vases, armes, etc. Un certain ordre régnait dans ce dépôt. Les bijoux d'or furent recueillis surtout dans la première chambre. La seconde renfermait la vaisselle d'argent, rangée sur une sorte de rebord taillé dans le roc à 20 centimètres au-dessus du

sol; par malheur, elle a été plus attaquée par l'oxydation
que les objets d'or, et, des amas de métal qui tombaient
en poussière quand le doigt y touchait, on n'a pu tirer
qu'un petit nombre de ces coupes qui, dans ces derniers
temps, ont si vivement piqué la curiosité des archéologues par leur décoration toute inspirée de l'art égyptien.
La troisième chambre contenait quelques lampes et fi-
bules de bronze, des vases d'albâtre, et surtout les groupes et les vases de terre; la quatrième les ustensiles de
bronze, parmi lesquels s'en trouvaient plusieurs de cuivre et de fer. Au delà de celle-ci se continuait un étroit
couloir aussi creusé dans le roc, que M. de Cesnola explora jusqu'à 10 mètres de distance, à ce point, il fut
obligé de s'arrêter. L'air n'était plus respirable; les lampes
s'éteignaient. On retira de ce corridor, sept chaudières
de bronze. Des tentatives répétées furent faites, sans
succès, pour atteindre, au moyen de puits forés à cet
effet, le prolongement de ce tunnel: on ne rencontra que
le roc.

Ce qui, dans tous ces objets, est plus précieux encore
que les matières employées, c'est la manière dont elles
ont été mises en œuvre, c'est la variété des provenances.
Plusieurs scarabées en stéatite paraissent bien de fabrique égyptienne; sur l'un d'eux on lit le cartouche de
Thoutmès III. Un certain nombre de cylindres sont certainement assyriens et chaldéens. Les inscriptions cunéiformes et les symboles de plusieurs d'entre eux nous reportent à peu près, d'après les assyriologues, à l'époque
des Sargonides, c'est-à-dire au VIIIᵉ siècle avant notre
ère. Nombreuses sont les pierres gravées que le caractère
des symboles, du travail et de la monture nous autorise
à attribuer aux Phéniciens, les premiers qui aient vraiment su graver sur les pierres dures. Par leurs sujets, qui
appartiennent à la mythologie grecque, par leur style, où

l'on sent l'influence de l'art grec qui se dégage et s'émancipe de ses modèles orientaux, plusieurs intailles méritent de compter parmi les plus anciens et les plus curieux produits de la glyptique grecque. Les bijoux proprement dits sont souvent d'une richesse d'invention, d'un fini et d'une délicatesse de travail qui étonnent; par leur merveilleuse élégance, quelques-uns d'entre eux se rangent parmi les chefs-d'œuvre de cette orfévrerie orientale et grecque archaïque dont les connaisseurs font si grand cas; ils la placent bien au-dessus de la bijouterie étrusque, beaucoup trop admirée et vantée (1).

Malgré son bonheur persistant, M. de Cesnola ne pouvait guère espérer retrouver une pareille chance. Les nouvelles fouilles avaient absorbé la plus grande partie de ses ressources. De plus, la santé des siens commençait à souffrir de ce long exil, et Mme de Cesnola avait l'imagination vivement frappée d'une catastrophe toute récente. En 1875, un jeune savant allemand, le docteur Sigismond, qui avait contribué au déchiffrement des inscriptions cypriotes, était venu passer quelque temps dans l'île; en visitant les ruines d'Amathonte, il se laissa tomber dans un des puits qu'avait creusés M. de Cesnola pour atteindre l'entrée des sculptures; on n'en retira que son cadavre. Pareil accident n'arriverait-il pas, un jour ou l'autre, à l'infatigable explorateur des ruines et des nécropoles de Cypre? Enfin la nouvelle collection formée depuis trois ans, qui comprenait tout le trésor de Curium, avait vraiment une trop haute valeur pour qu'il fût prudent de

---

(1) Ces petits monuments témoignent d'une habileté technique tout à fait supérieure. La bijouterie égyptienne gardait toujours quelque chose d'un peu massif. La bijouterie assyrienne est plus lourde encore. Or, l'élégance, cette première qualité des objets de parure et de luxe, apparaît pour la première fois dans les ateliers de Phénicie. L'ornement géométrique est l'ornement végétal dominant dans les bijoux phéniciens, les motifs empruntés au règne animal y paraissent aussi; mais l'homme en est presque absent.

la confier aux flots, comme la précédente, sans que son maître fût là pour veiller sur elle et pour en discuter le sort, pour en fixer les destinées.

Ce fut au printemps de 1876 que M. de Cesnola quitta l'île avec sa famille, cette fois sans esprit de retour. Lorsqu'il en vit les montagnes décroître et s'effacer à l'horizon, il ne put, nous dit-il, se défendre d'un sentiment de regret. Quoi que lui réservât en effet la vie des capitales de l'Occident, de Paris, de Londres ou de New-York, jamais elle ne lui offrirait des émotions comparables à celles que lui avaient données ses campagnes de fouilles, au plaisir de chercher, à la joie de trouver, à l'enivrement de la découverte longtemps poursuivie parmi toute sorte d'obstacles et qui éclate soudain, avec tout son imprévu et toutes ses surprises! Ces dix années avaient eu peut-être leurs heures d'ennui et de tristesse; mais elles n'avaient certes pas été perdues ni pour lui ni pour la science. Dans ses explorations et ses conquêtes, il avait fort bien fait les affaires des érudits et des historiens sans que les sciences eussent à en souffrir. Depuis surtout qu'il était devenu l'héritier des prêtres de Curium, il avait toute raison de croire que ses opérations, malgré les dépenses considérables qu'elles avaient exigées, seraient loin de se solder en perte. En même temps, il y gagnait l'honneur d'inscrire son nom, dans les annales de l'archéologie militante, sur la même ligne que celui de Schliemann, assez près des noms illustres d'un Botta, d'un Layard ou d'un Mariette (1).

Georges Perrot.

(Le général de Cesnola et le Musée métropolitain de New-York. Revue des Deux-Mondes, 1er février 1879, p. 599-503).

(1) Les découvertes de M. de Cesnola ont été l'objet des plus vives contestations, et les journaux anglais et allemands ont mené contre l'explorateur d'ardentes campagnes : on l'accusa d'avoir inventé de toutes pièces

3. — *La Coupe de Palestrina.*

Les scènes extrêmement singulières et compliquées en
apparence, qui se déroulent autour de la coupe de Palestrina (1), ne sont autre chose qu'une petite histoire,
un conte en image, une idylle plastique. L'orfèvre phénicien y a largement employé l'artifice, enfantin mais
ingénieux, qu'on retrouve à toutes les époques, dans
l'antiquité orientale, dans l'antiquité classique, au moyen
âge, de nos jours même dans l'imagerie populaire, et
jusque chez les peuples sauvages : *La répétition des ac-
teurs pour exprimer la succession et la variété des actes.*

l'histoire de la crypte et de l'escalier, et ce qui donnait quelque vraisemblance
à l'accusation, c'est l'impossibilité où se trouvèrent tous les voyageurs de se
faire montrer, après le départ de M. de Cesnola, l'endroit où les fameuses
fouilles avaient été exécutées. Enfin, M. de Castillon de Saint-Victor, alors
consul français à Larnaca, y est parvenu récemment : les chambres ont été
retrouvées, mais d'escalier, point. Il en résulte que, sans révoquer en doute
l'authenticité des objets infiniment précieux découverts par M. de Cesnola
à Curium, il est permis de supposer que le récit qu'il a publié de ses fouillles
n'a pas toujours été exempt de quelque amplification.

(1) « S'il est, avec celle du verre, une industrie dont les Phéniciens paraissent avoir eu le monopole pendant sept ou huit siècles environ, c'est
bien, écrit M. G. Perrot (*Hist. de l'art*, tome III), celle des vases en métal,
des vases en cuivre, en bronze, en argent et en or, auxquels valurent une
grande réputation l'élégance et la variété de leurs formes, ainsi que les
dessins plus ou moins compliqués qui les décoraient, en partie gravés à
la pointe, en partie repoussés au ciseau. » La coupe trouvée à Palestrina,
l'antique Préneste, dans une fosse très probablement funéraire, est un
vase sans pied et très peu profond, une sorte de plat ou d'assiette
creuse, ce que les Grecs appelaient φιάλη et les Romains *patera*. Les objets de cette sorte forment, dès maintenant, une série très riche et très
variée, qui se prête aux comparaisons les plus intéressantes et aux observations les plus instructives. Le thème décoratif y a toujours un sens
qu'il convient de chercher. Mais il faut dire que la coupe de Palestrina,
entre tous les objets de cette catégorie, se distingue par le style de
l'exécution, par la diversité des sujets, le nombre des personnages qui y
sont figurés, la nature des actes qu'ils accomplissent.

Ce premier principe établi, j'ai pu opérer sans peine le déchiffrement de ce texte iconographique demeuré lettre close pour le premier éditeur du monument, M. Helbig (1). J'ai reconnu que nous avions affaire à un récit continu, se développant tout le long de la zone principale (2) et divisé en *neuf scènes* distinctes, bien qu'aucune division ne soit marquée. Voici l'histoire en abrégé :

Un héros armé, dans un char conduit par un cocher, quitte le matin un castel ou une ville murée. Il part en chasse. Apercevant un cerf sur une colline, il saute à bas du char, s'avance avec précaution, s'embusque derrière un arbre, et décoche une flèche à l'animal. La bête est touchée. Le chasseur s'élance à sa poursuite et s'en empare. Après la chasse, la halte. Nous sommes dans un bois. Les chevaux dételés mangent, sous la surveillance du cocher, à côté du char penché en ar-

---

(1) Les premiers détails sur la découverte de la coupe de Palestrina ont été donnés, en effet, par MM. Helbig et Conestabile, en 1876, dans le *Bulletino dell' Instituto di corrispondenza archéologica*. La coupe se trouve aujourd'hui au musée Kircher, à Rome. Elle est en argent doré et mesure, à l'ouverture, dix-neuf centimètres de diamètre.

(2) L'extérieur de la coupe est dépourvu d'ornements; l'intérieur, au contraire, est décoré de différents sujets burinés et ciselés en léger relief. Au fond même de la coupe, dans une sorte de médaillon, est gravée une scène assez compliquée où apparaissent trois personnages humains, engagés dans une action qu'il est malaisé d'expliquer. Se rattache-t-elle aux épisodes qui s'enchaînent si visiblement dans la zone narrative? C'est possible. (V. Clermont-Ganneau, *Imagerie phénicienne*, p. 150, et G. Perrot, *Hist. de l'art*, tome III, p, 765. Quoi qu'il en soit, ce médaillon est entouré d'une première zone que remplit une file de huit chevaux passant à droite, au trot relevé. Au-dessus de chaque bête sont deux oiseaux volant à tire-d'aile dans le même sens. Cette première zone est enveloppée elle-même par une seconde zone plus large qui a pour limite extérieure un long serpent dont le corps décrit, sauf quelque sinuosités vers la région caudale, un cercle à peu près parfait. C'est dan la zone excentrique, la principale, que l'artiste a fait tenir cette série de scènes si ingénieusement expliquées ici par M. Clermont Ganneau.

rière, le timon en l'air. Le chasseur est en train de dé-
pecer son cerf accroché à un arbre. Il prépare son repas,
dont le cerf fait les frais principaux et dont l'artiste
ne nous présente que le prélude religieux. Le chasseur

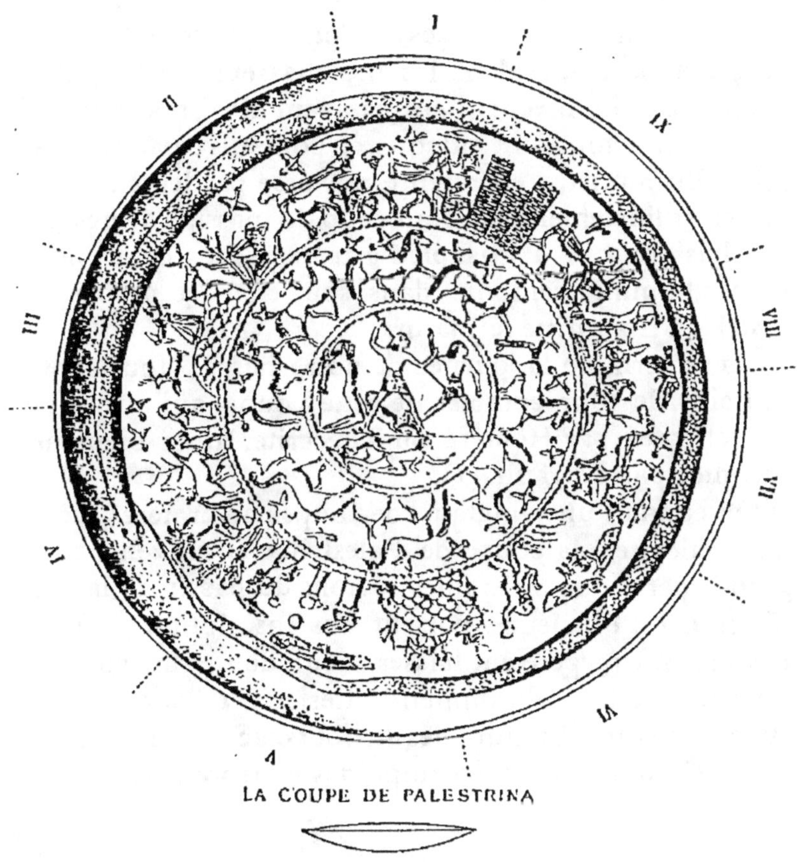

LA COUPE DE PALESTRINA

assis en face de deux autels, appelle sur les mets la
bénédiction de ses dieux, et ceux-ci, sous la forme du
soleil et la lune, viennent prendre leur part du repas,
conformément aux conceptions homériques et bibliques. Après quoi le chasseur remonte dans son char

pour retourner chez lui. A ce moment, il est attaqué par un énorme singe qui l'épiait déjà dans la scène précédente, caché dans sa caverne. Le singe lui lance par derrière une grosse pierre. Le chasseur est perdu... Mais la divinité sauve par un miracle l'homme pieux qui vient de remplir ses devoirs envers elle; une déesse ailée enlève dans les airs chasseur, cocher, char et chevaux. Le méchant singe, ayant ainsi manqué son coup, est, à son tour, attaqué et poursuivi par le chasseur. Le monstre est atteint, renversé par les chevaux, blessé et finalement tué d'un coup de masse d'armes par le chasseur qui a mis pied à terre. Après cet exploit, notre homme remonte dans son char et arrive au castel qu'il a quitté le matin.

Là se termine la journée de notre héros. Nous avons fait ainsi le tour complet de cette coupe qui aurait pu être chantée par Homère ou Théocrite, aussi bien que racontée par Perrault (1).

On connaît une vingtaine de coupes ou cratères tout à fait analogue à la coupe de Palestrina et provenant, en grande partie, de différentes régions du bassin de la Méditerranée. Plusieurs portent des inscriptions *phéniciennes* qui ne peuvent laisser aucun doute sur leur origine orientale suffisamment attestée d'ailleurs par le style du dessin, la nature des attributs, accessoires, etc..., la physionomie et le costume des personnages, etc...,

---

(1) V. pour plus de détails la description minutieuse qui remplit le chapitre I du mémoire de M. Clermont-Ganneau. L'auteur observe très-finement que la fable ainsi mise en images par l'orfèvre phénicien change, en quelque sorte, d'allure et de caractère après le tableau du sacrifice. A partir de ce moment, ce ne sont plus seulement des scènes de la vie réelle; le tragique et le merveilleux s'y introduisent et finalement une intervention surnaturelle se produit! On peut en conclure qu'il y a dans ce petit drame deux morceaux distincts, deux actes à proprement

rappelant à la fois l'Égypte et l'Assyrie (1). Naturellement j'ai voulu voir si les principes d'interprétation qui m'a-

parler et M. Clermont-Ganneau ne s'est pas fait faute d'en présenter au lecteur, ainsi qu'il suit, le programme détaillé : (p. 16-17.)

UNE JOURNÉE DE CHASSE

ou

LA PIÉTÉ RÉCOMPENSÉE.

Pièce orientale en deux actes et neuf tableaux.

DISTRIBUTION :

ACTE 1er. — *L'Aller* (scènes I-V).

ACTE II. — *Le Retour* (scènes V-IX).

Scène Ire. — Le Départ.
Scène II. — Le Tir du cerf.
Scène III. — La Mort du cerf.
Scène IV. — La Halte de chasse.
Scène V. — Le Sacrifice.
Scène VI. — L'Attaque du chasseur par le singe; intervention divine.
Scène VII. — La Poursuite du singe.
Scène VIII. — La Mort du singe.
Scène IX. — L'Arrivée.

Personnages réels : Le chasseur, répété 9 fois. — Le cocher, répété 6 fois. — 1er cerf, répété 3 fois. — 2e cerf. — Un lièvre. — Un singe troglodyte, répété 4 fois.

Êtres surnaturels ou symboliques : Le disque ou globe solaire ailé. — Le disque et le croissant (divinité lunaire). — Une déesse ailée. — Un épervier (symbolique.)

Comparses et accessoires : 2 chevaux, répétés 6 fois. — 5 oiseaux volant de gauche à droite. — 3 oiseaux volant de droite à gauche. — 1 char, répété 6 fois. — 2 autels dont un à feu. — Sièges, parasols, armes et objets divers.

Décors principaux : château fort ou ville murée; montagne : forêt : autre montagne boisée avec caverne; prairie couverte de hautes herbes.

(1) Des scènes de chasse du même genre décorent un plat d'argent de Cœré, en Étrurie, sur une des coupes d'argent de Dali (Idalion), que possède le Louvre, c'est une chasse au lion; sur la patère d'Amathonte, c'est le siège d'une forteresse. Le trésor de Curium a fourni à M. de Cesnola un grand nombre de ces patères en argent ou en electrum, où figurent, gravés à la pointe, des sujets de même inspiration et de même

vaient guidé pour l'explication de la coupe de Palestrina pourraient s'appliquer aux autres monuments de la même famille. L'épreuve n'a pas trompé mon attente. J'ai pu tracer dans tous ces sujets décoratifs disposés en bandes circulaires, des *cycles suivis*, ou tout au moins des segments de cycles. Au lieu de scènes incohérentes qui semblaient sortir au hasard de l'imagination capricieuse des artistes, sans lien entre elles, sans signification apparente, j'ai constaté un enchaînement d'actes et d'idées, un développement narratif, en un mot des histoires en images. En comparant tous ces monuments entre eux, l'on y remarque de nombreuses répétitions, et l'on reconnaît qu'ils doivent dériver de deux ou trois prototypes primitifs, plus ou moins exactement copiés par les orfèvres phéniciens, plus ou moins abrégés par eux, suivant l'espace dont ils disposaient. Quelquefois les épisodes sont isolés, d'autres fois intervertis. Si l'on rapproche toutes ces leçons, en déterminant la filiation des variantes et des fautes, l'on peut arriver à reconstituer le texte intégral, et l'on ne tarde pas à se convaincre que les imagiers phéniciens puisaient leurs sujets de décoration dans une sorte de manuel, de guide iconographique dont les éléments éiaient eux-mêmes empruntés aux grands monuments de l'Assyrie et de l'Égypte (1).

style. Partout, on y retrouve des copies des représentations habituelles des monuments égyptiens et assyriens. On remarquera sur la coupe de Palestrina, le caractère exactement égyptien de la scène du médaillon, tandis que les tableaux de la grande zone nous montrent des personnages vêtus à l'assyrienne.

(1) Les contemporains, qui lisaient couramment ces contes de l'imagerie orientale, étaient dans la situation d'un enfant d'aujourd'hui à qui l'on donnerait une image d'Épinal représentant, sans inscriptions ni légendes, l'histoire du *Petit Poucet* ou celle du *Chat botté*; il est probable qu'il n'hésiterait pas longtemps et qu'il aurait vite fait de reconnaître, sur ce canevas, tous les épisodes d'une fable aimée.

Ces coupes et ces vases métalliques, autour desquels s'enroulent comme une réduction en miniature des vastes bas-reliefs des vallées du Nil et de l'Euphrate, devaient être fabriqués en quantités considérables pour l'exportation et colportés dans toute la Méditerranée par le commerce phénicien. L'antiquité classique nous a conservé à cet égard des renseignements explicites. Le faible chiffre des monuments de ce genre retrouvés jusqu'ici s'explique par les chances nombreuses de destruction auxquelles est exposé tout objet de métal, surtout de métal précieux. Ce chiffre ne doit être pris que comme un coefficient. Quelques-uns seulement de ces menus objets (et non pas probablement des plus remarquables) sont parvenus jusqu'à nous; mais c'est par milliers qu'ils ont dû circuler entre les mains des Grecs et des Italiotes qui en étaient grands amateurs.

Cela posé, je prétends que ces monuments portatifs, qui contenaient pour ainsi dire l'épitomé de l'iconographie orientale, ont exercé, *à une haute époque*, une influence continue et, par suite, profonde : 1° *sur l'art*; 2° *sur la religion hellénique* (1). Ils doivent être mis au nombre des véhicules les plus puissants de cette action de l'Orient sur l'Occident, action dont la réalité n'est plus à démontrer, mais dont le *processus* est en-

(1) Toute l'explication de la céramique grecque est dans ces monuments. Ne lui ont-ils pas apporté l'idée de diviser en plusieurs zones concentriques ou en plusieurs bandeaux superposés, contenant chacun une scène distincte, les plats, les cratères et les amphores? Mais il y a plus, d'après M. Clermont-Ganneau, et ce n'est pas le côté le moins séduisant et le moins brillant de sa théorie : les Grecs, dans leur désir de trouver un sens aux images qu'ils apercevaient sur ces coupes, en auraient tiré, par voie d'interprétation, des mythes comme celui d'Hercule, vainqueur du triple Géryon. Ce travail d'Hercule n'aurait été imaginé que pour expliquer l'image égypto-phénicienne qui représentait le Pharaon brandissant son arme sur la tête de ses ennemis et semblant les réunir en un seul pour les saisir et les frapper.

core enveloppé de grandes obscurités. C'est là précisément que les artistes grecs, à l'instar des Étrusques, ont pris leurs premiers modèles. Je ne parle pas seulement de l'imitation des types, combinaisons, symboles et autres motifs ornementaux, imitation évidente dont on a depuis longtemps fait la part dans l'éducation des artistes grecs, mais de la reproduction de scènes entières, de compositions à personnages. C'est par cet intermédiaire que la Grèce a connu les œuvres de l'Égypte et de l'Assyrie et s'en est inspirée. Ce n'est pas l'Occident qui est allé chercher des enseignements en Orient; c'est l'Orient qui les lui a envoyés, qui les lui a apportés, et il les lui a apportés surtout à cet état. Quand plus tard le monde grec, après avoir atteint son développement complet dans tous les ordres, ira en quelque sorte rendre à l'Orient la visite qu'il en a reçue, il n'aura plus rien à lui emprunter, bien au contraire.

CLERMONT-GANNEAU.

Études d'archéologie orientale. L'imagerie phénicienne et la mythologie iconologique chez les Grecs. Partie I. *La coupe phénicienne de Palestrina,* Introduction, Paris, Ernest Leroux, 1880.

CHAPITRE VI.

ART JUDAIQUE (1).

Le Temple de Jérusalem (2).

Les citernes et les excavations sont tout ce qui reste
du Temple de Salomon (3); quant aux constructions bâties, elles ont disparu, et nous devons chercher dans
les Livres saints les éléments de notre restauration.

(1) Sur l'art judaïque en général consulter : *Histoire de l'art dans l'antiquité*, par G. Perrot et Ch. Chipiez, tome IV, 1887; *Histoire de l'art judaïque*, par de Saulcy, 1858, et l'ouvrage allemand, inachevé, du docteur
Bernhard Stade, intitulé : *Geschichte des Volkes Israël*.

(2) L'art hébraïque n'a été ni assez original ni assez fécond pour pouvoir donner matière à une histoire véritable; il se résume tout entier dans
le Temple de Jérusalem, dans ces bâtiments dont il ne reste plus une
pierre, mais dont la Bible nous a conservé des descriptions si minutieuses,
que la restitution du sanctuaire a tenté plus d'un archéologue.

(3) MM. G. Perrot et Ch. Chipiez (*Hist. de l'art*, tome IV) se sont ef-
forcés, à leur tour, de restituer, non le temple de Salomon, « édifice de
grandeur médiocre qui, durant un siècle ou deux, ne joua dans la vie religieuse d'Israël qu'un rôle assez secondaire; ce n'est pas non plus le
temple détruit par Nabuchodonosor, celui des derniers rois de Juda,
ensemble déjà bien plus compliqué, mais dont nous connaissons mal la
disposition irrégulière et confuse; mais le temple d'Ézéchiel, unique et
curieux mélange de réalité et de fiction, cet édifice ou plutôt ce groupe
d'édifices que le prophète présente à ses compatriotes comme la consola-
tion et la revanche des malheurs du passé, comme le symbole et le gage
de la nouvelle alliance qui va être conclue, pour durer à tout jamais, entre Israël et son Dieu. » (V. pages 241 et suiv.)

Le Temple proprement dit avait un plan égyptien (1) :
M. de Saulcy l'a démontré rigoureusement.

Il se composait de trois parties essentielles : le vestibule ou pylône, *avulem;* le Saint, *Hékal;* le Saint des
Saints, *Debir;* et d'une ceinture accessoire de petites
chambres latérales *tselaoth.* Cette disposition est tout à
fait égyptienne; on peut s'en assurer en comparant le
plan du Temple avec celui des temples de Khons, à
Karnac, par exemple, de Louqsor ou de Dendérah.

L'élévation du monument est bien conforme aux
mêmes lois : la décroissance successive des hauteurs,
principe constant de l'architecture sacrée en Égypte, est
ici observée : la hauteur du pylône est le double de
celle du Saint, le triple de celle du Saint des Saints, et
les chambres latérales suivent évidemment la même
règle : non seulement l'analogie le réclame, mais le
fait seul de l'existence des fenêtres dans le Saint le
prouve sans réplique; aussi je ne m'explique pas que
plusieurs commentateurs aient refusé de l'admettre.
Une seule différence est à signaler entre le Temple juif
et les temples égyptiens analogues. En Égypte, la ceinture de chambres latérales n'a qu'un rez-de-chaussée; à
Jérusalem elle se composait de trois étages superposés :
ces étages allaient en s'élargissant de bas en haut, à
cause du *fruit* des murs. Le rez-de-chaussée avait
quatre coudées de large, le premier étage cinq coudées, le deuxième six coudées, et la terrasse supé-

(1) M. de Vogüé, après M. de Saulcy, incline à voir dans le temple de
Jérusalem un édifice quasi égyptien, et c'est, en somme, le temple de
Khons qui lui fournit tous les éléments de sa restitution. Mais M. G. Perrot, tout en reconnaissant que cette « solution égyptienne du problème »
renferme une grande part de vérité, estime que l'Égypte n'a pas fait tous
les frais de l'architecture religieuse de la Phénicie et de la Judée, et que
d'autres éléments y sont entrés, ceux qu'elle a tirés de l'Assyrie et de la
Chaldée.

rieure sept. Le *fruit* (1) était obtenu à l'aide de retraites brusques d'une demi-coudée à chaque étage; ces retraites recevaient le bout des solives de chaque plancher, qui se trouvait ainsi posé sans qu'il fût nécessaire d'entailler les murs sacrés. La Bible rend parfaitement compte de cette disposition.

Les principales dimensions du Temple nous sont données par les livres des Rois et des Chroniques : elles sont comptées *dans œuvre,* c'est-à-dire sans tenir compte de l'épaisseur des murs, des planchers ou des toits.

Le livre d'Ézéchiel donne l'épaisseur du mur du sanctuaire, celle du mur des chambres latérales, et la longueur totale extérieure, c'est-à-dire *hors œuvre*, de l'édifice : en retranchant de ce total la somme des longueurs intérieures et des épaisseurs connues, on trouve quinze coudées pour les deux murs du vestibule et le mur de refend du Debis, c'est-à-dire cinq coudées pour chacun.

Les murs étaient formés de trois rangées parallèles de pierres quadrangulaires : disposition très fréquente pendant toute l'antiquité.

Tout l'édifice était recouvert d'un solivage en cèdre posé directement sur les murs; ces poutres portaient évidemment, suivant un usage encore suivi en Orient, une épaisse couche de terre battue qui terminait toute la construction par des surfaces horizontales. L'épaisseur du solivage et de la terrasse qui recouvrait le Temple proprement dit paraît avoir été de cinq coudées.

Le nombre des chambres latérales, à chaque étage, était, suivant Ézéchiel, de trente-trois, nombre que j'ai adopté. Josèphe n'en compte que trente, et nous apprend qu'elles étaient toutes en communication l'une avec l'autre. Un escalier tournant, placé dans les extrémités du pylône, conduisait aux étages supérieurs.

(1) *Fruit :* Inclinaison des faces d'une construction du dehors au dedans.

Le vestibule était ouvert et formait un portique soutenu par deux colonnes de bronze, qui se nommaient l'une *Jakin*, l'autre *Beaz;* elles avaient quatre coudées de diamètre à la base, et une hauteur totale de dix-huit coudées ou 11 diamètres 1/2, proportion tout à fait égyptienne, que l'on retrouve particulièrement aux colonnes du temple de Khons. Disposées de chaque côté de l'entrée du Saint, elles rappellent les obélisques qui flanquent la porte des principaux sanctuaires égyptiens, et, comme eux, elles symbolisaient sans doute la puissance créatrice de la divinité : leurs deux noms forment une phrase dont le sens est : *Il établit dans ou par la force.*

On peut conclure du verset I, XLI, d'Ézéchiel que l'intervalle des deux colonnes était de six coudées ; le verset suivant donne la largeur de la porte du Hekal, dix coudées, et nous apprend en outre qu'elle était placée dans l'axe de l'édifice.

On sait que les rapports mathématiques des nombres et des lignes jouent un grand rôle dans la symbolique des anciens ; que l'application de ces rapports à l'architecture soit née des spéculations des philosophes ou de la mise en formules des lois naturelles et instinctives du beau, peu importe ; toujours est-il que les exemples de ces combinaisons, dans les édifices antiques, sont trop fréquents pour être l'effet du hasard, et que les monuments les mieux réussis, comme proportions, sont en même temps ceux où ces combinaisons harmoniques sont le plus rigoureusement observées. C'est en Égypte que l'on rencontre les premières applications de ce système ; c'est là qu'il paraît avoir pris naissance, et c'est de là qu'il paraît s'être répandu chez tous les peuples de l'ancien monde. Les triangles sont l'élément principal de ces combinaisons, et parmi eux deux triangles déterminés :

l'équilatéral, la figure parfaite par excellence, symbole
d'équilibre, de stabilité, de régularité, principe d'une
foule d'autres combinaisons agréables à l'œil et satis-
faisantes pour l'esprit; le rectangle dont les trois côtés
sont représentés par les nombres 3, 4 et 5 : le plus beau
de tous, suivant Platon, l'image de la nature suivant
les Égyptiens, qui, comparant la base au principe fe-
melle, la hauteur au principe mâle, et l'hypotenuse (dont
la puissance est égale à celle des deux autres côtés) au
produit des deux principes, en faisaient le symbole de
l'univers vivant. Un autre triangle, dérivé de celui-ci,
joue un rôle important : le triangle *égyptien* ou isocèle,
dont la hauteur égale les 5/8 de la base.

Le Temple de Jérusalem, tracé d'après les nombres
que nous avons cités plus haut, m'a offert un des exemples les plus complets de l'application de ce système
harmonique. Le fait ne saurait nous étonner chez un
peuple qui avait fait en Égypte son éducation artistique, et qui devait plus tard inventer la Kabbale.

Il n'est d'ailleurs pas nécessaire de supposer chez les
architectes du Temple une intention symbolique. Qu'en
Égypte, à l'époque de la construction des pyramides et
de la naissance de l'art, une recherche philosophique
ait présidé au choix de telle forme ou de telle autre, cela
n'est pas douteux; mais, par la suite des temps, l'esprit
a dû disparaitre sous la formule, et le mysticisme
sous la géométrie. Des combinaisons inspirées par les
croyances religieuses ou par l'observation des lois de la
nature, ont pu se transmettre par l'enseignement de l'é-
cole de l'initiation, comme de simples procédés graphi-
ques, en perdant leur sens primitif; elles se sont transmises même chez des peuples de croyances et de
mœurs différentes, et ont fait la base de toutes les conceptions architecturales. Ce rôle de la géométrie sym-

bolique ou positive en architecture est incontestable ; il est intéressant d'en avoir constaté, à Jérusalem, une des plus curieuses applications.

La décoration intérieure du Temple était d'une grande richesse. Les murs, le plafond, le sol avaient été lambrissés en planches de cèdre, de manière à cacher entièrement la pierre. Les parois latérales furent couvertes d'ornements sculptés en relief, puis on plaqua le tout de feuilles d'or, fixées par des clous de même métal : ce procédé se retrouve à l'origine de tous les actes.

Dans le Saint, les bas-reliefs représentaient des coloquintes et des fleurs épanouies ; dans le Saint des Saints, des palmiers et des Kéroubim se mêlaient aux fleurs.

Dans le Saint des Saints, l'arche d'alliance s'abritait sous l'aile des deux Kéroubim, figures colossales de bois plaqué d'or ; autour de l'arche étaient l'autel d'or, le chandelier à sept branches, la table des pains de proposition.

Dans le Saint, dix tables et dix chandeliers d'or étaient rangés le long des murs.

La forme de ces divers objets ou ornements a beaucoup exercé l'imagination des commentateurs : je me garderai de marcher sur leurs traces dans la voie fantaisiste qu'ils ont généralement adoptée, et me bornerai à quelques observations générales.

Les artistes employés au Temple étaient Phéniciens ; la Bible le dit expressément. La direction supérieure des travaux et particulièrement des travaux de décoration, avait été confiée à un Tyrien, homme expert à travailler l'or, l'argent, l'airain, le fer, la pierre, le bois, les tissus, la teinture, et que le roi de Tyr, Hiram, avait envoyé à Salomon. C'est par conséquent dans le style phénicien que furent exécutés tous les détails du Temple. Il n'est parvenu jusqu'à nous aucun édifice phénicien de cette époque reculée ; mais nous avons un certain nombre de petits objets dont la date se rapproche du siècle de Salomon : pierres gravées, ivoires, coupes de métal, fragments de sculpture, ces petits monuments commencent à se multiplier dans nos collections; leur étude m'a démontré que l'art phénicien n'a jamais eu une originalité qui lui fût propre : ouvriers de talent plutôt qu'artistes, imitateurs habiles plutôt que compositeurs, les Phéniciens se sont toujours laissé influencer par les puissantes écoles de l'Égypte et de l'Assyrie; de là le caractère hybride qui signale leurs œuvres, sorte de compromis entre l'Asie et l'Afrique, où se retrouve le reflet de la situation politique de la Syrie. Quand la puissance égyptienne domine, comme au onzième, dixième et neuvième siècles, le caractère égyptien domine dans l'art phénicien; quand, au contraire, le rôle de l'Assyrie grandit comme dans les siècles suivants, les influences asiatiques sont prépondérantes. A l'époque de Salomon, la suprématie égyptienne, quoique déjà ébranlée, était encore grande en Syrie. Les troubles qui signalèrent les dernières années de la vingtième dynastie, en paralysant l'action extérieure des Pharaons, avaient favorisé le réveil des nationalités asiatiques, et particulièrement le développement subit et éphémère du peuple juif; mais le rôle de l'Égypte n'était pas encore fini : la rapide et la brillante campagne de Sheshonk Ier, vint le prouver bientôt au faible successeur de Salomon. Aussi l'influence égyptienne régnait-elle dans les arts, et c'est elle que les ouvriers de Tyr ont apportée à Jérusalem; la structure même du Temple nous l'a déjà démontré. On peut donc se faire une idée assez exacte de la décoration intérieure : il suffit d'appliquer par la pensée le style de l'ornementation égyptienne aux descriptions de la Bible, en le modifiant un peu suivant les tendances de l'art asiatique, tel que les découvertes de Ninive nous l'ont révélé.

Les Kéroubim (1) sont des figures symboliques dont les éléments sont empruntés au règne animal; sphinx, taureaux ailés à face humaine, conception bizarre dont l'imagination orientale a varié à l'infini les combinaisons suivant le goût et les croyances de chaque peuple, mais qui toutes sont l'emblème des attributs divins. Ces Kéroubim, sculptés en très bas-relief, se rangeaient le long des parois sacrées en files silencieuses attenant avec des palmiers, semblables aux figures alignées sur les murs de Thèbes ou de Khorsabad; ces processions étaient encadrées dans des frises de fleurs fermées ou épanouies, lotus ou papyrus en Égypte, lotus ou pavots en Assyrie, coloquintes à Jérusalem. L'arche elle-même ressemblait à ces *naos* que les prêtres égyptiens portaient sur leurs épaules, non seulement dans les cérémonies publiques, mais jusque dans de lointains voyages, et qu'ombrageait aussi parfois l'aile inclinée d'une déesse Ma. Les tables d'or rappellent ces séries de tables chargées des offrandes sacrées, et que les bas-reliefs égyptiens nous montrent si souvent. Quant au chandelier à sept branches, sa forme traditionnelle nous a eté conservée par le célèbre bas-relief de l'arc de Titus et les sarcophages judaïques de Rome (2).   MELCHIOR DE VOGÜÉ.

(*Le Temple de Jérusalem*. Paris, Noblet et Baudry, p. 27-33.)

(1) Le *Kéroub* ou *Kéroubim*, souvenir du taureau ailé des Assyriens, était une sorte de coursier divin dont la fonction était de transporter Iahvé à travers l'espace.

(1) « Rien, écrit M. Perrot, n'avait été épargné pour les ustensiles qui figuraient, à un titre quelconque, dans les cérémonies mêmes des cultes, qu'ils fussent fixes comme les autels ou les tables à offrandes ou mobiles comme les candélabres et les vases à eau ou à parfums, tous ces objets c'étaient les meubles de Iahvé; matière et travail, il fallait que tout y fût en rapport avec la somptuosité de l'habitation qu'ils garnissaient, avec la dignité du maître auquel ils étaient censés appartenir. »

TABLE DES GRAVURES.

TABLE DES MATIÈRES.

CHAPITRE II.

ART CHALDÉO-ASSYRIEN.

§ I. — LA CHALDÉE.

§ II. — L'ASSYRIE.

§ III. — ARTS INDUSTRIELS.

§ IV. — LES ARTS DE L'ÉGYPTE ET CEUX DE LA CHALDÉE. 262

CHAPITRE III.

ART PERSE.

CHAPITRE IV.

ART HÉTHÉEN.

CHAPITRE V.

ART PHÉNICIEN.

CHAPITRE VI.

ART JUDAIQUE.

www.ingramcontent.com/pod-product-compliance
Lightning Source LLC
Chambersburg PA
CBHW061428060726
47597CB00002B/251